JN095197

日本が闘った スターリン・ルーズベルトの 革命戦争

戦争と革命の世界から見た 昭和百年史

国際近現代史研究家
細谷 清

"Japan Fought against the War and Revolution of Stalin and Roosevelt"

by Kiyoshi Hosoya
International Modern and Current Historian

高木書房

まえがき

この世の出来事に偶然はありません。歴史上の大事も然りです、あるのは必然と当然です。日本が米国と戦争を始めたのも然りです。

来年二〇二五年は昭和百年にあたります。その昭和史の真実を求めた結果、既存とは全く違った、世界にも通じる三十項目の新しい歴史認識‐真昭和史観‐を得ました。

真昭和史観は、過去・現在・明日の世界をより鮮明に映し出します。心にある物事の真実の姿を見抜く目‐心眼に填（は）められてあった偏向レンズの「四五年版史観」（日本が悪かった・侵略国だったとする史観）を取り除き除染した事で、開眼できたからです。歴史観とは、生きて行く上でも将来を読んで見通す上でも、とても大事な源泉である事を、この歳に成って改めて認識しました。英文資料も元にして書いた本書の歴史認識を英訳すれば、世界中にも通用します。

日本が敗戦国でも復興して先進国の一角で指導的な地位を得ている現実も、終戦から二十三年後の六八年にＧＤＰで世界二位に躍り出た事も、四五年版史観では説明できません。その史観に基づいて侵略した国家として日本が謝罪し謹慎しても、「平和を愛する諸国民の公正と信義に信頼して」も、世界では戦争が起きました。四五年版史観では現実の諸問題を解決できない事は明らかです。

だからその史観を唱えて来た論者の最近の主張は宗旨替えして、「負けるが勝ちだ」、「（大日本帝国から）小日本を目指したから」、「軍事から平和な国家に転換したから」等と、意味不明な主張で誤魔化します。

世界大戦では負けたが世界革命戦争では負けなかったから今日の日本があります。

日本はスターリンとルーズベルトに騙され、彼等が求めた戦争に利用され、多大な犠牲を払いましたが、その犠牲を後世に活かしていません。それは負けた原因と負けなかった歴史を学んでいないからです。歴史の真実を学び訓えとして記録し、語り継いで行けば、再び騙される事はありません。

ここで述べる世界革命戦争と第二次世界大戦は、全ての戦域で主戦場であった日本だから、そして唯一日本だけができる世界と共有できる新歴史認識を、本書で初めて提示します。この真昭和史観は、世界をより明るくより鮮明に見せます。その喜びは、眼の手術の後に見える世界と同じくうれしく、又あの世へ安心して行ける安堵感（あんどかん）でもあります。

スターリンが目指した世界共産化の戦争と革命に日本が抗したその闘争を、戦争と軍事・経済・社会等の革命が織りなした昭和の時代を背景に描くと共に、そこからの歴史の訓えを記しました。

本書の読み方

注1：本書の概要は、最初と最後の「はじめに」と「全体のまとめ」をお読み頂ければ、大凡は把握できます。

注2：年表記は、原則は西暦で、引用の場合には表記はそのままです。必要により和暦を併記しました。

注3：引用文は原文に一切手を加えずにそのままに引用しました。

注4：引用した英文の翻訳文も原文をそのままに、原文一文は二文・三文に分解せずに一文で訳しました。

目次

日本が闘ったスターリン・ルーズベルトの革命戦争

戦争と革命の世界から見た昭和百年史

コミンテルン決議に始まる世界革命戦争

第二次世界大戦と共産・産業・世界物流・通信革命の昭和史

はじめに

本書『日本が闘ったスターリン・ルーズベルトの革命戦争』発刊の目的

この世の出来事に偶然はなく、歴史上の大事(だいじ)も戦争も然りで、あるのは必然と当然です。昭和のみならず二十世紀での一大事は第二次世界大戦でしたが、それも然りで必然の結果でした。世の出来事の理(ことわり)を知らない愚者は、その偶然に呆然と立ち竦(すく)むだけです。悪人は、そんな愚者－「己の無知を知らない無知な人」－を騙して利用します、しかも何度も。好いカモです。日本はそうあってはいけません。

本書の出版は、日本を貶める為でも日本を単純に称賛する為でも、他の国を、団体を、人を、非難する為でもありません。昭和史の真実を求めた結果、既存とは全く違った世界にも通じる新しい歴史認識：「真昭和史観」を得ました。それを世に問う歴史書です。

世界とのコミュニケーション

明治維新以降の日本は特に日々に世界とつながっていましたから、その歴史も世界史と結びついています。しかし日本では未だ日本のみ通用する「たこつぼ史観」のままです。二十世紀の最大事であった第二次世界大戦（以下「世界大戦」と略す）の解釈が世界と違っているのがその典型的な例で、日本では日本でしか通じない世界大戦の歴史観が通説に成っています。今では漫画さえ輸出しているのに、これ程に歴史観で唯我独尊の国ですから、慰安婦なんぞの問題で韓国から挑(いど)まれました。韓国はそれを世界で日本を悪者にする闘いを、米国でも国連でも宣伝しています。一方の日本は長い間二ヶ国間の問題として対応が大変に遅れました。

日本から自ら歴史観を発信していなかった事が深刻な問題でした。

紙数の都合で本書では書き尽くせませんでしたが、歴史書・史料での誤訳・悪訳が蔓延っています。その原因は、日本から発信してない - 世界とコミュニケーションをしていないからで、日本だけで通用するたこつぼ史観が蔓延る原因です。そのコミュニケーション不足が一因で、日本は米国と戦争する羽目にも成りました。

外交最前線での無知

日本が米国と戦争を始める切っ掛けと成った史料が、米国の権威ある図書館に保管され公開されており、日本の国会図書館でもそれを見る事ができます。その史料からは、残念ですが、日本外交の最前線で闘われた方達が無知であったことが判りました。だから日米交渉も終戦工作も無残な結果に終りました。世界大戦への引き金に成ったソ連とドイツの接近には、当の首相に「複雑怪奇」な欧州情勢と言わしめ、日米開戦の引き金に成ったハル・ノートの出状には、「我が誠意の認められざるを恨む気持ち」と当の外務大臣が嘆きました。ソ連とドイツが一緒にポーランドへ侵攻する事も、米国政府内の高いレベルで日本との交渉を不調にする謀略が進行していた事にも、無知でした。こうして日本は世界大戦で好い様に利用された上に、侵略者の烙印（らくいん）までも押されました。

真昭和史観：三十の新しい歴史認識 - 第二次世界大戦を起した人　スターリンとルーズベルト

近現代史の大事での理 - 「抑々（そもそも）」の基本と原則を昭和の歴史の中で愚直に求めて調べたら、今ある通説・定説とは全く違った三十もの新しい歴史認識 - 真昭和史観 - を得ました。

その一つは、世界大戦を引き起した人です。それはヒトラーでも日本でもなく、スターリンとルーズベルトでした。スターリンが脚本を書いて主役も演じました、ただし彼は「控え目な人」で陰に隠れていました。

そのスターリンは、昭和マイナス二年（一九二四年）にレーニンから政権を引き継ぎ、朝鮮戦争中の昭和二八年（一九五三年）に亡くなる迄ソ連の独裁者でした。そのソ連は昭和の終りと共に瓦解（がかい）しました。昭和史はスターリン独裁史でもあり、昭和の日本はそのスターリンと文字通り壮絶な死闘を繰り広げました。スターリンは戦争と革命によって共産主義国家を樹立させる事をソ連国家の政策とさせて、それを自身でも進めると共に一九三五年のコミンテルン大会で決議して、その支部であった各国共産党にも革命の実行を命じました。その決議で戦争と革命の第一の目標とされたのが防共国家であった日本とドイツでした。彼はその通りに両国を戦争に引きずり込んで倒して、革命を画策しました。

スターリンが特異なのは、戦争を厭わないどころか寧ろ積極的に起した事です、それも平和を唱えて自身は平和主義者を装いました。彼は共産革命の為に戦争を起す「世界革命戦争」をソ連の国家政策にして実行し、世界中で戦争を起しました、日本と支那間で、日ソ間でも、欧州諸国間でも、そして日米でも、朝鮮半島でも。その結果、ソ連は「戦争太り」をして、東欧諸国・バルト海諸国とモンゴル・満州・支那・北朝鮮等を共産主義国家として誕生させ、世界を二分して一方の覇権国にまで伸し上がりました。スターリンの独裁は戦争と両輪で、二つを噛み合わせてできました。スターリンの野望を見抜けませんでしたが、死に物狂いで闘いました。世界大戦では敗戦国でしたが、世界革命戦争では革命も起されずに自由で民主的な国家を維持して、共産主義国家にも、その衛星国にも、その協力国にも成り下がらず、負けませんでした。

日米の戦争は、ルーズベルト米国大統領が始めさせました。日米の開戦は彼の陰謀の結果でした。もちろんスターリンは日米が戦争をする様に仕向けました。ルーズベルトが第二次世界大戦を起した人です。彼は、傍受・解読した日本国外務省が駐米大使と交わした国家の最高機密電報の内容の変更を許し、日本の交渉に向けた誠意を無にしました。その上に、悪意ある内容に変えた電報を部下のハル国務長官に日本側の本音と信じ込ませ、日米交渉を喧嘩別れさせるハル・ノートを出させ、交渉を決裂させて日米が文字通り喧嘩と成る戦争をさせました。

日本はこのスターリンの野望とルーズベルトの陰謀に無知でした。二人が戦争を起したい強い意志を持って、日本に戦争を起させる陰謀を張り巡らせていた事も、敗戦させたい事も露知らずに、一方とは戦争を避ける日米交渉を、他方には終戦の仲介を託す「工作」をしました。その為に日本は彼等二人に世界大戦に引きずり込まれ、そして騙されて無残な敗戦を迎えました。その絶望的だった「交渉」と「工作」の最前線での絶望的な会話を知る事は、今後の訓えに成ります。特にこの二人 - 「超限人」と「狂人」 - を相手にした外交は散々でした。戦後は軍部・軍人にその責を負わせて、外交の失敗が戦争に至らせた事を等閑（なおざり）にしてきました。本書はその失敗の本質を明らかにします。

失敗の本質 - 情報戦での負け

戦争は、ある日突然に地震が起きる様に、或いは火山が爆発する様には起りません。無謀でない戦争はなく、無謀の程度だけです。日本が西側で中華民国とその後ろにいたソ連とも戦争している中で、東側で米国と戦争を始めた時に、世界大戦での日本の敗戦は決しました。「運」を否定はしませんが、国力から、米英支ソの四大国を敵にした戦争に日本が勝てるハズがありませんでした。

その負け戦に引きずり込まれた原因は、スターリンとルーズベルトの陰謀を見抜けず気付けず、詰まり疎かった訳で、それは二人に関する情報がなかったからでした。一方の米国は日本の最高機密情報を傍受しており、その情報を利用して日本を翻弄しました。日本にはそれすらもなく、情報戦で完全に負けました。スターリンも同様でした。

日米交渉では、電報が傍受・解読され、英語へのその翻訳を間違って、日米交渉に少なからず影響を与えた、とした史書はあります。本書の見解は全く違います。翻訳や誤訳の問題ではなく、目的を持った意図的な原文の変更であり、交渉の決裂が目的だった事を証しました。最高機密電報は米国政府の翻訳官による誤訳ではありません。ルーズベルトに認められた海軍解読情報官が日米交渉を決裂させる目的で、交渉の前提と成る日本の誠意を無にして、寧ろ日本が悪意を持っている様にその電報を書き換えました。本書でその改竄（かいざん）した手口を明らかにします。そして本来の内容とは全く別の訳を日本政府の真意と信じたハルは、日米開戦の引き金と成ったハル・ノートを出しました。本書はその書き換えを誰がどの様にして誰を騙したのか・誰が騙されたのか、を明らかにします。

世界大戦での欧州戦争の開戦でも、同様に開戦に至ったメカニズムを論考しました。欧州戦争もドイツが突然ポーランドに侵攻してから　始まったのではありません。そこへの過程を詳らかにしました。その直前に起きたアジア中央平原のノモンハンでの戦争が、云われている欧州戦争とは無関係の日ソ間だけの国境紛争ではありませんでした。それはスターリンが世界大戦を開戦させる為の、政治的な意図を持った軍事作戦でした。日本はその作戦目標を全く掴（つか）んでいませんでした。

昭和史を語る専門家は、昭和の一大事 - 世界大戦では指導部・軍部が愚かだったと結論付けています。酷いのは、ソ連とのノモンハン戦争では、現地の将校が勲章欲しさから国境争いの些細（ささい）な衝突を拡大した、と非難し、このソ連との戦争で学ばなかったからその後の敗戦につながった、等と、言う事に欠いた批判をします。事実は全く違い、そう言う本人が学んでいないのです。これ等スターリン、日米開戦、ノモンハン戦争での三点は、三十の新しい歴史認識の一部です。

世界に通じる真昭和史観、「四五年版史観」の呪縛からの解放

世界大戦、日米の開戦、終戦・占領等に関しては、これまでに数多の学者・専門家の方達が見解を発表しています。在野の学者でもない一介の近現代史研究者が、どうして新規の歴史認識を発見して主張できるのか、と皆さんは疑問に思われるでしょう。

日本人は占領下での検閲で義眼をはめ込まれたと江藤淳が指摘したのが一九八九年、ＧＨＱ（連合国軍最高司令官総司令部）によるＷＧＩＰ（「アジア・太平洋戦争での日本罪悪史観扶植計画」）を関野通夫が証拠付きで世に知らしめたのが二〇一五年です。日本人が、検閲と言う義眼を埋め込まれ、間違った歴史観を脳に刷り込まれていた事を知ったのは、この様につい最近です。それ迄はＧＨＱによって作られた、日本が悪かった・侵略国だったとする史観 - 一九四五年の終戦後に作られた史観が、全盛でした。本書ではその史観を「四五年版史観」と呼びます。その四五年版史観を頭から信じた学者・知的エリートを含めた圧倒的多数の人達は、その史観を論証もせず、異見の人達を否定主義者と呼んで排斥し、異見の史書等を無視しました。

その類いの定説や通説に囚われない一介の素人歴史研究者だから、新しい歴史認識 - 真昭和史観 - をこの様に主張できる訳です。この真昭和史観が突拍子だと一見感じるかもしれませんが、検証できる根拠を明示していますから、明らかです。又、本書がそれまでと違う研究方法を挙げますと、事の起りを、できれば英文を含めた原資料に当たり、相手方からの視点も含めて多角的に追及した事です。その結果を述べます。

四五年版史観の信奉者が都合の悪い事実とその主張者を排斥した一例が、ブレクニー弁護士にあります。ブレクニーは、「東京裁判」での冒頭弁論では裁判所の正当性を問い、証人尋問では米国政府が提出した傍受し解読した外務省の機密電報が原文と違っていた事を最初に公にした、弁護人でした。ブレクニー自身も彼の弁論も、史書には稀にしか言及されませんし、出て来ても重要な扱いではありません。本書は裁判所までもが隠

した彼の冒頭弁論全文と、内容を改変した日本国の最高機密電報を法廷に提出した国務省の、検察側証人として出廷したそこの高官との法廷でのやり取りを記します。それによって国務省とハル国務長官がルーズベルト大統領に騙された事が明らかに成りました。

本書で得た真昭和史観は、英語で書かれた史料をも元にしており、日本だけではなく世界にも通じます。東アジアの一角で「四五年版史観」を元に世界に通じない議論をしてきた方が可笑しく、「世界に通じる歴史観」と改まって述べる事も可笑しいのですが、本書で初めて実現させます。

「まえがき」で述べた様に、四五年版史観では現実の理解を却って妨げますし、「過ちは繰り返しません」とした誓いを破る事にもなります。

真昭和史観は世界をより明るく見せてくれます。目で見る実物や現実だけではありません、先を読む力も与えてくれます。未来は過去と現在の延長線上にあるから当然なのですが、その当然を実感できる喜びは、何物にも代え難いです。そして未来の先にあるあの世へ、安心して行ける安堵感（あんどかん）もあります。真実と偽とそれが判らない事がはっきりしますので、迷う事なく閻魔大王の審判に臨める安堵感です。間違って嘘を言ってしまう恐れがなくなるからです。

世界から見た昭和百年史

来年二〇二五年は昭和百年に当たり、八月十五日には終戦から八十年を迎え、二六年十二月二五日には昭和百周年を迎えます。夫々の日を八十路で或いは百歳で迎える方、疎開を経験した方、戦中・戦後生まれの特に団塊世代の方達も、走馬灯の如く過ぎた過去を思い起して昭和を振り返るでしょう。又昭和を生きたご先祖様を偲ぶ縁として、その機会に昭和を学ぶ方もおられるでしょう。昭和を振り返って学び直した事を、ここに書き遺します。

昭和は戦前戦後に分断される事はなく、連続しています。その中で一貫していた事は、共産革命との闘いでした。スターリンが目指した世界を共産化する為のその戦争と革命に、日本が抗した闘争を、戦争と軍事・経済・社会等の革命が織りなした昭和の時代を背景に描き、得られた訓えを記します。

先ず、その昭和が直面した世界の状況から始めます。

一．昭和の日本が直面した世界

昭和の初めは関東大震災の爪痕が残り、街では哀調を帯びて寂しげな「船頭小唄」がラジオから流れていた。一九二五年(大正十四年、昭和マイナス一年)から始まったラジオ放送が、昭和の基調だった。ラジオの時報はお寺の鐘にとって代わり、朝はラジオ体操で始まり、ニュース、天気予報、株・商品市況があり、歌・落語・浪花節などの娯楽番組もあって、ラジオは世界への窓口であり、家を社会と世界につなげた。

昭和二年(一九二七年)には日本初、アジアでも初の地下鉄が、上野と浅草間で開通した。

昭和は、御代替わりして生き生きとして始まった様に見られるが、後には昭和のエロ・グロ・ナンセンス時代と呼ばれた。震災後の復興と時代の大きな変化の波が押し寄せて、新旧の社会規範と道徳がせめぎ合い、おどろおどろしい世相であった。そんな中で世界大恐慌があって、日本も世界も疲弊して彷徨い、その退廃的世相への反発で世界が軍事的に緊張して行き、日本も競う様に世界大戦の主要参戦国と成る途をたどった。

そのエロ・グロから戦争への途への分岐点は、一九三五年のコミンテルンでの決議であり翌年三六年であった。二月に二・二六事件(陸軍近衛部隊のクーデター)があり、五月には阿部定事件(男女の痴情からの猟奇事件)があり、六月には流行歌「忘れちゃいやよ」が官能的過ぎる理由でレコードが発売禁止に成った。

大正時代の十四年余は、第一次世界大戦があり、初の共産主義国家ソ連が誕生し、関東大震災に見舞われ、日本はそれ等に振り回されました。大正最後の大正十四年（一九二五年）一月二〇日に、日本はソ連を国家と認めて、日露基本条約[1]を締結しました。議会は基本条約を二月二五日に、三月十九日に治安維持法を承認しました。この様に日露基本条約と治安維持法は一体でした。

同時期に普通選挙を導入する為の選挙法の改正が議会で審議されており、維持法は普通選挙とも一体でした。維持法は第一条で「国体を変革し又は私有財産制度を否認する事を目的として結社を組織し又は情を知りて之に加入したる者は十年以下の懲役又は禁固に処す」、と規定しました。犯罪の主対象は、国家転覆と私有財産制度を否定する主義を奉じる団体と属した人と協力者－共産主義者－でした。ソ連の存在は認めてもその主義主張は認めない、とする強い国家意思がそこにありました。

大正はこの法律を置き土産に、翌年一九二五年十二月二五日に昭和の御代に替わりました。六十二年続いて八九年一月七日に閉じることに成る、昭和が始まりました。

昭和天皇がご即位された時は二十五歳でした。その五年前より摂政宮で、二年前にご成婚されました。大任を負われた実質期間は一九二一年（大正十年）十一月二五日から六十七年間の長きであられました。一歳違いの弟宮の秩父宮親王が常に傍におられました。

即位された時に、ヨシフ・スターリンは四十八歳、前々年にレーニンが亡くなって既に国のリーダーであり、自身の独裁権力を掌握する過程でした。フランクリン・ルーズベルトは四十四歳で小児麻痺病のリハビリ中で、ニューヨーク州知事からワシントンを目指していました。アドルフ・ヒトラーは三十七歳、ナチス党は未だ少数党で、『我が闘争』を七月に出版したばかりでした。世界大戦での主役はこの様に飛躍する直前でした。

[1] 本文では署名された日本語文の「日露」の名称を使う

1．産業・通信・共産革命

昭和は、産業も物・人・情報の流れもそして戦争も大型・拡大・世界化した時代でした。

昭和二年（一九二七年）五月に、チャールズ・リンドバーグはスピリット・オブ・セントルイス号を操縦して、初の大西洋無着陸横断飛行を成功させました。飛行機はその後大型化・長距離飛行化に向かいました。三七年（昭和十二年）四月には、日本の飛行機と飛行士が東京ロンドン間を九十四時間、飛行時間では五十一時間の世界新記録を樹立しました。今の飛行時間は直行で十三時間弱です。

大衆乗用車のT型フォードは一九一〇年から量産化されました。大型機械・車両の心臓部と成るディーゼルエンジンを持った最初のトラックは、大正十二年（一九二三年）にドイツのダイムラー・ベンツ社によって製作され、世に出ました。ディーゼルエンジンはそれまでに貢献した牛馬の数百倍・数千倍の力を発揮してそれらを凌駕（りょうが）し、戦車、土木機械、船舶は大型・高速化が可能と成って、産業と戦争の発達・大規模化・大量化をもたらしました。

ジェットエンジンはドイツ・英国を中心に開発され、ドイツのハインケル社は一九三九年八月に世界初のターボジェットエンジン搭載の飛行機を製作しました。ジェットエンジン飛行機は、世界大戦で独英が実際に戦闘機・爆撃機で投入し、日本もドイツから技術支援を受けて試作機を作りました。

水や蒸気を電気に変換するタービンも大型化して、大電力の発電に貢献しました。

この時期には無線通信技術も発達し、日常生活、ビジネス、そして軍事にも使われ始めました。

無線電信は、グリエルモ・マルコーニが一八九四年に機器を最初に開発して以来発展しました。特に一九二四年にマルコーニが、英国とオーストラリア間での真空管使用の短波無線電話を使ってオーストラリア側での受信を成功させて以来、長距離での通信に使用され発展しました。

無線電話は一九一二年（明治四十五年）に我が国初の無線電話機器が製作され、二七年（昭和二年）

には国内主要都市に基地が設置されました。国際間では三〇年に台北との間で試験通信に成功し、許可を得た国際電話会社は、三四年に台北に始まり、新京（現在の長春）、マニラ、バンドン、サンフランシスコ間の、通信連絡の商業サービスを始めました。翌三五年にはロンドン・ベルリン、三六年には上海、サイゴン（現ホーチミン）、三七年にはバンコク、ブエノスアイレス間を開通させました。三六年にはサンフランシスコ間を航行する秩父丸とホノルル間も開きました。

商業ラジオ放送は一九二〇年に米国ピッツバーグで始まり、日本では東京で二五年からでした。

昭和初年（一九二六年）の時点で、国際間の無線電信が利用可能に、ラジオ放送も始まり、無線電話は三七年には世界中の主な都市間で通話が可能に成っていました[2]。

レーダーの開発が盛んに成ったのは三〇年初で、世界大戦中に陸軍は「電波探知」と名付けて、敵航空機と敵艦の発見を目的に開発と発展に力を入れました。

こうした産業機械・船舶・飛行機・車両の大型化・高速化は、通信技術の進化と相俟って情報・思想のグローバル化をもたらし、必然的に大量の情報の収集・分析と発信を行う為の、グローバルで大規模組織の情報配信会社・機関を生み出しました。一八〇〇年代後半に今に続くロイター・ＡＰ・ＡＦＰ等が生まれました。

現在の、世界中に張り巡らされた通信ケーブルを使ったインターネットで情報を一瞬に世界中に発信できる端緒は、十九世紀後半から始まったこの通信革命でした。昭和はその革命が日常生活と産業に、そして戦争で使われ始めた時代でした。

---

2 電務年刊昭和十二年度　逓信省電務局編　昭和 13 至 14　pp24-25　国立国会図書館所蔵：https://dl.ndl.go.jp/pid/1114839/1/33

その思想でのグローバル化はキリスト教に始まります。

「神が全ての生物の創造主である」と教えていたその教義に、フリードリヒ・ニーチェが一八八二年出版の自著で、「神は死んだ」と唱えて哲学から否定しました。ヤン・フスが生きた十五世紀であったら彼は火あぶりの刑に処せられました。その教義は、一八九五年（明治二八年）に出版されたダーウィンの「種の起源」での進化論によっても、実証学的・生物学的に否定されました。こうして思想の分野でも革命が始まりました。

共産主義は、社会が原始共産主義から資本主義へと進化・発展し、その後に共産主義社会へ「進歩する」とした論でした。このキリスト教的な教条思想は、恰（あたか）も進化論での人間社会が進歩する先をも暗示する様で、それが人々の心を捉えました。その共産主義を広める為の基本的な取り決めを仲間から求められたカール・マルクスとフリードリヒ・エンゲルスは、綱領としての『共産主義者宣言』を一八四八年に出版しました。本は広く読まれ、目指したドイツでは達成できずとも、ロシアでソ連が誕生し、そこが瓦解するまで正に「妖怪の如く」に世界を席巻（せっけん）しました。

「妖怪」とは、その本の冒頭に出て来た有名な言葉：「妖怪がヨーロッパを彷徨っている - それは共産主義の妖怪だ」が元です。

その共産主義を世界に広める為にロシア革命成就直後の一九一九年三月に設立されたのが、国際共産主義運動団体（Communist International）で、通称「コミンテルン」です。各国に支部を設け、日本では一九二二年七月に日本共産党（以下「日共」と称す）が設立され、支那では一年早く一九二一年七月に中国共産党（以下「中共」）が生まれました。各国一支部なので党名には必ず国名が頭に付きます。

昭和が始まる直前に、共産主義の第一波が日本に来ました。

2. 世界物流革命

ユーラシア大陸にあるアジアと欧州間の近代以前の交通は、陸上ではラクダを使ったシルクロードで、海上では帆船での、大変長い旅でした。

そのユーラシア大陸の東西両端を鉄道で結ぶシベリア鉄道が、一九一六年に完工しました。この完成で現在の主要な物流ルートである大陸間・大洋間の鉄道と航路が全て完成して、短時間・高速化・大量化での輸送がもたらす世界的な物流革命：「世界物流革命」が起きました。

今日の鉄道事業の事業形態（ビジネスモデル）は一八三〇年に始まります。大量の人と貨物を時刻表で運送し、距離と重量・容量を基本に料金を徴収する形態です。最初は、英国の工業都市マンチェスターと貿易港リヴァプール間の約五十キロを、蒸気機関車による運行でした。この鉄道事業は瞬く間に世界中全五大陸に拡がりました。日本では七二年(明治四年)に新橋‐横浜間二十九キロで始まりました。

大洋間横断鉄道の建設は、パナマ地峡鉄道の運行開始が嚆矢（こうし）と成り、その後にはアメリカ大陸横断鉄道が誕生しました。

大西洋と太平洋を結ぶパナマ地峡鉄道は一八五五年八月に開通しました。この建設を後押ししたのは、四八年一月二四日にカリフォルニア・サクラメントでの金鉱発見でした。米国内はもちろんの事、南米から支那から、終には世界中からも、人々がカリフォルニアを目指しました。そこへ行くには、東からは馬車で行くかパナマから太平洋側に出て船で行くだけでしたが、距離が七十七キロのパナマ地峡鉄道が五〇年に着工して、五年後の一月二八日に開通しました。会社はアメリカ大陸横断鉄道が運行開始するまで大儲けしました。

アメリカ大陸横断鉄道の建設は一八六三年一月八日にそのサクラメントで着工し、六年半後の五月十日に開通しました。それでパナマ地峡鉄道の需要はなく成りました。

この横断鉄道が完成した半年後の十一月十七日に、十年掛けたスエズ運河が開通し、地中海(大西洋)と印度洋が人工的につながりました。船は赤道を越えずに時間もコストも大幅に短縮でき、欧州から印度へも、更にはマレーシア・シンガポール・支那・日本へ行く事も容易に成りました。

スエズ運河を完成させた仏国人フェルディナン・ド・レセップスは、元はエジプト駐在大使の外交官でした。彼はその余勢を駆って八〇年にパナマ運河の工事を始めました。スエズ式に両側の水位を同じくする海面式運河で進めましたが、工事は難航し、又黄熱病にも悩まされ、会社は破産して仏国政府も手を退きました。

替わりに米国政府が乗り出し、海面式ではなく、幾つかの水門を作って水面の高さを地形に合わせて変える方式(閘門(こうもん)式運河)で一九〇四年に着工しました。十年後の一四年八月十五日に開通し、今度は大西洋と太平洋が海路でつながりました。これで北半球だけの海路による地球一周が可能に成りました。

大西洋と太平洋を結ぶ横断鉄道は、カナダにも作られました。シベリア横断鉄道はロシアの東進政策の象徴で、海上交通で既得権益者の英国は必然的に影響を受けると考え、極東への独自の兵站路を確保する対抗策に、カナダ経由での太平洋への輸送手段を得ました。

当時のカナダは、英連邦国家で英国国王を元首とする自治領に成ったばかりでした。英国が主導した鉄道建設は、東側のハリファックスと西海岸のバンクーバー間五千キロの工事を一八八一年に始めて、極めて短期間に五年後の八六年六月二八日から運行を始めました。

シベリア鉄道は、一八九一年五月に着工して一九一六年十月に全線が開通しました。その鉄道の建設

大洋間運河と大陸間鉄道の完成

は、米国人元銀行家ヘリー・マクドノー・コリンズが最初に唱えました。彼は一八五六年にペテルスブルクに来て、東部シベリア総督の紹介状を入手してシベリアを探索し、アムール川河口のニコライエフスクに来て停泊していた米国の帆船を見て、アメリカ大陸との貿易拡大を確信しました。彼は、翌年後半に内陸のチタを通りバイカル湖畔のイルクーツクまでの鉄道建設をその総督に提案し、その為の会社まで作りました。それがシベリア鉄道建設での初めての具体的な提案でした。コリンズも、アメリカ大陸横断鉄道に触発されて、ユーラシアで一旗揚げようとした人でした。

ここで各鉄道・航路が開通した順に並べます。一八四八年にカリフォルニアで金鉱が発見されてから、五五年にパナマ地峡鉄道が、六九年五月にアメリカ大陸横断鉄道が、同年十一月にスエズ運河が、八六年六月にカナダ横断鉄道が、一九一四年八月にパナマ運河が、そして二年後の一六年十月にシベリア鉄道が開通しました。

アメリカ大陸横断鉄道からシベリア鉄道までの、僅か半世紀余りの間の十九世紀後半から二十世紀初めに掛けて、これだけの大型工事が行われ、北半球のユーラシア大陸と北米大陸は、鉄道と航路の夫々で大西洋と太平洋につながりました。輸送期間は大幅に短縮され、輸送コストも大きく下がりました。これは「世界物流革命」でした。人間の英知と努力はもちろんの事、工事機械の大型化・高馬力化なくしてはできない事業でした。

南半球にも印度洋‐太平洋‐大西洋をつなぐ鉄道が、オーストラリアと南アメリカに二線できました。しかし、チリ‐アルゼンチン間のアンデス横断鉄道は一九八四年に廃線に成りました。

それ以前の世界貿易は、南経由で東西を往来する物流でした。赤道を跨ぎ喜望峰や危険なマゼラン海峡を通過する南半球を通りました。世界物流革命で、先進国間の輸送は赤道を越えずに可能に成りました。先進国同士の交易で先進国は益々繁栄し、南に多い工業後進国は資源と食糧の供給だけに成り、南北格差を生み出しました。

産業革命について教科書は、一七六〇年代に英国での軽工業の発達に始まり、十九世紀後半からは第二次産業革命が始まった、とだけ記述します。これ等鉄道・運河事業に現れた世界物流革命は、重化学工業が発展した第二次産業革命の結果でありその象徴でした。これ等大革命の工事現場では、人・馬等と共に最新式の蒸気式大型掘削機や削岩機、ダイナマイト等が威力を発揮して、この様な大型工事を可能にしました。

これ等の建設で最初に携わった主導者は、仏国、英国、米国の人達でありその国家でした。大航海時代を率いたポルトガル、スペイン、そしてイタリアはそこにはいませんでした。

英国は逸早く市民革命と十八世紀後半からは産業革命を果たしました。仏国は十九世紀後半から国内の市場を開放して、商業資本家の育成も図った産業革命を行いました。

南北戦争が工業地帯を持つ北部の勝利で一八六五年に終った米国は、豊かな資源と保護政策により一気に重化学工業中心の産業革命を行い、大陸横断鉄道を完成させて、更に西へと向かい、英仏独露に遅れてアジアに進出しました。

シベリア鉄道のプロジェクト案件を持っていたロシアは、国内を旧体制のままで産業革命を行いました。奴隷的な農民‐農奴を解放したのは、南方への進出を求めてトルコ・英仏連合と闘ったクリミヤ戦争での敗北後、一八六一年でした。ロシアは産業資本家が育つ素地のないままに、自ら世界物流革命の時代に入りました。

ドイツは一八七一年に統一を果たした前後から、英国が圧倒的に優位だった軽工業を経ずに、一気に重化学工業化の産業革命に邁進しました。

一方日本は、ドイツが国家統一を成したほぼ同時期の六八年に明治維新を果たして、一気に第一次・第二次の軽工業と重化学工業両方の近代化‐産業革命へ、歩み出しました。

米国は大陸横断鉄道とパナマ運河を、英国は従来の海洋航路とスエズ運河を、そしてロシア‐ソ連はユーラシア大陸横断のシベリア鉄道を、押さえました。そしてそれ等大陸間・大洋間の鉄路と航路を押さえた国が、興味深い事に、世界大戦での勝者でした。

スエズ運河でもパナマ運河でもそしてシベリア鉄道でも最初に主導権を握った仏国は、トンビに油揚げをさらわれる様に全てを失い、第一次・第二次世界大戦では戦勝国でありながらも国土を戦場とさせて国を荒廃させて終いました。世界で逸早く徹底過ぎる位の市民革命を行い、「自由・平等・博愛」を標榜し、それを世界に喧伝（けんでん）した国が、第二次産業革命で産業資本を育てるよりは商業資本を重視した結果でもありました。

明治維新を断行して世界で伍(ご)して行く日本を取り巻いた状況は、この様に産業革命と世界物流革命が同時に起って、それ等が日本にも押し寄せて来た時でした。

「シベリア」は、現ロシアが定義するその地理的範囲が歴史的な理解と違います。ロシアはウラル山脈東麓からオホーツク海沿岸を除いた地域をシベリアと呼んでいます。ここでは歴史的に使われて来たウラル山脈東麓から北は北極海、南はモンゴル・満州地域を含まないバイカル湖南岸、東はカムチャツカ半島・オホーツク海沿岸のアムール川北岸側を、シベリアと呼びます。

このシベリアを目指し、東からは米国が、西からはロシアが、市場と植民地として残された東シベリア地域のオホーツク海沿岸・極東アジア地域に、進出しました。

米国は一八四八年にメキシコからカリフォルニアを獲得し、五四年三月三日に日本と国交を樹立する日米和親条約を結び、五七年にロシアからアラスカを買い取り、九八年にはスペインからフィリピンを獲得し、同年ハワイを併合しました。出遅れた支那・清へ進出する為に翌九九年には国務長官ジョン＝ヘイは、支那の市場は各国平等であるべきと宣言を発しました（門戸開放宣言）。

米国の次の目標は、日本の先の支那でありシベリアと満州でした。我々はペリーが日本を目指したと思い込んでいますが、目指す本能寺は支那であり満州でした。日本は給水であり、石炭補給であり、寄港地で、大陸に向かう「踏み台」でした。

一方西からはロシアでした。ロシアは日本へ米国より先を目指しましたが、マシュー・ペリーに一ヶ月半遅れての来航でした。皇帝の命を受けたエフィム・プチャーチンは日本と交易をする為の条約交渉を開始し、米国に一年遅れて五五年二月七日に日露和親条約を締結しました。この時ロシアはトルコ・英仏との戦争（クリミヤ戦争）の最中で、英国は対抗上日本との国交締結を急ぎ、ロシアに先駆けて前年の十月十四日に日英和親条約を結びました。何故この時期に西欧列強国各国は急ぐ様に、支那の清よりも先に日本と国交を結んだのでしょうか。

日本は幸運でした。欧州ではトルコ・英仏とロシアがクリミヤ半島で戦争をしていたので、日本を侵略する余裕がありませんでした。そのクリミヤ戦争は後に「第ゼロ次世界大戦」と言われる位に、大規模破壊の戦争でした。第二次産業革命が始まっていたからです。それまでとは違って大量破壊兵器が使われたので、必然的に戦場は凄惨（せいさん）に成りました。だからナイチンゲールの活躍が際立ち、国際赤十字が発足する切っ掛けにも成りました。

クリミヤ戦争は一八五三年七月から主にクリミヤ半島・黒海とその沿岸で闘われ、五六年三月にパリでオーストリアとプロイセン[3]の立ち会いの下で、露とオスマン帝国[4]・英・仏・サルデーニャ王国[5]間で、講和条約が結ばれました。この様に欧州主要国はこの戦争に忙殺されていたので、日本に関わっている暇がありませんでした。

東漸していた米国も国内が二分していて、同様に日本に関われませんでした。それは内戦－南北戦争－に成りました。一八六〇年十一月六日の大統領選挙投票によって、共和党候補のエイブラハム・リンカーンが得票率四十％弱ながら選挙人数で過半数を獲得して、翌年三月に大統領に就任しました。奴隷制度廃止に反対した南部のサウスカロライナ州をはじめ、ミシシッピ州、フロリダ州、アラバマ州、ジ

---

3 現在のロシア飛び地のカニングラードからポーランド領グダニスク一帯にあった国で、統一ドイツ帝国の母体
4 現在のトルコにほぼ該当する
5 イタリア半島西にある島の王国、現在はイタリア領土

ョージア州、ルイジアナ州、テキサス州の七州は、合衆国を離脱してアメリカ連合国を創りました。それに北部州が反発し、六一年四月に戦端が開かれました。六五年の南軍降伏を以て四年に渡った内戦は終了し、合衆国は維持されました。

それと、支那での内乱は清王朝を一層弱体化させ、列強はその「弱肉」を食べる事に忙しかったからでした。清は英国との二年十ヶ月に及ぶ戦争（アヘン戦争）に伴う講和条約（南京条約）での賠償金と領土割譲で、国内は疲弊して死に体でした。維新が必要なのに生まれたのは、「太平天国」革命でした。「太平天国」と称した国もどきは、「キリストの天啓を受けて帝と成った洪秀全」が一八五一年一月に太平天国を建国し南京を攻略して、五三年三月に南京を首都と定めました。太平天国は、彼が亡くなった六四年六月の翌年七月に清軍に攻め落とされるまでの十二年間にも亘って、清の経済の中心地帯であった華東・華南地域の南京・武漢・南昌・上海・杭州・温州を、支配しました。

この太平天国の宮殿は現在も歴史博物館として残っています。共産党政権では仲間の様な革命と考えられて、文化大革命での破壊にも遭いませんでした。

この当時は、清には自らの手で維新を果たす力は残っていませんでした。列強は、「太平天国の乱」によって更に「弱肉」と成った支那‐清を、「強食」しました。

アヘン戦争は支那人に反英感情を生み、外国人居留地や宣教師への襲撃が相次ぎました。当時清国は鎖国状態でキリスト教の布教も認めていませんでした。各地方での領事館の設置とその地での折衝は認めても、華夷思想‐中華思想に凝り固まって、北京に大使を置く事は認めませんでした。英米各国は対等でない国交に不満でした。対等な条約締結にはロシア・米国も賛同していました。

一八五六年十月八日に清の官憲が英国船籍の清国船アロー号を臨検（りんけん）して、支那人船員十二名を海賊の容疑で逮捕・拘束した事（アロー号事件）が、事態を更に悪化させました。英国は仏国を引き込んで清と戦争を行い、遂に清は五八年二月に天津で英仏米露と国交樹立の天津条約を結びました、批准する段に成って清は渋りました。実行を求めて英仏の艦船は天津から河を上って北京を占領した事で、清は漸く六〇年に批准しました。加えて清は各国と新たな屈辱的な条約を結ばされました、英国とは十月二十四日に、仏国とは二十五日に、一方で仲介と又一方で清の友達と称したロシアとも十一月十四日に締結しました。この船の名前だけの「アロー号事件」では断片的過ぎて内容を反映していません。相応しい呼び名は「清国開国顛末（てんまつ）」です。

その各国と新たに結んだ条約は纏めて北京条約と呼ばれますが、各国で内容が違うので誤解が生じます。英仏とは、賠償金額と北京に大使館と天津での領事館の開設は同じですが、英国とは香港島側の九龍半島半分の割譲を、仏国とは清が没収した教会財産の返還を、取り決めました。

仲介したロシアとの露清北京条約は、その二年前に結んだアイグン条約を更にロシア側に有利な取り決めにし、ロシアはアムール川左岸‐太平洋側の領有権を確保して、ハバロフスクから延いては樺太までも自国領土にしました。豆満江、ハンカ湖‐ウスリー川以東でアムール川以南の地域（東韃靼）がロシア領と成り、ロシアは遂に念願の日本海‐太平洋への出口を獲得しました。そこにロシアは「東方を

明治維新時の東アジア

支配する町」を意味する「ウラジオストク」を建設しました。この領土獲得は、太平天国に加えた「火事場」で困っていた清に近づいて獲物を漁った、ロシアの外交成果でした。寄って集られた清にとっては高い代償でしたが、日本は同情している暇はなく、ロシアと直接に国境を接したので、それだけでも大変な脅威でした。当時は徳川末期で、六〇年一月に日米修好通商条約の批准書交換団が米国向けに出発し、三月には桜田門外で大老井伊直弼が暗殺され、安政の大獄で知られる元号を万延に改元したばかりでした。維新に向けて産みの苦しみの中にいた日本は、少しでも弱みを見せたら清と同様に格好の餌食に成りました。

そんな時にこの清国開国顛末を主導した辣腕（らつわん）の英国外交官ハリー・スミス・パークスが、日本に公使で赴任しました。長州藩が下関海峡を通過する英仏蘭米の艦隊に砲撃した事件（四国艦隊下関砲撃事件）の、翌六五年でした。長州藩の砲撃は、アロー号より高い要求を突き付けられる程の事件でしたが、パークスは日英親善の点から大事にはしませんでした。英国もロシアの脅威に直面していたから日本との協力を採りました。不平等とは言え条約を結んだ日本と拒み続けて更に譲歩させられた清、その後の歴史を分けた紙一重でした。

3．シベリア鉄道

十五 - 十六世紀の帆船を使った大航海時代に、ロシアは顔を出しません。そのロシア帝国はイワン四世、通称雷帝が誕生した一五三三年に始まりますが、当時は海に行く余力がありませんでした。海の出口を求めたロシアにとって先ずは南と西でした。東はシベリアが、北は一年の半分以上が凍結する北極海が阻みました。西は、スウェーデンとの戦争で一七二一年にペテルスブルクを獲得してバルト海への出口は確保できましたが、大西洋へはドイツ等の近隣諸国の監視があり、そこからアフリカ、アジアへの航路では英国が要衝を抑えていました。

南へは、黒海から地中海に出て大西洋を目指しました。それでクリミヤ半島の領有を謀り、オスマン帝国と戦争をして（露土戦争）、十八世紀末にはクリミヤ半島を獲得し，黒海の航行権とボスポラス海峡の通行権を獲得して地中海までは航行ができましたが、これとても大西洋へは英国が出口のジブラルタル海峡を抑えていました。ロシアは大洋に出られませんでしたから、大航海時代もその後もプレイヤーに成りたくても成れない、「欧州辺境の国」でした。

そのロシアが露清北京条約で、終に東側での大洋への出口を獲得しました。シベリア鉄道でモスクワとつなぐ事は当然でした。鉄道はロシアの東西を結んだ大動脈で、海を求め領土を求めた支那への進出、日露戦争から始まる戦争等で、ロシア・ソ連軍の機動力と兵站力を向上させ、又捕虜・政治犯等の収容所への輸送にも大いに使われました。

鉄道は建設計画と資金計画の準備を経て、工事はモスクワの東千八百キロのウラル山脈東麓にあるチェリヤビンスクと、日本海側ではウラジオストクの両端から開始されました。ウラジオストクでの起工式は一八九一年五月三十一日に行われ、ニコライ二世皇太子が軍艦で海路を日本経由で臨席しました。スエズ運河を通ったでしょう。

ニコライ二世はその途次の日本でテロに遭い（大津事件）、この起工式後の九四年十一月に帝位に就き、日露戦争を指導し、ロシア革命で囚われ、一九一七年三月に革命政府によって処刑されました。処刑はシベリア鉄道の全線開通直後でした。日本でのテロは当時の世論が背景にあり、ロシアの極東進出を象徴するシベリア鉄道の起工式に出席する為に、軍艦で日本に立ち寄った皇太子に対する反感でした。鉄道の軍事的な価値 - 日本にとり脅威を、当時の日本人は理解し、ロシアに反発しました。

東側端からの大工事は、初めにウラジオストクとハバロフスク間のウスリー線が一八九七年に完成し、〇一年十一月三日に日本の遼東半島領有に干渉して得た東清鉄道が完成して、満州ハルビン経由でのウラジオストクまでの全線が開通しました。鉄道だけによる全線開通は一六年十月で、実に二十五年も掛かりました。難工事の一つがバイカル湖南岸のルートで、日露戦争の初期までは、冬は凍結した湖面に線路を敷き、夏は船で車両を輸送しました。その区間は日露戦争開戦から七ヶ月後の〇四年九月二五日に単線で完工し、十月から運行を開始しました。もう一ヶ所の難工事は、ハバロフスクの西側（モスクワ側）を流れるアムール川を渡る単線鉄橋大橋 - ハバロフスク橋で、全長二千六百メーターもある当時ではロシア最長で世界でも三大橋の一つでした。第一次世界大戦中でロシア革命前の一六年十月に完成して、シベリア鉄道は全線が鉄道で開通しました。

シベリア鉄道の発展

年月	時期	全線状況	複線化
一八九四年八月	日清戦争前	一八九一年起工 開通区間無し	ー
一九〇四年二月	日露戦争前	旅順まで開通 バイカル湖南と 黒竜江北線未完	ー
一九三九年五月	ノモンハン戦前	全線開通 第2鉄道建設中	複線化（但しハバロフスク橋は単線）
一九三九年九月	第二大戦前	全線開通	（同右）
一九四五年八月	日本敗戦前	全線開通	全線複線化

シベリア鉄道をこんなにも詳しく述べる理由は、鉄道オタクだからではありません。この鉄道がロシア・ソ連の近現代史そのものだからです。鉄道はロシアの東方侵出の尖兵であり、ロシア帝国からソ連に国が大変換してもその重要性を変わらず、日清、日露、第一次世界大戦、張鼓峰（ちょうこほう）・ノモンハン戦争、世界大戦の開戦、独ソ戦争の開戦、終戦直前のソ連の満州侵略に、極めて重要な陰の主役で

した。ソ連が世界大戦で戦勝国に成れたのは、ユーラシア大陸を東西で結んだシベリア鉄道を駆使したお蔭です。それが果たした役割は夫々の戦争・戦闘でも述べます。

日清戦争の講和（下関講和条約）での遼東半島の日本の領有を、ロシアは独・仏と共に「ちょっかい」を出して阻止し（三国干渉）、見返りに弱った清国より満洲北部の鉄道敷設権を得ました。争いに介入して漁夫の利を得た、露清北京条約に続くロシアらしい外交成果でした。

弱った清からは独仏英も領土を租借で得ました。ドイツは一八九七年に膠州湾を、英国は九八年に九龍半島北側と威海衛を、そして仏国は九九年に広州湾一帯を。

チタ‐満州里‐ハルビン間を結ぶ東清鉄道本線と、日露戦争後に南満州鉄道会社（満鉄）が運営したハルビン‐大連間を結ぶ戦は、一九〇三年一月に開通し、モスクワから大連までつながりました。それは日露が開戦する十三ヶ月前でした。単線の上に、未だバイカル湖南岸の難工事区間が完成してなく貧弱な兵站で、それがロシア側の最大の弱点で、敗戦の遠因に成りました。開戦が一年でも後だったら、戦争の様相も帰趨（きすう）も大きく違っていました。

満鉄は、満州国建国後に大連‐ハルビン間を広軌から標準軌に替え、その軌上に高速列車のアジア号を走らせました。又朝鮮半島も日本本土と違った標準軌にしました。東海道新幹線も標準軌で、アジア号は新幹線に似ています。

アジア号

日露戦争の敗戦に懲りたロシアは、その後もシベリア鉄道の輸送力強化に努めました。満州が日本の勢力下に成る見通しから、東清鉄道の建設を優先してチタ東方の延長を止めていたハバロフスクへの元来路線：アムール線の敷設を、再開しました。その路線は、日本軍の大砲射撃圏外と成る様に川から距離を取って、ハバロフスクまで敷設しました。一六年十月にアムール川に掛かるハバロフスク橋を完成させて、単線で全線を開通させ、満州経由ではないロシア領内だけからの、念願の太平洋に出るルートを確保しました。

シベリア鉄道の複線化は、一四年にはネックの一つだったバイカル湖南岸線の複線化を遂げました。三五年十二月にはハバロフスク手前までを完了し、張鼓峰戦争とノモンハン戦争での戦闘に貢献し、独ソ戦争でも東西の兵員・兵器の機動的な輸送で貢献しました。欧州戦争でドイツと戦端を開いている中で、最後のネックはハバロフスクへの接続でした。これも四一年七月に単線のアムール川底トンネルが完成しました。既存の橋とで複線化し、全線での複線化が完了し、世界大戦での欧州戦争と満州・日本への侵攻に、兵員・兵器の機動力と輸送力を大幅に向上させて寄与しました。

4. 日露戦争とシベリア鉄道

シベリア鉄道が日露戦争に与えた影響を述べる事で、シベリア鉄道の戦争での価値が判ります。

日本政府は一九〇四年二月十日にロシア政府へ宣戦通告をしました。当時満州はロシアが占領して支配下に置いていて、旅順要塞への物資の輸送はシベリア鉄道と東清鉄道を使っていました。旅順へのその兵站は西からのシベリア鉄道本線がバイカル湖南側で鉄道は切れて海上輸送であり、太平洋側からもハバロフスクが西側とはアムール川を渡る橋が未完成で切れていました。そして致命的な事に未だ単線でした。頼ったのは東清鉄道のハルビン‐旅順を通る線ですが、これは日本軍の後方攪乱（かくらん）で兵員と武器の輸送がままならず、ロシアは逆走できない貨車・機関車を線路から外して終いました。これ等器材はロシアでは製造されてない高価な輸入物でした。詰まり隘路（あいろ）一杯の兵站だったので、戦争に勝てるハズがありませんでした。

日本軍の旅順要塞攻略は、〇四年八月十九日から始まり十二月三一日のロシア軍の降伏で完了しました。その前に、ウラジオストクを拠点とするロシア太平洋艦隊旅順艦隊を八月十日の黄海での海戦（黄海海戦）で壊滅状態にし、十四日にはウラジオストク艦隊を蔚山沖の海戦（蔚山沖海戦）で壊滅状態にしました。当時のロシアは、世界最強と謳われたバルチック艦隊を送る事によって戦況の挽回を図ろうとしましたが、それも東郷平八郎大将率いる日本海軍によって壊滅的な打撃を受けました（〇五年五月二八日、日本海海戦）。

もしも開戦が一年後だったら、旅順までの物資輸送に単線とはいえバイカル湖南岸での隘路がなくなって東西がもっと円滑に連携し、バルチック艦隊を東洋へ送る必要もなく、日本海海戦もなく、長期戦・消耗戦と成って日本には不利でした。早期決着の講和交渉は正解でした。

1903年　日露戦争前のシベリア鉄道

日露戦争前のシベリア鉄道　1903年
モスクワ
チェリャビンスク
ノボシビルスク
イルクーツク
チタ
満州里
ハルビン
新京（現長春）
ハバロフスク
ウラジオストク
北京

1941年末のシベリア鉄道

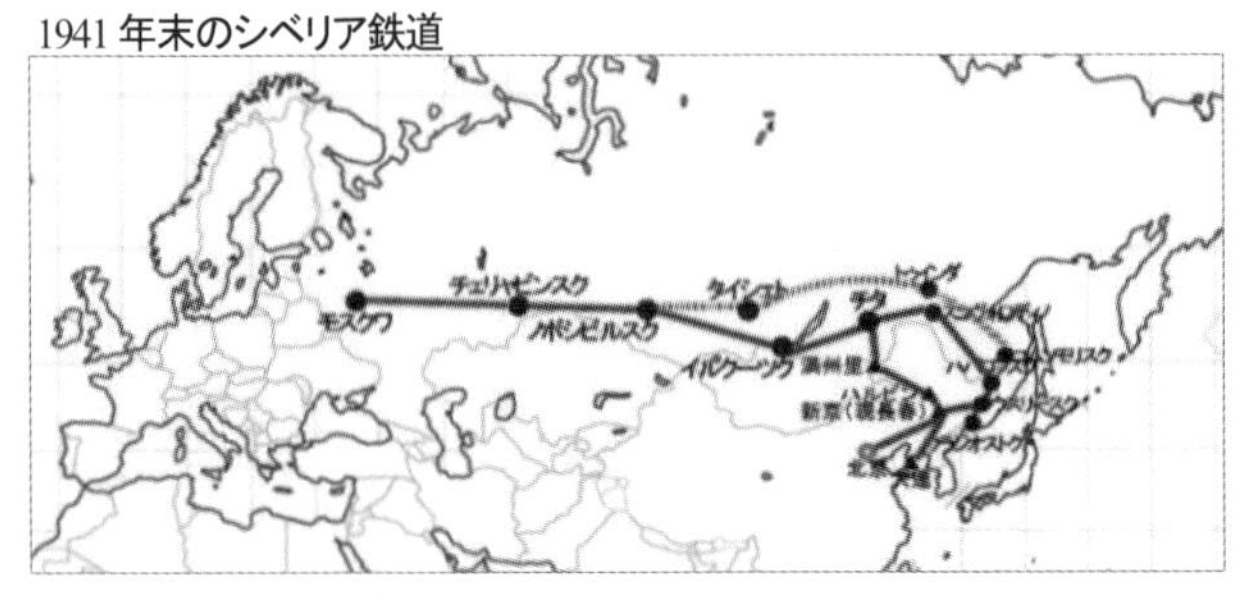

明治維新で体制を変えて弱肉強食の世界に飛び出した日本は、更に急激な状況の変化に取り巻かれなが

らも、産業革命と安全保障、殖産興業と軍備増強に努めました。その旗頭にあった財界は算盤で、軍は干戈で、経国済民を図りました。中華思想に凝り固まった支那は、維新も近代化と工業化も果たせず、無残にも列強の弱肉に成りました。

ここ迄が昭和以前の日本を取り巻いた状況です。

そして日本は、時代が更に変換した戦争と革命の昭和に入りました。

5．世界大恐慌

昭和元年（一九二六年）は、世界物流革命の基盤 - インフラ - が完成した後で、産業・情報流通・思想の面でも大地殻変動が起き始めていました。

大正十二年（二三年）に起きた関東大震災の爪痕が未だ残る中で、二九年（昭和三年）九月 - 十月に米国証券市場で起きた株価の大暴落：「大恐慌」は、世界的な経済活動の収斂を引き起しました（世界大恐慌）。それは産業立国を目指していた日本はもちろん、原料供給の開発途上国をも含めた世界中を大不況に陥れました。

産業・情報流通の大規模化・グローバル化には大資本が必要でした。時代は大資本家を求めていた中での大恐慌で、各国は国家総動員態勢で生き残りを図りました。その為には権力の集中が必要で、米国はより強い大統領を求め、ドイツは国家社会主義（ファシズム）によって一党・一個人に権力を集中させ、革命後のソ連は共産党による一党独裁体制を更に強化して、大恐慌と世界規模での大競争に臨みました。日本は体制を変換する事なく、権力を集中させる事もなく、臨みました。

次の図①は、世界大恐慌前後の世界主要国の工業生産指数を示します。図②は、①からソ連を除いた拡大図です。[6] 二九年を一〇〇とした各国の鉱工業生産指数では、日本は他国に先駆けて、二つの危機：関東大震災と大恐慌から回復をしていました。

三五年時点で大恐慌から回復した国はソ連と英国だけで、その後に興味深い事に国家社会主義政権の独・伊が続いて回復の兆しを見せ、米国は意外にも三五年時点では恐慌前に戻ってなく、ルーズベルト政権の成果と喧伝（けんでん）されたニューディール政策は、効果が上っていませんでした。

米国が大恐慌から抜け出た時期は、米国のGDPの推移を描いた図③から判ります。それは実質GDPが二倍に成った四一年からで、その時期の急激な伸びは戦争景気のお蔭でした。三九年からの欧州戦と日本との戦争で漸く脱出できました。米国人が「グッド・ワー」（好い戦争）と呼ぶ所以（ゆえん）で、米国は戦争で回復どころか太りました。

図①ソ連を含む　各国の鉱工業生産指数

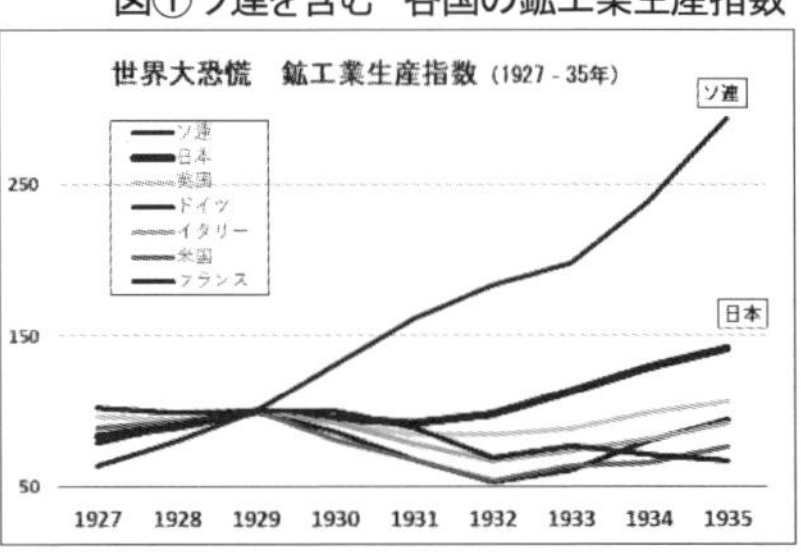

図②　ソ連を除く　各国の鉱工業生産指数

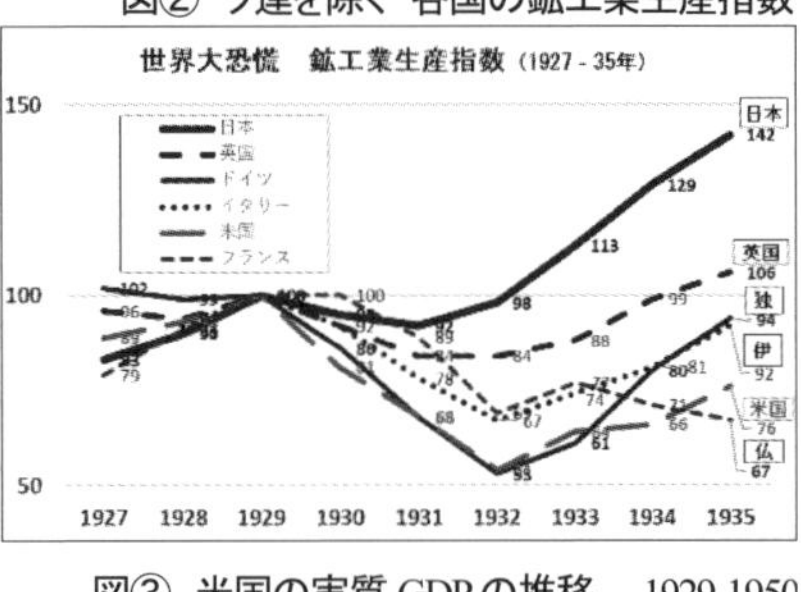

図③　米国の実質GDPの推移　1929-1950

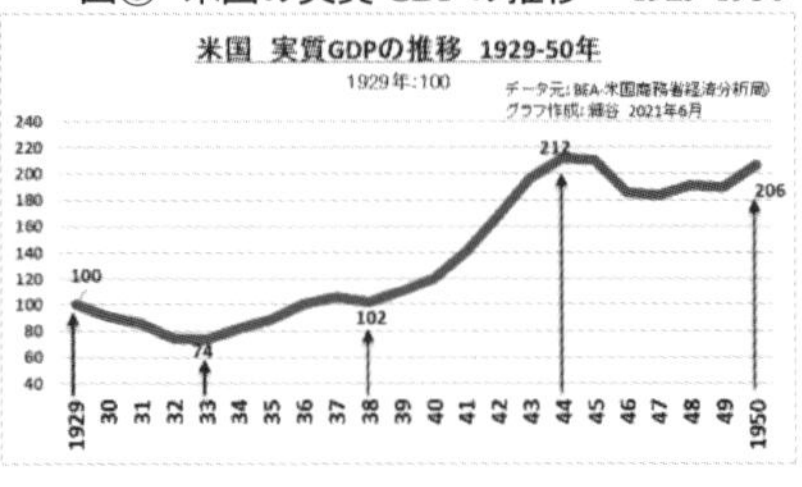

6 数値典拠：今田寛之　『1929～33年世界大恐慌について』　日本銀行金融研究所「金融研究」第7巻第1号（昭和63年4月）

ソ連はどうだったでしょうか？ 世界各国が大恐慌に苦しむ中、大発展を遂げた計画経済と二八年からの五ヶ年計画の実態は、無償に等しい収容所強制労働を元にした「計画経済」でした[7]。三〇年には英国を抜いて世界第二位の経済規模に躍進しました。ソ連経済の繁栄もこの頃が一番元気で、ソ連の計画経済と、延いては共産主義への称賛を呼び、スターリンの独裁化に一層寄与しました。但し二九年から生産指数が三倍に上がった点は信じ難いです。

英国は保守党・自由党が労働党内閣に協力する挙国一致内閣と、金兌換制度からの離脱や英連邦を形成してブロック経済下での回復を図りましたが、それほどに良い結果は出せませんでした。

このグラフには載っていませんが他にハンガリー・ノルウェー・スウェーデンが恐慌以前より生産指数を上げました。

仏国は恐慌前の三分の二に下がったままでした。海外植民地を多く持っていたにもかかわらず大恐慌を克服できなかったのは、左右勢力の対立で政権交代を繰り返し、政治が不安定だったからです。コミンテルン第七回大会決議に沿う共産党も入った人民戦線が三五年十一月に結成され、翌年に総選挙を経て六月に人民戦線内閣が誕生しました。しかしその政権は平価切り下げによって経済の再生に失敗し、最低賃金や週四十時間労働などの分配優先政策を採用して経済を更に悪化させ、そんな中で世界大戦を迎えて呆気なくドイツの軍門に下りました。共産主義に甘い容共的対応の結果でした。

大恐慌への列強各国の結果は、国家経済で対応したソ連と枢軸国の日独伊が不況から抜け出し、英国は挙国一致と植民地の活用で回復し、米国は成果を上げられず、仏国は対応できませんでした。

---

7 産経新聞・斎藤勉『スターリン秘録』産経新聞ニュース・サービス　2001年3月　274頁

6. 軍事革命の狂気

昭和を特徴づけるものに、既成概念への挑戦があります。新しい自由・平等を基に既成の権威・道徳・秩序への挑戦であり破壊もありました。それには共産主義思想が、一役も二役も買いました。

英国国王エドワード八世は、一般女性と結婚する為に一九三六年十二月に王位を投げ出しました。女性の自立や解放、男女同権が叫ばれ、又耽美的風潮もありました。共産主義に憧れ表現の自由を求めて死も厭わずに越境してソ連に渡った日本人男女、愛しさの余りに男を殺してその象徴を切り取って持ち歩いた女、等が世情を騒がせました。

昭和初期から二・二六事件があった三六年頃までは、エロ・グロ・ナンセンス時代と呼ばれます。エロ（エロティック、煽情的）、グロ（グロテスク、猟奇・怪奇的）、ナンセンス（ばかげた）を組み合わせて略した言葉で、当時そんな社会風潮が現れた原因は、革新的、革命的、そして関東大震災・世界大恐慌などの天災に起因した末世的な雰囲気でした。

この風潮が、共産主義思想の拡大と共に広がった事に注目します。既成秩序の転換がその運動の目標であれば、その破壊は運動にとってもマイナスではありませんでした。

「ポリコレ」はロシア革命後に共産主義者によって使われ始めました[8]。共産主義と相容れない既成の常識・智慧を否定する事に使われました。考えや智慧が正しかろうが、それを当人にとり不都合であれば「ポリテイカルコレクトニス=政治的に正しい」、通称ポリコレと称して否定しました。「ポリコレ」を使う事が進歩的と見られたので、都合が悪い既成概念を否定する殺し文句にしました。「智慧」は、良い・悪いで決める二項対立ではない、と訓えていましたが、それは広まりました。

---

[8] Britannica「Political correctness」https://www.britannica.com/topic/political-correctness

一九三〇年代に日本を包んだもう一つの狂気は、民主政治は衆愚だから、軍事革命で日本を親政により或いは当時の世界に倣ったある種独裁体制で、危機からの脱出を試みる気運でした。それは二・二六事件での軍事革命の挫折で一段落しましたが、事件後に軍大臣が現役の軍人に限る制度 - 現役武官制 - が復活して、その制度は終戦まで続いて、軍は政治へ容喙（ようかい）しました。

大日本帝国軍が政治に不満を持った原因は、第一次世界大戦後の軍備縮小（軍縮）も一因でした。二二年（大正一一年）八月と翌年四月の軍縮（山梨軍縮）、二三年九月に関東大震災復興費用捻出の為、二五年五月には宇垣一成陸軍大臣の主導の下で、計三回の大きな軍縮が行われました。

そんな折の世界大恐慌と米国等のブロック経済化（昭和恐慌）、そして三一年には冷害による大凶作で、東北・北海道は窮乏に陥り、不況と凶作はその後も続きました。

陸軍の若手将校は、この原因が現政治体制にあるとして、政治の革新を求めました。共鳴する陸軍若手中堅幹部を中心とした政治同盟の桜会が三〇年九月に結成され、三一年三月二十日には橋本欣五郎ロシア班班長等「桜会」のメンバーと大川周明等がクーデターを計画しましたが、当時の宇垣陸軍大臣の賛意が得られずに未遂に終りました（三月事件）。同年九月十八日の満州奉天（現在の瀋陽市）柳条湖付近での鉄道爆破事件で、時の幣原喜重郎外務大臣の事件不拡大・局地解決の方針に不満を持った一派のクーデター計画が発覚しました（十月事件）。翌三二年二月から三月には国家主義を主張する血盟団による政財界要人の暗殺がありました（血盟団事件）。三五年五月には海軍若手将校による軍事革命を目指した五・一五事件が、そして翌年二月には二・二六事件が起りました。これ等の五年間に五度もの未遂を含めた軍事革命は異常で、それは社会が上げた悲鳴でした。

軍の革命指向と政治への不信は、軍の統帥権を政治から独立させて神聖化する様に成りました。盧溝橋・第二次上海事変での不拡大方針の不徹底、ノモンハンでの戦闘、仏印（フランス領インドシナ）での軍隊の展開は、何れも敵の挑発に現場の部隊が踊らされて戦闘を拡大させた例です。陸軍のこの風潮は、終戦時に天皇陛下の終戦玉音放送を阻止しようとした反乱まで続きました。

満州事変でその戦功を認められた石原莞爾は、三五年八月に重責の参謀本部作戦課長に就きました。その直後の九月に参謀本部次長杉山元の求めで、「昭和維新の必然性確認」の論文を書きました。それは軍事革命を目指した陸軍の考えを、率直に表していました。

二・二六事件前に書かれたこの文章は、事を起した将校に通じます。個人主義、自由主義ではなく、軍が主導する全体統制主義とした点で、天にも通じませんでした。

昭和元年の日本が直面した世界は、「革命」一色でした。国家体制に、社会に、産業に、物流に、そして情報流通に。そして欧州の列強に加えて米ソが支那と満州の市場を求めて東アジアに殺到していた時代で、そこへは日本も加わりました。満州で一番乗りだった日本は、米ソと競う事に成りました。シベリア鉄道は世界物流革命の仕上げでした。一九一六年に単線で全線が開通し、昭和に入る前にはほぼ複線化が完了した鉄道は、ユーラシア大陸の東西を結ぶ一番の大動脈に成りました。

昭和に入った直後の世界大恐慌が、資本主義「体制」への疑念を抱かせ、共産革命指向に火を付けました。各国は強い政府を求めて社会主義・共産主義社会と軍事革命政府への志向を強めました。日本だけではなく世界が、戦争と革命の昭和を歩みました。

二．コミンテルンの世界革命戦争

昭和十年（一九三五年）、街には恋の都、華の都と東京を讃歌する明るい歌―「東京ラプソディ」が流れていた。翌十一年には二・二六事件と猟奇的な阿部定事件があり、八月にはナチス下のドイツでベルリン五輪が開かれた。

世界大戦に先立つ四年前の三五年に、国際ＮＧＯとは名ばかりのスターリンとソ連政府の別動隊－コミンテルン－が戦争と革命を一体で推進するとした決議が、世界革命戦争の始まりでした。

1．スターリン

世界大戦は、開戦から終戦までスターリンが脚本家で主役でした。

スターリンの本名は、ヨシフ・ヴィッサリオノヴィチ・ジュガシヴィリです。「スターリン」は通称で、それは「鋼鉄の人」を意味し、そうありたい彼の願望でした。一八七八年十二月にグルジア（ジョージア）で生まれ、父親は酒好きの暴力を振るう靴職人で、母親はエカテリーナ・ゲオールギエブ（愛称ケケ）で農奴出身でした。

猜疑心（さいぎしん）が強かった彼は、自身の秘密が死後でも漏れる事を恐れ、晩年は長年勤めた侍医、警備隊長、私的秘書、下僕までも彼等に暗殺される事を疑って、彼等を逮捕・処刑しました。だから寝室で脳卒中を起して倒れても翌日の午後まで放置され、それで四日後に亡くなりました。

他人はスターリンをどう評価したでしょうか。

終戦時内閣の鈴木貫太郎首相は対面していませんが、ソ連に仲介を依頼するかを議論した閣議で、スターリンは「西郷南洲と似ものがあるやうだし」、「悪くはしないやうな感じがするから、和平の仲介もソ連に持ち込むことにしたらいいだろう」[9]と述べた程にスターリンを買い、彼に日本の運命を託しました。海軍大将・侍従長・首相を務め、二・二六事件と終戦時の軍事革命（宮城事件）での暗殺からも生き抜いた、多くの情報を得ていただろう鈴木でさえ、この程度でした。

日本との交渉相手を罵った程に毒舌家だった米国国務長官コーデル・ハルは、一九四三年のモスクワでのソ連・英国との三国外相会議で会いました。彼はその後にテヘランで初の三国首脳会談を実現させ、終戦と戦後の枠組みを決めたヤルタでの会談に結び付けました。そのハルが回顧録でスターリンとの一連の会議を自賛して、彼を褒め称えました。

日本の松岡洋祐外相はスターリンの決断で日ソ中立条約が締結できたと大喜びし、祝宴後にシベリア鉄道で帰国する直前まで彼と痛飲しました。松岡が千鳥足で帰国のシベリア鉄道の列車に乗り込む所までスターリンが見送りに来て、乗車を手助けしてくれたと、彼も又スターリンを称賛しました。日米の外相が揃ってスターリンを誉めました。彼はそれ程に他人を心酔させる人でした。

評価の的確さで筆頭なのは米国の外交官で歴史家のジョージ・F・ケナンです。彼は、ルーズベルト政権がソ連と国交を持った直後の一九三三年から四年間と四四年からの三年間を、大使代理級でモスクワに駐在した外交官でした。二度目の四六年二月にソ連の本質とその危険性を指摘した報告書－後に有名に成った「X論文」－を書いて、ソ連に対する「封じ込め政策」につなげた人です。

---

[9] 東郷茂徳『時代の一面』改造社　1952年7月

ケナンは又日本を弱体化する政策の危険性を覚り、マッカーサーを含め国務省、大統領迄も説得して政策を転換させました。ソ連と共産主義を良く知った彼のスターリン評を、以下に引用します：

スターリンは背が低くて小柄で、目立って逞しいとか痩せぎすではなく、どちらかと言えば後者の痩せぎすの方であった。角張ったチュニック（軍服風上着）は何時もちょっと大き過ぎて見え、そこには身長の低さを何とかカバーしようとする努力が感じられた。

それでも彼の容貌には、泰然自若とした強さとある種の荒削りな男前が見えた。歯は変色して、髭は短めの粗くて白い縞が入っていた。これがあばた面と黄色い眼と合わさって、歴戦の老虎の相貌を呈していた。我々に対する礼儀作法は、少なくとも、彼は気取らず、静かで、控えめであった。

結果を求めてあたふたすることはなかった。言葉数は少なかった。その言葉も概して理に適い気の利いている様に聞こえて、確かにそれは何時もそうであった。事前に注意を受けてない訪問者は、この類い稀な外面の背後に、計算高く、深い野望、権力欲、嫉妬、残虐、陰険な復讐の意図等が潜んでいるのかを、推し量れなかったであろう。

一人の猫かぶりしたスターリンの凄い所は、それが一人の偉大な政治家として必要欠くべからざる一部分であった事だ。

与えられた天賦の才は、極めて、単純で、尤もらしい口をきき、一見毒にも薬にもならないような言葉遣いだった。それはあらゆる独創的な意味に於て天地創造以来全く起源を持たなかったことで、スターリンは神学校の生徒たち中で常に一番の俊英だった。

彼は信じられない程の鋭い観察力を持っており、その時に彼の目的にぴったり一致していた時は模倣する事だった。（もしスターリンがその後で模倣を教えた人達を処分したならば、これは彼の彼等への高い尊敬の目印であった。）

同様な理由で、彼は、勿論だが、一人の偉大な、敢えて言うならば恐るべき（一部分偉大さは恐ろしさになる）政治力学の師であった。

一番印象的だったのは、彼の策謀家としての計り知れぬ、とてつもない技能だった。近現代には、これ以上の権謀術数の策士を他には知らない。チェス名人の第一手の様な何食わぬ顔で相手の警戒心を解く様な、気取らず物静かな上辺は、この見事で恐るべき策謀的な支配力の一端に過ぎなかった。

私よりもずっと多くスターリンと会った同僚たちが話してくれた事は、彼の個性の別な面を観察出来た：スターリンが一瞬振り向いた時に、凶暴な、ピカリと光る黄色い目を哀れな部下にちらりと注いだのを見た時、また戦時中の外交官パーティの席で、部下たちへの自身の権力を誇示するために、棘（とげ）があり嘲る乾杯でもって、外国のお歴々が並みいる中で彼の部下に恥をかかせようとする、悪魔の様な嗜虐趣味を目撃した時、がそれであった。

私自身はその様なことを見ることはなかった。しかし私が初めてスターリンと個人的に会見した時には、私自身がすでに十分に長くロシアに住んでいて、彼のことはある程度知っていたから、彼を訪問する時は、相手は今世界で一番注目の的となっている人物－一人の偉大な人物、言うなれば先ず残酷で、冷笑的で、狡猾で、限りなく危険で、これら全てで非道である点で、偉大な－時代の真に偉大な人物の一人ということを、決して疑わなかった*。

（*）以上の文章は、スターリン一家のことを書いたスベトラーナの著書を読む前に書かれた。

この本は、スターリンに関する私の見解を広げ、かつ多少変更させたが、私のこの論考は、一九四五－四六年当時の経験に関わることから、私は記述を書いたままにする。[10]

[10] George F. K. Kennan 『Memoirs 1925-1560』 An Atlantic Monthly Press Book 1967 page278　拙訳（参考『回顧録』清水俊雄訳　読売新聞社　1973年12月

写真で見るスターリンは、がっしりした体つきで背丈もそこそこで、名前の通りに「鉄人」を思わせますが、実際に会った人は、彼は中身を膨らませて背を高く見せ、口数が少ない静かな人で、でも良く観察すると男らしく、且つ権謀を操る男で、異質な点では凄みを感じさせた、と評しました。

独ソ不可侵条約締結
スターリンとリッベントロップ独外相
German Federal Archive 所蔵

欧州戦争の開戦時にソ連大使だった東郷(茂)の評を聞きたいと彼の本を調べましたが、ヴャチェスラフ・モロトフ外相は書いたのに、一言もありませんでした。外交を取り仕切っていたスターリンが、素人で新米のモロトフを後ろで操っていた事は常識でした。その前のドイツ大使の時にはヒトラーと「屡々面談」し山荘まで行ったと書いているのに、スターリンを評しないとは、不思議です。

スターリンに関してのエピソードは語られますが、ケナンの様に正面から実証的に語った人は少ないです。スターリンの噂話の一つに、極秘・他言秘の話や彼が模倣したく成るアイデイアを持ち込んだ人は「処刑される」、があります。この噂話はケナンの評にある「もしスターリンがその後で模倣を教えた人達を処分したならば、これは彼の彼等への高い尊敬の目印であった。」とする表現と軌を一にします。彼を知る人は粛清されたか恐れて語らず、東郷(茂)も恐れたのでしょうか。

2．コミンテルン第七回大会

コミンテルンは、各国の共産党員を集めた七回目の世界大会を、三五年七月にモスクワで開きました。大会は約一ヶ月を掛けて、共産主義の祖国ソ連の防衛と、共産主義国家建設に向けての各国での共産革命への準備と、資本主義国家間の戦争に導く為の大衆も巻き込んだ幅広い統一戦線作り等を、決議しました。それまでの共産党単独での革命路線が破綻して、現実的路線への転換でした。

資本主義諸国間の関係悪化のお蔭で反ソ連ブロックの形成を防いでいると状況を分析し、それを追求し、迫る戦争への準備に各国、特に「戦争誘発首謀者のドイツと日本」に「平和の為」と称して人民統一戦線を組んで大衆を獲得して革命に備えよ、と決議をして、各国共産党に号令を掛けました。コミンテルンはこの大会時点で戦争が迫っていると認識していた訳ではありません。当人がこれから戦争を起す・起させるのですから当然でした。先ずドイツと日本が戦争と革命の主目標に成りました。

そしてそれを知った他人が考える当然の帰結に反論して、それを「反共国家が嘘の宣伝をしている」と、態々(わざわざ)次を決議に加えました：**「恰も共産主義者が戦争に依る革命を期待して戦争を欲するかの如き中傷的断案を断乎として排撃す。」**[11] 歴史はその指摘が正しかった、と語ります。

この世界中での戦争と革命を一体にした運動の決議で、世界の各国共産党が実際に人民統一戦線作りと大衆の獲得を始めました。スターリンの世界革命戦争が始まった訳で、大した実行力でした。

米国では「一九二〇年代、(共産)党は、アメリカ総同盟(ＡＦＬ)とその支配下にある穏健な労働組合に対抗して労働組合統一同盟Trade Union Unity League(ＴＵＵＬ)および一連の革命的労働組合を作り上げていた。」[12] しかしこの様な純共産党系の組合だけでは組織も運動も拡大しなかったので、「(コミンテルンの統一)人民戦線の戦略の一環として、ＴＵＬＬを解散し、その戦闘的活動家を労働運動の主流の中に送り込みました。ジョン・Ｌ・ルイスJohn L. Lewesが支配していた新設の産業別組合会議(ＣＩＯ)は、自動車、鉄鋼、電気機

11 内務省外事警察報165号(1936年4月)「帝国主義者の新世界戦争準備に関連するコミンテルンの諸任務」22頁

12 江崎道朗『日本外務省はソ連の対米工作を知っていた』育鵬社　2020年3月　132頁

械のような大量生産型の産業を組織したがっており、そのために有能な組織者－オルガナイザーが必要であったため、一も二もなく共産主義者の影響力も強まった。三〇年代後半までに、CIOメンバーの四分の一が、共産主義者の指導下にある組合に所属していた。」[13] と当時ニューヨーク総領事の若杉要は報告しました。「穿孔（せんこう）活動」と呼ばれる「蟻の一穴」に似た活動で、共産党は組合だけではなく諸民間団体にも実際の運動レベルで食い込み、組合を支持基盤とする民主党に影響を与え、時のルーズベルト政権にも与えました。

それは外からだけではなく、政権内部の要路にも、ソ連・コミンテルンのスパイとその協力者・同調者と、そうとは知らずに支援する人達がいました。詳しくは後に述べます。

支那では中共が、コミンテルンの決議に直ぐ反応しました。政権を持つ国民党へ統一を呼び掛け、蒋介石が拘束された機会に彼を説得して取り込み（西安事件）、北京郊外で日本と戦争を始めさせ（盧溝橋事件）、拡大する為に日本人を虐殺して血祭りに上げ（通州事件）、遂には三七年八月に蒋介石中華民国政府にソ連との不可侵条約を締結させ、九月には国民党との統一戦線に漕ぎ着けました。

そして日本です。当時の日共の組織は壊滅状態でした。それは日ソ国交成立に合わせて作られた治安維持法が効いたからでした。その為にコミンテルンは外からスパイを送りました。リヒャルト・ゾルゲはこのコミンテルン大会前に日本に入り、工作活動を始めました。ゾルゲは第七回の大会期間中にモスクワに戻って組織強化と方針を確認し、再入国後は二・二六事件から日米開戦直前までにソ連にとっては実に有益な情報を送り、又尾崎秀実を通して日本の政策決定に介入しました。

日本政府は三六年十一月にドイツと防共協定を結んでこのコミンテルン決議に対抗しました。翌年にはイタ

---

13 同　江崎道朗

リアが参加し、それは四十年九月には三国同盟へと発展しました。防共協定の英文での名称は、「対コミンテルン協定」[14]で、三五年のコミンテルン大会での日独を主な対象とした決議に対抗する為で、日本はそれ程に決議を恐れました。

コミンテルン世界大会はこの第七回が最後でした。ソ連が連合国側に入る為に、四三年五月にスターリンが、コミンテルンの解散を決めました[15]。彼は解散の理由を訊いたロイター記者に、ヒトラー・ドイツがソ連は共産化を企んでいるとする嘘の宣伝を終らせ、自由を求める連合国の結束と各国の反ヒトラー運動の為に、解散は良い事だ、と回答しました[16]。

この解散は、ソ連がドイツからスターリングラード（現在のボルゴグラード）を奪還した直後で、計算高いスターリンらしく、連合国の一国として共産革命はしない空証文を出しました。

解散を発表した五ヶ月後の十月にモスクワでの米英ソ外相会議を皮切りに、十一月にはテヘランで史上初の米英ソ首脳会談が実現しました。そのテヘラン会談ではスターリンはドイツと戦っている最中を理由に、ルーズベルトを徹底的に焦らしました。場所も直前に米英と中華民国の会合（カイロ会談）のカイロではなく、さして距離も変わらないテヘランでの自国の場所‐ソ連大使館‐を指定して、米英に三顧の礼で迎えさせて、連合国に加わりました。彼は、ルーズベルトとチャーチルを手玉に取った、一枚も二枚も上手の役者でした。その後ヤルタとポツダムでの歴史的な会談も同じで、場所と時間は全てソ連の領地か管理下の会議場で、その日時も彼の都合で決められました。彼は世界大戦の開戦を仕切って日独を、終戦の際にも米英を、両方を巧みに

---

14 日本語原文名：共産「インターナショナル」ニ対スル協定、独語名：Abkommen gegen die Kommunistische Internationale（英訳 German-Japanese Anti-Comintern Pact）

15 不破哲三「スターリン秘史コミンテルン解散の虚実」『前衛』2014年11月号（ディミトロフ日記から）

16 J.V.Stalin The Dissolution of the Communist International Answer to Reuter's Correspondent' May 28, 1943 Stalin Archive Comintern Archive

操って好い様に仕切りました。

ソ連政府トップのソ連人民委員会議議長スターリンがこの様にコミンテルンを解散させる、と公式な発表をした意味は、ソ連政府がコミンテルンを使って世界革命戦争をしていた事を白状しても、連合国側に入るメリットがあったからでした。連合国側に入って戦勝国に成り、ポーランドへの侵攻もバルト三国・フィンランド侵攻も不問に成り、国際連盟除名の汚名も消え、ニュールンベルクと東京での軍事裁判では裁く側に立て、国連安全保障理事会で常任理事国の地位も得られました。十分過ぎる程のお釣りが来ました。コミンテルンが解散しても各国共産党を指示し支援する機関が消滅したとは、歴史は教えません。ソ連の指導は続きました。

第七回大会議長のゲオルギ・ディミトロフは、解散翌年の四四年一月にソ連共産党中央委員会国際情報部長に成り、スターリンの指揮下に入りました。共産化による世界革命が名実共にソ連の国家方針に成りました。そのディミトロフは戦後にブルガリアに戻り、二重国籍のまま首相に成り、ユーゴスラビア首相のヨシップ・ブロズ・チトーと連邦形成で対立してソ連に戻りました。しかしこの知り過ぎた男 - コミンテルン決議からのスターリンの野望を最もよく知った同志 - は、四九年七月にモスクワの療養所で六十七歳で「死亡しました」。

世界が、スターリンとソ連が発する言葉に疑問を持ち出したのは、世界大戦が終ってからでした。それまで世界は彼を疑わず、寧ろ未だに称賛し続ける国までも存在します。第七回大会決議から解散までの僅か八年間に撒いた共産化革命の種は、戦後に世界を東西に二分させた程に花を咲かせました。決議をしてからの世界を共産化する為のその熱情も、正に革命的でした。

3．東郷茂徳とソ連

激動の昭和史で東郷茂徳は外せません。何と言っても彼は日米開戦と終戦時の外務大臣でした。日本の外交を担い、日本が運命を託した一人でした。彼は、昭和史での重要な全ての局面で、その最前線におり、又当事者でもありました。

第一次世界大戦終戦前に彼は赴任する為に、シベリア鉄道を使って革命前のロシアを通り抜けて、ロンドン経由でスイスに着き、そこで母国ロシアの革命に赴くレーニンの出立を見ました。大戦終了後は敗戦と共産革命に喘ぐドイツに赴任して、その惨状を目の当たりにしました。その後は日本でソ連との国交樹立条約交渉を先頭に立って進めました。その後に三国同盟前のナチス・ドイツに大使で駐在し、直ぐに駐ソ大使に替わってベルリンからモスクワに横滑りして、ヒトラーにもスターリンにも面談し歓談もした大使でした。駐ソ大使としてノモンハン戦争では全権を受けて停戦交渉を行い、欧州戦争の開戦、独ソのポーランド侵入の時も最前線にいました。日米開戦と終戦の大事には外務大臣を務め、そして「東京裁判」では訴えられて闘った人でした。

昭和史の重要な当事者であり貴重な証人でもある彼が、世の歴史書には稀にしか出て来ません。彼こそが昭和史を語るに相応しい人で、その対象です。ＴＢＳ放送は、テレビドラマ「命なりけり 悲劇の外相・東郷茂徳」を九四年に放映しました。九六年には彼の自著「時代の一面」がロシアでも出版されました。でも、それだけでした。彼が、「平和を乱した」加害者なのか、時代の被害者かを評する前に、ここでは公人で当事者であった彼の事績を記し、その結末の原因と、如何すれば良かったのか、を論じます。

東郷茂徳とは

東郷茂徳は、一八八二年（明治十五年）十二月十日に、当時の戸籍住所では鹿児島県日置郡下伊集院村大字苗代川（現在「元外相東郷茂徳記念」がある日置市東市来町美山）の朴家に生まれ、名は朴茂徳でした。朴家の先祖は朝鮮渡来人で、豊臣秀吉の朝鮮戦役で俘囚と成った一団がこの「苗代川」に移住し、代々陶器を制作し商っていました。彼が三歳の八六年九月六日に、父が西南戦争で窮状にあった士族籍の「東郷」姓を買い、名前を改めました。

一九〇四年九月に東京帝国大学文学部ドイツ文学科に入学、〇八年に卒業し、ドイツ文学者を目指していましたが、一二年に試験に合格して外交官に転じました。出生地の鹿児島県日置郡下伊集院村大字苗代川はその地名だけで朝鮮出身と推定される事から、受験願書で出した履歴書には、「苗代川」を記載しませんでした[17]。

研修後の一三年八月二五日に奉天総領事館に転勤し、帰任直後の十六年七月からはスイスのベルン新設領事館勤務で、慌ただしく七月中旬に出立しました。世界大戦の最中で、日本と同じ連合国の一員で翌年二月に革命があった直前のロシアを通る赴任の旅でした。敦賀からウラジオストクに渡り、全線開通したばかりのシベリア鉄道を使い、満州を通ってサンクトペテルブルグ、スカンジナビア半島、ロンドン、パリを経由しました。

スイス勤務は一九年一月の帰国で終るところがベルリンへの転勤に変わり、敗戦国ドイツでのたった一人の日本国外交官として、実質上は大使も兼ねた任務でした。三月中旬にベルンを出発して途中パリで足止めを食いながらも四月十七日にベルリンに赴任し、二年弱を務めました。出渕勝次臨時大使が着任した二〇年三月二一日までは一人事務所での孤軍奮闘で、後に伴侶と成ったエヂータ・ド・ラランド（Editha de Lalande[18]）は臨時大使到着前の一月に雇いました。ロシアに続く革命は敗戦国ドイツでと云われた中で、彼はそれを観察し分析した多忙な勤務生活を送り、そして伴侶を得ました。

17 萩原延壽『東郷茂徳　伝記と解説』原書房　2005年7月　53頁

18 以下エヂの説明はドイツ語HPに拠る：https://studio-ostasien.deutsche.de/?view=article&id=926:togo-edith-geb-giesecke-pitschke-verw-de-lalande-3-2-1887-4-11-1967&catid=11

東郷(茂)とソ連との外交での関わり

東郷(茂)のソ連との付き合いは、ベルリンから英国・米国経由で二一年五月上旬に帰国して、ロシア・サービスと呼ばれた欧米局第一課での勤務から始まりました。当時は未だソ連と国交はなく、日本は革命後の一八年八月以来各国と共同でシベリアに兵を出していました。

彼は先ずその兵を二二年十月に撤兵させ、二三年一月に課長に昇格後は、ソ連との国交樹立の為に働きました。二五年（大正十四年）一月二十日に「日露基本条約」が調印されて、国交ができました。交渉の全期間を通じて彼の部下として補佐をした亀山一二は、対ソ国交の急先鋒であった彼は孤軍奮闘であったと述べました。欧米列強に先駆けてソビエト政権を承認するのは協調破りに成ると、外相内田康哉、欧米局長松平恒雄、欧米局でソビエトを管轄した第一課課長青木新等の上長は皆交渉に消極的でした。彼は、国交正常化に向かって早く動き出さなければ日本は経済的な不利益を蒙る恐れがあるし、ソビエト政権の崩壊はあり得ない、と主張して進めました。これは、戦後の中華人民共和国（中国）との国交樹立交渉の前例を見ている既視感を覚えます。

彼は帰国後の一九二二年二月二三日に結婚し、彼女は「東郷エヂ」と改名しました。エヂはユダヤ人と噂される母とドイツ貴族の父との間に一八八七年二月三日に生まれました。両親が亡くなった為に、母の妹夫婦の養女と成ってピッチケ（Pitschke）姓を名乗り、養父の露清銀行（英文名：Russo-Chinese Bank）の神戸支店転任に伴い、十五歳の時の一九〇二年に来日しました。しかし養父も急逝したので、養母と宿を運営して生計を立てていた十七歳の〇五年七月に、滞日中だった著名なユダヤ人建築家：ゲオルグ・デ・ラランデに見初められて結婚し、五人の子をもうけました。

結婚して九年後の一四年八月に夫が亡くなり、エヂは亡夫の故郷：ドイツ帝国のシルジア地方ヒルシェベルク（現在ポーランド領イェレニャ・グラ、ベルリンより南南東へ約三百キロ）に帰国して、働き始めました。

東郷(茂)がベルリンの一人事務所のホテルで孤軍奮闘していた時期で、二〇年一－二月頃に彼女を秘書に採用した縁で恋仲と成り、二人はベルリンに家を借り、子供を呼び寄せて一緒に暮らし始めました。帰国して両親と外務省の了解を得た後に呼び寄せられたエヂータは、子供等を寄宿学校や他家に預けて単身で日本に来て、二二年に結婚しました。女四人男一人を寄宿舎に入れたり他家に預けたりで、大変な物入りであったでしょう。

結婚時の彼は満三九歳、エヂは三五歳でした。当時も外交官が他国人を妻に迎える事は大変でしたが、特にエヂが反ユダヤのナチス政権下でのドイツ大使夫人だった時は、大変でした。

一九二六年三月に東郷(茂)は、米国ワシントン大使館一等書記官で赴任しました。三年後の二九年五月に日本に帰国し、欧米（その後欧亜）局長で彼は不本意ながら日独防共協定に関与し、ゾルゲにも会い、そして三七年七月の日支開戦の端緒と成った盧溝橋事件直後の十二月二四日に、妻エヂ、娘イセを伴って今度は大使でベルリンに赴任しました。

若い時から憧れた国に二度目の赴任で、そこは妻の故郷でもありました。その任は僅か十ヶ月間でした。大島駐独武官が推進する日独伊防共協定の強化－後の日独伊三国同盟－に反対する彼は、モスクワ大使へ移動と成りました。日独で連動する形で駐在武官が大使に昇格しました。日本ではゾルゲが最後まで騙し続けたオイゲン・オットー（Eugen Ott）が翌三八年年三月に、ドイツでは駐在武官少将でナチスとヒトラーに心酔していたその大島浩が三八年十月に、大使に成りました。

十月二九日にモスクワに着任してからの東郷(茂)は、ドイツと違って「大変好ましい人物」でした。四〇年十月に二年間の任務を終えて離任する時に開かれた午餐会には、外相モロトフ、貿易相ミコヤン等が出席して終るまでの三時間半も居続けた程で、それがモスクワの外交筋では驚きでした。彼はソ連にとって「好ましい人物」、と彼等の間で評価されていました[19]。

首相に「複雑怪奇な欧州情勢」と言わせた東郷(茂)ソ連大使

そのソ連大使の時の三九年五月に、日本とソ連は国境線を巡ってノモンハン（現在のモンゴル国東端）で軍事衝突を起し、それは飛行機、戦車を繰り出した大規模な戦争に発展し、彼がソ連との停戦交渉に当たりました。詳しくは後のノモンハン戦争で述べます。

彼は世界大戦に至った僅か五ヶ月の間の大事の時に、実際の結果とは反対と成った見通しを日本へ報告しました。そんな報告が平沼騏一郎首相を仰天させて、欧州情勢は「複雑怪奇」と言わせ辞任させました。彼の情報不足は日米開戦と終戦時の日本に運命を託した大事の際にも、失敗につながりました。この章で彼とソ連との関係を述べたのは、ソ連をよく知った彼が、後で述べる終戦の際に、何故あれ程にソ連一国の仲介にこだわったのか、その理由を知りたい為です。

コミンテルンは第七回大会で世界革命戦争を決議しました。スターリンは世界大戦を起しました。そしてそのNGO組織のコミンテルンを、四三年五月にスターリンが解散を決定し、最後と成ったその第七回大会で議長を務めたゲオルギ・ディミトロフを、解散翌年の四四年一月にソ連共産党中央委員会の国際情報部長に据えて、スターリンの直接指揮下に入れました。これで世界革命戦争は、名実共にソ連の国家方針に成りました。

これほどに重要であったコミンテルンとスターリンに関しても、彼の見解がありません。

本文で度々引用するケナンのスターリン評は大変参考に成ります。日米二人のソ連をよく知ったエリート外交官は、戦前にスターリンと会いました。東郷(茂)は一八八二年十二月生まれ、ケナンは一九〇四年四月生ま

---

19 萩原延壽『東郷茂徳』伝記と解説　原書房　2005年7月　241頁

れで、二十歳以上も違いましたから、ケナンは下役でしたのでスターリン評は戦後に成って「封じ込め政策」に活用されました。駐ソ連大使で外務大臣であった彼こそが、戦前のケナンに当たるべき人ですし、日本の為にそうあって欲しかったのですが、彼のスターリン評はなく、彼はスターリンに頼り、そして騙されて、日本を無残な結果にしました。

彼がソ連とスターリンとも知らない仲ではあり得ませんし、彼の見解は隠されているのか、その調べは緒に就いたばかりで、気になる謎として措いて、話を先に進めます。

本章では、スターリンがコミンテルンを利用して世界革命戦争を始動し、それをソ連の国家政策にした経緯を述べました。そしてそれ等と深く関わった外交官東郷茂徳の、それ等との関係と「無関係」を述べました。スターリンを、ソ連を、そしてコミンテルンを日本人で一番知悉（ちしつ）していたハズの彼は、他の事を書いてもコミンテルンもスターリンも述べませんでした。それだけではなく、彼は世界大戦の前哨戦と成った張鼓峰・ノモンハン戦争から「東京裁判」までの全ての最前線での決定的な場面に立ち会った唯一と言える人でした。それ程に重要であった彼自身が語らず、史書で彼が言及される事も稀です。当人とこれ等重要な出来事に光を当てたから、ここでは真昭和史観が生まれました。それでも足りません、更に彼を研究する価値があります。

4．ゾルゲとそのスパイ諜報団

スターリンは世界革命戦争とコミンテルン決議の実行の為に、世界中に多くのスパイを送りました。日本にはゾルゲ他一団とアイノ・クーシネンを送り込みました。

ゾルゲは、コミンテルンからソ連共産党赤軍第四部（ＧＲＵ‐ソ連軍情報機関の部局）に所属が替わり、Ｎ

GO職員からソ連の政府職員に成った訳で、それで日本へ派遣されて赤軍第四部に報告しました。ソ連と国交を結んだ時の懸念が現実と成り、条約締結から七年後にソ連は破りました。

コミンテルン第七回大会が開催されていた時に、ゾルゲはモスクワに一時帰国をしました。その第七回大会を主宰し統一戦線を提唱したコミンテルン書記長ディミトロフの手腕を知人から聞いていたので、ゾルゲは大会への参加を希望しました。が、スターリンの腰巾着と言われたマヌイリスキーに面割れの恐れがあると止められて、彼は参加しませんでした。それでも大会決議を知り、それに賛同しましたが、これほどにゾルゲの任務は秘密性を帯びていました。彼の任務は、情報収集をするソ連大使館、統一戦線の形成を目指すコミンテルンをも凌ぐ活動だったからでしょう。

ゾルゲ諜報団は、通信担当の無線技師、マイクロフィルムにする専門家、政治・経済・軍事関係の情報収集、外国人特派員、翻訳者で構成されていました。そして情報収集の対象は、首相、外務省、陸海軍、在日大使館、宮内省に向けられました。

そのゾルゲ諜報団の成果の第一番は、四一年六月二二日のドイツ軍のソ連侵攻を事前に連絡した事と一般に云われています。しかしその情報は他国・他の情報筋からも届いていたのでそうでもなく、一番は四一年六月の日本の南進決定でした。二番目は、三九年五－八月のノモンハンで日本は攻撃しない・攻撃できず防御するだけで戦線不拡大とした日本の方針、第三番は、米国との戦争も辞さないとした九月の御前会議での決定、これ等が役に立った情報でした。何れもソ連が、ポーランドへの侵攻時期、ドイツとの開戦時期、侵攻されたドイツへの反攻時期、という極めて重大な局面の時に、諜報団はソ連に必要だった情報を伝えました。

諜報団の最後

ゾルゲ諜報団の検挙は、九月二八日に始まり、翌月十八日にゾルゲが検挙されました。検挙は、日本の南進と米国との戦争も辞さずとした国策要綱が九月六日に天皇陛下の反対で撤回されたその事を、電報で発信した直後に始まりました。

その当時のソ連は、西部戦線でドイツ軍の猛攻を食い止め、レニングラード（現サンクトペテルブルク）とモスクワを巡って、天下分け目の決戦中でした。日本はドイツに続け！の雰囲気でした。日本が米国と戦う覚悟で南に行くか、戦わずに戦力はソ連への防備に徹するか、ソ連はその情報を渇望していた時期で、頼りとしたゾルゲからの音信が十月下旬から途絶え、日米交渉の内容が入らず、慌てふためいた事は間違いありません。

ゾルゲ諜報団は一網打尽と成りましたが、ソ連スパイ組織はなくなったでしょうか、そして陸軍、外務省、皇室の中に内通者はいなかったのかは、確認できませんでした。これから調べる項目です。

アイノ・クーシネンの活動

ゾルゲ一味とは別の目的を持った女性スパイを、ソ連赤軍は同時期に日本へ送り込みました。彼女の本名はアイノ・クーシネンです。彼女はフィンランド生まれの北欧美人で、ソ連共産党幹部オットー・クーシネンの妻で、彼女もソ連共産党とコミンテルンでの大物幹部でした。

彼女はゾルゲに遅れる事十四ヶ月三四年十一月に来日し、三五年五月に一旦モスクワへ帰国し、『微笑む日本』("Det Leende Nippon") をスウェーデン語で出版し、三六年九月に再び来日しました。

その来日は翌月八日に「瑞典の女作家再び来朝」と題する顔写真付きで、東京朝日新聞に載りました。続いて十月二十二日付けの東京朝日新聞に六段三分の一の記事で、《第二の印象記　スウェーデンの女流作家が再び来朝した。この女性の碧く澄んだ眼に「東京」はいかに微笑んだか》と題した同女の寄稿文が掲載されました。自著の"Det Leende Nippon"を捩った、"Det Leende Tokyo"（微笑む東京）と「エリサベート・ハンソン」の、自筆サインが入った看板を持った写真までも掲載されました。

この二度目の来日の模様を、死後に出版された著書[20]に記しました。皇室関係では、「中野男爵の紹介のお陰で最上流階級の社交の場にも招待されるようになり、皇居での園遊会に招待され、昭和天皇が訪欧した長距離飛行家のために催したレセプションに列席を許され、また天皇の弟である秩父宮親王にも数回会われた」と記しました。

九月七日（月曜日）に日本入りし、紹介する新聞記事が出てから翌年十二月初めに日本を出立するまでの十五ヶ月間に、「最上流階級の社交の場に招待され」、「秩父宮親王に数回会った」ならば、任務は大成功でしたし、もしそうであれば、日本にとっては安全保障上で深刻な問題でした。

本当であったのか調べたところ、結論は、アイノは園遊会に招待されず、陛下主催のレセプションにも出席はあり得ませんでした。

ゾルゲはアイノの活動を「成果が出なかった」と取り調べで語りました。アイノは秩父宮に会った経緯も内容もその証しも、書きませんでしたから、アイノの園遊会への出席と陛下主催の会食会列席の信憑性は、ゼロでした。秩父宮との面会はアイノ側に証明するものはなく、宮様が会われた信憑足る資料もなく、面会もなかったと断言できます。

アイノには昭和史の隠された重大な真実があるのでは？と期待し心配もしましたが、ありませんでした。

20 Aine Kuusinen: Before and After Stalin Michael Joseph 1974　アイノ・クーシネン 堀内知子訳「革命の堕天使たち」平凡社 1992年 尚ドイツ語原版名は、Der Gott stürzt seine Engel. Memoiren 1917-1965 Hardcover – November 1, 1982

5. 二・二六事件と世界革命戦争

一九三六年は、二月に陸軍の一部将校がクーデターを起し、五月には阿部定事件と言われる末世的で退廃的な猟奇的な事件があり、十二月に支那では国民党と中共の争いに絡んで、蒋介石が部下に監禁される西安事件がありました。ソ連では前年七月にコミンテルン第七回大会がモスクワで開催されて、世界革命戦争への宣言が成された事から、世界は共産主義と云う意味不明の「美名」の下に、世界戦争へ歩み始めた時、それが三六年でした。二・二六事件はコミンテルン決議やゾルゲの諜報活動と関連ありや、調べて見ました。二・二六事件はコミンテルン決議に影響された軍事革命ではありませんでした。

皇室は日本の統治システムの頂点に立ちます。それに対する分断工作により、日本を戦争へ、或いは革命に誘導できる鍵があると、スターリンが、ゾルゲが、考えた可能性は大いにあります。ゾルゲ一味は来日直後から皇室へのアプローチを始めていました。ゾルゲは一九三三年九月に来日してから早速、春・秋に開かれた園遊会に毎回マメに出席していました。アイノも皇室へアプローチを計画し実行したが成果を出せませんでした。しかしアイノは自著に成果が上がった様に書き遺しました。工作員の意地がそう書かせました。ゾルゲとアイノの二グループの皇室工作が成果のなかった事は、危機であった終戦時と終戦直後の被占領時に、皇室が一枚岩であった事でも証明されます。

ゾルゲの活動で未だ解明されていないのは、陸軍と外務省への工作です。特に外務省は、その後の幾つもの重大な局面での失策を考えると、ゾルゲの様な工作活動の対象に成ったのでないかと思料(しりょう)します。これも謎のままにして話を進めます。

三．第二次世界大戦と外交　その一　欧州戦争

日本は満州・支那に軍隊を投入し、その地を歌った耽美的な「支那の夜」が、街で流行った。
支那で、それから欧州で、遂にはアジア・太平洋でも戦争が始まって、文字通り世界大戦に成った。

世の書は、第二次世界大戦（世界大戦）はドイツのポーランド侵攻で始まった、と記します。それは大事な点を落としています。スターリンの役割です。彼はヒトラーとポーランドへの侵攻を取り決め、ヒトラーに先に侵攻させて世界大戦開戦の「栄誉を与え」、タイミングを見計らってから後に、自らも侵攻しました。

「第二次世界大戦」の定義が日本と欧米とで違っています、それも基本的な点で違います。
日本語版ブリタニカ国際大百科事典は、「第二次世界大戦：一九三九～四五に世界のほとんどを捲き込んだ大規模な国際紛争。三一年に起きた満州事変以降を言う場合もある。枢軸国（ドイツ、イタリア、日本）と連合国（フランス、イギリス、アメリカ合衆国、ソビエト連邦、中華民国）の二つの陣営に分かれて戦われたこの戦争は、第一次世界大戦で解決出来なかった根強い対立が、二十年間の中断を経て吹き出したものと言える。」と欧州戦争での原因を第一次世界大戦の未解決事項とします。

開戦について欧州戦争は、「八月東ヨーロッパの勢力範囲を定めた独ソ不可侵条約が締結され、これに大きな衝撃を受けた英仏陣営が対策に焦っている間に、九月一日ドイツはポーランド侵攻を決行、九月三日にイギリスとフランスはドイツに宣戦を通告した。」と書きます。

日米開戦は、「一方、もう一つの枢軸国である日本は、日中戦争が長期にわたって泥沼化しており、ヨーロ

ッパの混乱に乗じて、極東アジアにあるヨーロッパ諸国の植民地を獲得しようと決意した。戦争が拡大すればアメリカが最大の対抗勢力となるに違いないと考えた日本は、機先を制しようと、一九四一年十二月七日から八日にかけて、ハワイの真珠湾の軍事施設とそこに停泊するアメリカ太平洋艦隊を奇襲攻撃した。アメリカはすかさず全枢軸国に対して宣戦通告をした。」と、日本が火事場泥棒の様に英仏蘭のアジアの植民地を侵略する為に、米国へ攻撃をした事で開戦に成ったと記します。これが欧米人の理解する「アジアの解放」です。

そして世界大戦を「八月六日に広島に、九日に長崎に原子爆弾が投下され、九月二日、日本は降伏文書に正式調印、第二次世界大戦は終結した。」[21]と、原爆投下で終ったと書きます。

一方英語版ブリタニカでのWorld War II or Second World Warは、「第二次世界大戦－世界大戦：（一九三九～四五）原則的に枢軸国と連合国の間の国際紛争。ドイツの第一次世界大戦での苦い敗戦が結び付いた政治的・経済的な不安定とそのベルサイユ条約での苛酷な条件がアドルフ・ヒトラーとナチ党の台頭を許した。一九三〇年代中頃にヒトラーは条約に反して再武装を密かに始めた。」と、ヒトラーの好戦性が嵩じた結果、「独ソ不可侵条約締結後の三九年九月一日にドイツ軍がポーランドに侵攻し、二日後に英仏が宣戦を通告した。」と、独ソ不可侵条約がポーランド侵攻へ結び付いた、と述べます。

日米開戦では、「東アジアでは日本は支那との戦争を拡大した。一九四一年十二月に日本は真珠湾とフィリピンの米国基地を攻撃した。米国は日本に宣戦通告をし、他の枢軸国が米国に宣戦通告をした時に戦争は本当に世界大戦になった。」と日本が戦争を拡大した事－日本の好戦性を理由にします。そして終戦は「原子爆弾が八月に広島・長崎に投下されて日本が九月二日に正式に降伏して大戦は終った。」と、これだけは日本と同

[21]『ブリタニカ国際大百科事典　小項目電子辞書版』　2011　ブリタニカ　ジャパン

じ文言です[22]。

終戦の記述では大凡は同じですが、開戦が違っています。

日本語版は、日本が始めた三一年からと三九年から世界大戦が始まったともと両見解を併記し、英語版は、三九年のドイツによるポーランド侵攻を開始にしています。ブリタニカもこんな大事な事を理由もなく両論併記とは無責任です。抑々三一年を世界大戦の始まりとするなら、それが欧州戦争とどの様に関連するのか説明が必要ですが、ありません。斯様に世界大戦の解釈が違っています。しかしこの「欧州戦争のどさくさに紛れてその植民地の獲得を決意した。」とは、事実に反する酷い表現です。日本が火事場泥棒の様にして欧米の植民地を獲得する為にアジアで戦争を始めた、と欧米人が理解しているのです。だから彼等とは歴史観がズレていて、話が合いませんでした。

欧州議会は、世界大戦八十周年の一九年九月十九日‐ソ連のポーランド侵攻から八十年と二日後に、「欧州の将来の為の記憶の重要さに鑑みて」と題した、大戦に関した決議を採択しました。決議を出す必要性があったからで、その決議では、世界大戦の開始を独ソ不可侵条約と明記し、加盟諸国他とロシア他の欧州連合関係諸国へこの決議文の送達を、欧州議会議長に指示しました。その決議文はこうです（原文英文が一文ですので、そのまま一文に訳しました）：

「今年は、第二次世界大戦が始まってから八十周年を迎え、この世界大戦が、それから何十年にも亘って比類ない程の人類の災難とヨーロッパの国々の占領をもたらし、それは八十年前の三九年八月二三日に、共産主義ソビエト連邦とナチス・ドイツが、モロトフ-リッベントロップ協定として知られる不可侵条約とその秘密議

22 Britannica Concise Encyclopedia 2011』Encyclopedia Britannica　拙訳

定書に署名し、両国全体主義体制間に在るヨーロッパと独立諸国の領土を二つに分割し、利権範囲-縄張りにグループ化して、第二次世界大戦への道を開き、その条約と続く一九三九年九月二八日のナチス-ソビエト国境・友好条約の直接的結果として、ポーランド共和国は最初ヒトラーに、二週間後にはスターリンによって侵略され、それは国の独立を奪いポーランドの人々にとり空前絶後の悲劇であった、それから一九三九年十一月三〇日に共産国家ソビエト連邦はフィンランドへの侵略戦争を開始し、一九四〇年六月には、ルーマニアの一部を占拠して併合-その地域は返還されなかったし、また独立共和国だったリトアニア、ラトビア、エストニアを併合した。」[23]

ソ独が「利権範囲-縄張りにグループ化して」ポーランドを侵略したと、欧州議会は八十年経って漸く世界大戦の始まりが独ソ不可侵条約の締結した八月二三日であった事を、スターリンとヒトラーの二人の名前まで出して決議し、公告しました。明確に定義したのです。

ソ連とドイツの関係では、ソ連とドイツが世界大戦を開始した共犯の様に言っていますが、何事にも船頭は必ず一人です。決議を精読すると、「ソ連とドイツが不可侵条約に署名し……」と、ソ連をドイツよりも常に先に置いて書いています。主犯はソ連であったと理解して書きました。

本書は、この決議よりもっと詳細に因果関係を明らかにして、世界大戦の全体像を提示します。世界大戦の定義は各国で違い、「何時、誰が起したか?」、「世界中あちこちで雨後のタケノコの様に自然と同時多発的に起きた大戦ではない」、「欧州とアジア・太平洋での戦争に因果関係があった」、「世界制覇を巡る枢軸国と連合国の大戦ではなかった」等と通説とは違う事を明らかにします。

---

23 欧州議会HPより(https://www.europarl.europa.eu/doceo/document/TA-9-2019-0021_EN.html) 拙訳

先ず枢軸国対連合国の概念ですが、それは欧州では適用できますが、アジア・太平洋戦争では適しません。日本は枢軸国軍と組んで戦闘をした事もなく、単独で各国軍とは戦いましたが連合国軍とはありません。抑々米国が連合国に入ったのは日米開戦後ですし、ソ連に至っては四三年のテヘラン会議以降だし、イタリアに至っては終戦前に枢軸国から連合国に転身しました。

日本では世界大戦の始まりを、欧州戦争であったり、日米の開戦であったり、盧溝橋事件であったり、三一年の満州事変を起点とした十五年戦争とする説迄あり、極めて曖昧です。外務省の広報物がそれを表しています。同省が出版した「日本外交文書」では、「第二次世界大戦」を使わずに、「第二次欧州戦争」、「日支戦争」、「太平洋戦争」で、欧州であり、支那であり、太平洋が戦地とした、世界中で色々な戦争が同時期にあったとしています。

また外務省のＨＰには、「(日本で開催予定であった万国博覧会は、)第二次世界大戦の勃発とともに一九三八年に中止が決定されました。」[24]とある一方で、「欧州で第二次世界大戦が勃発した後」[25]と、三八年には大戦があったとする一方で三九年に発生したとも記して、始まりが何時かが混乱しています。何れにせよ外務省は、欧州議会と違った解釈をしています。

旧ソ連では独ソ戦争からが世界大戦で、現ロシアもそれを踏襲した「大祖国戦争」と、地域戦争説です。米国は、欧州とアジア・太平洋の両方で戦い始めた日米開戦からで、ここも地域戦争説です。

昭和の一番の大事(だいじ)は、人類史上最大規模で最悪の犠牲を生んだ第二次世界大戦でした。その大事を、

24 外務省ＨＰ：https://www.mofa.go.jp/mofaj/gaiko/hakurankai/nihon.html　2005年の愛知万博に関連しての記事
25 外務省ＨＰ：https://www.mofa.go.jp/mofaj/annai/honsho/shiryo/qa/senzen_01.html

研究者から国家までもが色々に解釈し又色々な見解を主張して、今も尚世界を分断しています。事典も各国も、世界各地で起きた戦争を単純に連合国と枢軸国に分けて、世界大戦と定義しています。この曖昧さが、事典に代表される世界大戦を「ぼやかして」いる原因です。実際には、世界大戦が独立した地域戦争の集合体ではなく、その地域戦争間に因果関係があり、その因果が巡り巡って第二次の世界的な大戦に成りました。ポーランド侵攻に始まるソ独が始めた欧州戦争と、その二年三ヶ月後に始めた日米の戦争にも因果関係があります。

その欧州戦争は、三九年九月一日にドイツが、十七日にソ連がポーランドに侵攻して始まりました。第一次世界大戦が、一四年六月二八日にセルビアのサラエボでのテロリストによる一発の銃弾が発端であった古事に準(なぞら)えれば、世界大戦は三九年八月二三日にソ連とドイツ－スターリンとヒトラー－が結んだ独ソ不可侵条約の署名に使われた二本のペンが、始まりでした、

日本から遠く離れた欧州で始まったこの戦争は、日本にとっては他人事ではありませんでしたし、寧ろドイツとソ連が侵攻を決める上でキャスティング・ボートを握っていました。やり様によって日本は、ドイツとソ連夫々が始めた時期に両国の侵略を止め得たカードを握っていた事を、述べます。それ程に日本は、欧州戦争の当事者でした。

1．ソ連との外交

ロシアの政体は、一七年の革命で倒れたロシア王朝後の社会主義政権を経て、二二年十二月三〇日にロシア、ザカフカース、ウクライナ、白ロシア等の十五共和国で構成された、ソビエト社会主義共和国連邦（ソ連）に変わりました。ソ連は社会主義を標榜していますが実権を握ったのはソ連共産党一党で、実体は『ソ連共産党独裁国家』でした。革命直後に日本は列国に倣ってシベリアに兵を送って反共産主義勢力を支援しました。しかしソ連の誕生と英仏伊中の主要国が国交を開いた事から、日本も二五年（大正十四年）一月二十日に「日露

基本条約」を結んで、国交を開きました。

ソ連の宣伝で国内に共産主義思想・活動が拡がる恐れから、国交樹立には反対論が多くありました。その為に、条約ではその第五条で相手国への秩序・安全を脅かす行為を禁じ、又その様な行為を相手国の団体への支援を通して行う事も、禁じました。しかし抜け道がコミンテルンでした。日共はその日本支部でしたから、ソ連政府はコミンテルンとの関係を公式には否定しましたが、コミンテルンはゴング（政府お抱えＮＧＯ）でした。条約通りに国交を進めた日本はそれをソ連にも求めましたが、そんな相手ではありませんでした。

2. ドイツとの外交

ドイツには明治維新以来、憲法では範とし、陸軍軍制で教えを受け、医学、工学・建築学、地学・考古学、化学、洋楽等の分野で、お雇い外国人として多くの優秀な人材を、主に政府から派遣してもらいました。良好な日独関係でしたが、ドイツが仏・露と共に三国干渉した頃から崩れ出し、日英同盟に基づいて第一次世界大戦に参戦した日本は、敵国ドイツのアジアでの権益を獲得しました。日本は講和によるベルサイユ体制の受益国でした。

三三年の国際連盟の脱退と三五年のコミンテルン決議の情勢で、国際協調と防共を求めた日本は、ドイツとの連携を深めました。コミンテルン決議に対抗して三六年に防共協定を結んで同盟関係も視野に入れたのですが、ドイツは断りもなくソ連と不可侵条約を結び、それでソ連も含めた四国同盟への為に日ソ中立条約を結んだらソ連と戦争を始めて、ドイツには振り回されました。

課題は日本が独ソ英米の中での立ち回り方でした。抑々（そもそも）、二度の大戦で徹底的に破壊されて敗戦国と成っても不死鳥の如く蘇った生命力を持つドイツ国家・人と、どの様に付き合うか、戦後から現在までも敗戦とそのトラウマに感（かま）けて、検討されていない課題です。

それはドイツ側も同じで、二択問題の日本か中華民国（支那）かで、今でも悩んでいます。一九九〇年代初めに、ドイツの国際的な事業を展開する企業の事業担当幹部と、当時欧州諸国が注目し始めていた中国市場について、議論を交わした事があります。驚いた事に、ドイツは支那市場を良く知っていると言い、今後は開拓活動を積極的に展開するから今度は「某国」抜きで一緒にやろうよ、と言うのでした。当時は冗談と受け取りましたが、今に成ってそれは本気でした。

ドイツとの付き合いは「間」の取り方が難しいですが、当時の日本は同盟国の相手に選びました。

3. ノモンハン戦争と欧州戦争

ノモンハンで日ソが戦争し、欧州ではソ独が不可侵条約を締結し、日本ではその為に時の平沼麒一郎首相が国際情勢を見誤った事で辞職し、ドイツがポーランドに侵攻して第二次世界大戦が始まり、次いでソ連も侵攻しました。これ等の僅か五ヶ月間で起きた大事件は、全てが原因と結果で、それ等が巡り巡って世界大戦に成りました。

ノモンハン戦争

一九三九年五月十二日に、満州国軍‐関東軍とモンゴル人民共和国軍の間で国境を巡って争った軍事衝突は、後ろ盾の日本とソ連が直接に介入する形で、日本・満州国関東軍とソ連・モンゴル軍連合軍との大規模な戦闘に発展しました。ノモンハン戦争です。

日本は支那で中華民国と戦争中であり、その場所のノモンハンは戦略的な要地でもない所で、抑々（そもそも）日本は、ソ連と戦争をする必要性が全くありませんでした。それにもかかわらず、両軍は小競り合いから戦車、戦闘機・爆撃機を繰り出した、全面戦争の一歩手前まで行きました。

これは駐屯軍同士の偶発的に発生した国境を巡る衝突なぞではなく、ソ連が計画した極めて政治的な軍事「作戦」でした。四五年版史観ではノモンハン「事件」と称して、意図的に偶発的・矮小化・局地化して語られていますが、全く違います。衝突にソ連は三つの作戦目標を持っていました。一つは自国軍の日本軍を相手にした実力を確認する為の実戦軍事演習であり、二つ目は欧州戦争の戦端を開く一環であり、三つ目が蒋介石を援けて日支那間の戦争を続けさせる事でした。

紛争の場所は、平原の砂漠が広がり近くに小川（ハルヒン川）が流れるノモンハンで、現在のモンゴル国東端で中華人民共和国の国境近くに位置します。その時のソ連大使は東郷(茂)でした。日本軍がこの衝突を仕掛けたとされる理由をたどると、「日本の侵略、現地軍の好戦性」だけです。ソ連にとっても戦略的要地でもない事から、日本の参謀本部は現地での血気盛んな両軍の小競り合いから始まった、意地を掛けた闘い位にしか観ませんでした。この衝突を、「極東」地域での戦略的要地でない場所での「日ソ」二国間の領土争いに限定したら、当然そうです。史書は皆その構図です。

そうすると、「何故、そんな場所に軍は駐屯していた」とか、「何故侵略したのか」、等と成って、歴史的な教訓を得る等は夢のまた夢に成ります。言うに事欠いて「将軍の勲章漁り」は、酷いです。

原因が今一つ分からないこの事件を世界情勢の中で通説を超えて解釈をすると、それは恰もパズルでの空いていた最後のマスを埋める様に、辻褄が合う解を見つけました。そこが世界大戦のツボで、軍事作戦は戦略的要地で行うとする固定観念は捨てて、平原は軍事演習に最適の場所と見たからです。ソ連軍は建国してから外国軍と本格的な戦闘をした事がなく、又将軍達を粛清して来ましたから、欧州で戦争を始めるに当たって実戦演習が必要でした。

ノモンハンでの衝突があった十ヶ月前には、朝鮮領の張鼓峰（ちょうこほう）でもありました。どちらも日本側の資料ではソ連の侵攻と成っており、ソ連側は日本軍の侵攻だと「東京裁判」でも主張しました。当時のソ連は頻繁に国境紛争を起し、特に日支開戦以降は激増していました。日本が支那で奮戦している時に合わせて、日ソ間では国境紛争が多発したのには理由がありました。

当時の共産ソ連の軍備は異常に膨張していました。それは五ヶ年計画での結果でした。日本陸軍参謀本部が作成した極東方面での両国軍戦力を比較すると、日本はソ連に対して師団数では三割、兵員数では二割、戦車台数では一割以下、飛行機数では二割[26]と圧倒的に不利でした。シベリア鉄道での「動員力ｘ時間」と、日本軍の日本海を経由する陸‐海‐陸上の輸送力を比較すると、更に差は拡がります。「東京裁判」でソ連が主張し、未だそれを信じる「四五年版史観」信奉者の日本軍侵略説が、ノモンハンの土地と同じく荒唐無稽です。

スターリンは、東では中華民国と日本と、西ではドイツと仲良くしようと約束する算段をしました。随分と虫が良すぎる算段で、当然ですがこの三つの約束を悉く破りました。ソ連が張鼓峰とノモンハンで戦争を始めた理由は先に挙げた三つで、三七年八月にソ支間で結んだ不可侵条約に基づいて日本と交戦中の中華民国を援ける事、ドイツとの同盟を進めて欧州での戦端を開く準備と、軍事演習でした。東西で戦争を起したいスターリンは、張鼓峰を手始めに次がノモンハンで、両方の衝突には共通点があります。場所が支那国境にも近接し、日本に近く、シベリア鉄道沿線だった事です。スターリンらしく支那国境近くで事を起しました。そして四つ目、ソ連の国境侵犯が発端でした。

ソ連側は、偶々間違っての侵犯に日本側が付け込んで侵略をした、が言い分です。ソ連はこの戦争を張鼓峰

26 中村粲『大東亜戦争への道』転展社一九九〇年十二月　501頁、同様な数値は事件当時の関東軍司令官植田謙吉大将の「東京裁判」での宣誓供述書に述べられている。（東京裁判資料刊行会『東京裁判却下未提出弁護側資料』第3巻　国書刊行会　1995年2月　650頁下段）

は「ハサン湖」、ノモンハンは「ハルヒン川」の戦闘と言い、発生場所ではなく付近一帯の拡大した名称を使います。火元を特定されたら原因が判る - 犯人が推測できる - 事と同じで、戦闘発生場所が特定されたらソ連の侵犯が判明するからで、如何にもソ連らしい隠蔽工作です。

欧州戦争

これからの話は少し込み入りますので、ノモンハン戦争と日独ソの当時の出来事を、次に示す時系列の表にしました。表は、ソ連がノモンハンで開戦してからドイツに同盟話を持ち出し、不可侵条約と侵攻に至った事を語ります。

張鼓峰とノモンハンは、ソ連にとっては建国後初めての本格的な対外戦争でした。慎重なスターリンは、当時世界最強を謳われた日本陸軍の胸を借りて、ポーランド侵攻への演習を行いました。

ソ連は、紛争前の三八年十二月頃からドイツとの敵対関係の緩和に動き出していました。東側で日本を叩いて停戦して当分の間は紛争が起きない様にし、併せて蒋介石に恩を売り、西でポーランドを侵略する計画を立てたと見れば、この紛争はソ連にとっては政治・軍事を一体とした作戦の一環であり、多大な利点が見込めました。その外交手口は峻烈（しゅんれつ）で鮮やかでした。

ドイツ・ソ連との条約・協定とノモンハン戦争

日本／ドイツ／ソ連間の条約・協定とノモンハン戦争

年月	対ドイツ	対ソ連	独ソ間
二五年　八月二七日		基本条約	
二六年　四月二四日			中立条約
三五年　八月	【コミンテルン決議（戦争への準備・統一戦線の結成）】		
三六年十一月二五日	日独防共協定		
三八年　七月十一日		張鼓峰戦争開戦	ソ連の初戦争
三九年　五月十二日		ノモンハン開戦	
五月二十日			ソが独に同盟提案
八月二十日		ソ・ノモンハン大攻勢	
八月二三日			不可侵条約
九月一日			独が波蘭侵攻
九月一六日		ノモンハン停戦	
九月一七日			ソが波蘭侵攻
四〇年　九月二七日	日独伊三国同盟		
四一年　四月一二日		中立条約	
六月二二日			独ソ開戦
四五年　八月九日		（日本へ侵攻）	

ドイツも経済的な理由から緩和を目論んでいたところに、五月二〇日に新任のモロトフ外相が駐ソ連ドイツ大使シュレンブルクに、「国家間の政治的基礎」を提案しました[27]。ドイツはその意味するところを最初は理解できませんでした。その意味は同盟に高めた両国間の不可侵条約でした。当時のソ連は英米側に付くか、独伊側に付くか決めてなく、二股を掛けて両方と提携交渉をしていました。カードを持ったソ連は、両者からできるだけ有利な条件を出させようと天秤に掛けていました。もしも英米側に付いたならばポーランドへのドイツの大侵攻は防げて、ドイツはポーランドと妥協を探る交渉に入っていたでしょう。世の書はドイツが条約を提案した様に書いていますが、最初に声を掛けたのは「ドイツを焦らして、ドイツに不可侵条約の締結を言わせたソ連」でした。

下の風刺画がスターリンとヒトラーの関係を見事に表しています。花嫁役をヒトラーではなくスターリンにしたのがミソです。作者は条約提携から一ヶ月半後に「このハネムーンは何時まで続くだろうか？」と皮肉りました。見識ある者は独ソの関係を見抜き、日本の外交官はできませんでした。

独ソの話し合いは進んで、八月二十日前には、不可侵条約と夫々の勢力範囲を決めた議定書の締結に原則合意して、ドイツ外相が二十日過ぎにモスクワを訪れて条約を締結する事で合意しました。

その一方で戦闘中のノモンハンでは、八月二十日に精鋭であり最新鋭の飛行機と戦車を擁したソ連軍の機甲師団が大攻勢を掛けて、日本軍に大損害を与えまし

スターリンとヒトラー
作者：Clifford Berryman The Washington Star Oct 9, 1939, WIKI より

27・米国務省『大戦の秘録』（独外務省押収文書）読売新聞　昭和23年9月
・不破哲三「スターリン秘史　スターリンとヒトラーの接近」『前衛』2013年10月号（ディミトロフの日記から）

た。日本陸軍は、第一次世界大戦での支那山東半島青島にあったドイツ帝国の要塞攻略以来の、本格的な戦闘でした。予想もしなかった突然の大攻勢に、日本軍は手痛い損害を受け、東郷(茂)は日本から停戦交渉の訓令を受け、それを二十二日にソ連側に伝えました。二十三日にはソ独が不可侵条約を調印し、九月一日には独軍が西からポーランドに侵攻して、世界大戦の戦端は開かれました。

そして日ソが九日より停戦交渉に入り、合意ができた直後の十七日に、モンゴル国境の東から西へ約八千キロのシベリア鉄道での移動を終えて準備が整ったからでしょう、張鼓峰とノモンハンで戦闘を経験したソ連軍精鋭部隊がポーランドに侵攻しました。専門家は、ジューコフ将軍が率いたソ連軍はウラルと西シベリアから主力精鋭軍が補充され、その兵員・兵器員の物資輸送は、複線化されたシベリア鉄道とトラックを使って十日間位であった、と試算しています[38]。

「もしも」日本がノモンハンで戦闘を続け、停戦交渉で粘っていたら、ソ連軍は西へ移動できませんでした。東西の情勢が推移して七 - 八月に成るとソ連軍はポーランドへの侵攻が視野に入って来たから、ノモンハン戦争をさっさと有利に片付けて東部方面を固めて、二正面戦争を避けたのは当然であり、ソ連は日本 - 東郷(茂) - に覚られない様に交渉は長引くと見せかけて、急転直下で妥結させました。支那で戦争中だった日本はソ連との戦力差が大きく、それで二正面戦争と成るソ連との戦争は避けました。ソ連も恐れていた事を見抜けませんでした。逃げる方針は東京にいたゾルゲが事件発生直後の五月に、「(日本)政府側に対ソ戦争の決意なし」と連絡しました。日本政府の方針が不拡大で日本軍が防御態勢で攻撃して来ない事を、ソ連側は全て織り込み済みでした。

---

[38] 浅井勇『軍事と経済の大動脈　シベリア鉄道』　教育社 1988年3月　92頁

日ソ停戦交渉の時のモロトフは、外相に就任したばかりで四十九歳、東郷(茂)が五十六歳、両者は九日、十日、十四日、十五日の四日間交渉を行い、十五日に、両国はモスクワ時間翌日十六日零時に軍事行動の停止に合意しました。ソ連はその停戦合意時間から二十六時間後の十七日午前二時にスターリンがドイツ大使のシェウレンブルクをクレムリンに呼んで、モロトフ外相同席の元に四時間後の午前六時・ポーランド時間では午前四時・にソ連軍のポーランド侵攻を伝えました㉘。

ポーランドには一時間後に外務次官がポーランド大使に同じ事を伝え、実際にドイツ・ポーランド時間の午前四時に侵攻を開始しました。日ソが東側で停戦合意をしてから三十時間後に、ソ連は西側で戦争を始めました。分刻みの侵攻日程は既にできていたのです。シベリア鉄道があってできた機動力と見事なまでの手回しの良さでした。最早バルチック艦隊を極東まで派遣したロシアではありませんでした。

その侵攻したソ連軍兵士は事前に訓練されていました。「ポーランドにいるドイツ軍に迫害されているロシア系住民を救う作戦」と名付け、侵攻したポーランド国境の町でソ連軍兵士は、「撃つなっ、俺達は味方だ、助けに来た、一緒にドイツに戦おうっ」と叫んで、進撃しました。

ソ連軍は八十万の大軍でベラルーシとウクライナの二方面から、既に戦争していたドイツとの間では未だ戦闘地域ではなかったポーランド東部国境地帯に侵攻しました。この侵略は、三年間の交渉の末に一九三二年七月二五日に結ばれ、その後の議定書で四五年十二月三一日まで延長

ソ連のポーランド侵略の経緯

ソ連のポーランド侵略
(出来事の頭の数字は日を表す。ポーランド時間で表記)

年	32	1939	1939	1939
月	7	5	8	9
対ポーランド	不可侵条約			1 **独軍侵攻** 17 04時侵攻開始 27 独と全土制圧
対日本(ノモンハン関係)		11 軍事衝突	20 ソ連大攻勢 22 日本停戦提案	9 停戦交渉開始 16 0時停戦合意
対ドイツ(不可侵条約)			15 ソ連提案 16 独合意 23 調印	

㉘ 米国務省『大戦の秘録』(独外務省押収文書)読売新聞　昭和23年9月127頁

されたポーランド・ソ連不可侵条約に背くものでした。

ソ連の侵攻から十日後、ドイツ侵攻から二十七日後に、ワルシャワ市長は九月二十七日に白旗を揚げて降伏し、独ソのポーランド侵略は完了しました。ソ連が分け前にありつくには、ほぼ最後の侵攻するタイミングでした。ポーランド政府は隣国ルーマニアから英国に逃れ、そこに亡命政府を立てました。

日本には譲歩なしでソ連が不可侵条約を結んで得た収穫は莫大でした。ドイツの背中を押して大規模な戦争を引き起し、それはコミンテルン決議に沿うもので、ポーランド、ルーマニア、フィンランド、バルト三国を勢力下に置いた一石二鳥も三鳥もの大儲けでした。英米側に付いたら世界平和には貢献はできたでしょうが、それではお腹は膨らみません。策謀に長けたスターリンが、世界平和の為等と偽善の言葉で周辺国を勢力下に置いた、彼流の戦争ビジネスでの総取りでした。

もしもノモンハンでの戦闘が長引いたら、もしも停戦交渉が長引き拗れたならば、ソ連はその獲物を逃すところでした。が、そんな間抜けではなく、その手口は狡知で冷徹に工程表通りでした。

捕虜の扱いでもソ連はポーランド将兵を虐殺した等の戦争犯罪行為があり、それは国際連盟憲章（ソ連は三四年に加盟）、一九二八年のケロッグ＝ブリアン協定（パリ不戦協定）等に違反でしたが、そこは弱肉強食の世界で、協定等は獲物を漁り頬張った後に口を拭う紙切れでした。ソ連の「ドイツとの闘いで国家崩壊が差し迫ったポーランドにおけるウクライナ・ベラルーシ系住民の保護」は、独ソ不可侵条約「秘密議定書」での独ソによる欧州分割に基づく共同作戦を隠す偽善でした。

ノモンハンと第二次世界大戦

ユーチューブで視るノモンハン一帯の風景は、今も荒涼とした平原で、本来は清の領土でした。帝国主義者に取られた土地はたとえ寸土でも取り返す、と宣言して他国の領土だろうが屁理屈を付けて領土拡張をして来た中共中国が、ノモンハンの事は「だんまり」です。地下資源も希土資源もないから、今でさえも中共が食指を伸ばさない土地です。

米国とは日支戦争を巡って関係が更に悪化し、このノモンハン戦争中の七月二十四日には日米通商航海条約の破棄を通告されました。中華民国との紛争だけでも手を焼いている中で、ソ連と戦争をする余裕は全くありませんでした。出先の関東軍がモンゴル・ソ連軍を懲らしめる為とか、ソ連軍の軍備を偵察する為と言った主張は、事の本質：「誰が何の目的で仕掛けたのか」の答えには貧弱過ぎます。日本軍仕掛け説に持って行きたい為にする、牽強付会の言い草です。

スターリンの軍事作戦目標を発生から八十年以上も経ってからやっと判って、何とも恥ずかしい事ですので、大声では言いません。当時その現場にいた大使の東郷(茂)は、全く知らなかった事を書きました。スターリンはA・ヒトラーを騙し、日本を騙し又利用し、その後はF・ルーズベルトまでをも騙した誑（たぶらか）し込みの天才でした。ケナンの次の言葉が間違いでも大袈裟でもない事を証明しています（傍点は筆者が付した）：

《一番印象的だったのは、彼の策謀家としての計り知れぬ、無茶苦茶な技能だった。近現代にはこれ以上の権謀術数の策士を他に知らない。チェス名人の第一手の様な何食わぬ顔で相手の警戒心を解くような、気取らず物静かなうわべは、この見事な恐るべき策謀的な支配力の一端にすぎなかった。》

張鼓峰とノモンハンでの戦争が、スターリンが他人に悟られないように何食わぬ顔で指した、世界大戦への第一手でした。張鼓峰戦争から隠しおおせた程にスターリンの策謀と演技に感嘆するが、それでも当時でさえケナンも、ハネムーンの風刺画を描いた人も、後に述べるスイスの国際法専門雑誌記者も気付いていたスターリンの野望を、エリート外交官の彼が見抜けなかったとは、信じ難いです。

第二次世界大戦前のユーラシアの火薬庫

ノモンハン戦争によってソ連が、スターリンが、得たものは領土だけではありません。コミンテルン対策の為に作られた日独伊防共協定を有名無実化して、日独間に楔（くさび）を打ち込み、当時陸軍強国を誇っていた日本軍に見劣りしない自軍装備の近代化・強化と五ヶ年計画の成果を確認し、日本軍の侵攻を牽制する - 怯えさせる成果を上げました。

その上に、ノモンハンで日本軍と戦争を起した事で、九月一日のポーランド侵略と世界大戦開始の引き金をドイツだけに引かせ、日本には何等価値のない土地でさえ寸分も与えずに、ポーランドの東側をごっそり頂戴できたのですから、文句ない「取引」でした。更に蒋介石政府に対しては、ソ支不可侵条約秘密協定で約束したと云われる日本と闘いも実行できて、蒋介石に日本と講和をさせない牽制にも成りました。スターリンはしてやったりで、直前の三九年五月に外務大臣に就任したばかりのモロトフは、このノモンハン休戦協定とその前の独ソ不可侵条約と、矢継ぎ早に大成果を上げて、スターリンからはお褒めと粛清されない保証を得たでしょう。

それでモロトフは感謝したのです。東郷(茂)がソ連大使を離任するパーティで、彼との親密さを見せてモスクワの外交官連中を羨ましがらせたスターリンの僕（しもべ）モロトフは、スターリンに替わってお礼をしただけです。しかしそれだけでした。終戦時の仲介依頼には、中立条約違反の日本への宣戦通告と侵攻で返しました。それもまた彼等流のお返しでした。

ドイツとの防共同盟

そのノモンハン停戦協定から二ヶ月後の十一月に、東郷(茂)大使は阿部内閣の野村吉三郎外相に、中華民国との講和で支那事変を終らせる為にと、ソ連との不可侵条約を進言しました。ソ連は世界での迫り来る戦争とその後の革命に備えよと叫び、欧州で戦争が始まり、支那では共産党が蒋介石政権と手打ちをして統一戦線を組む一方で日本を煽って戦線を拡大させているその時に、ソ連との不可侵条約を提言しました。彼は支那での紛争の裏にはソ連が煽っている事を知ったから、根源のソ連と手を打つ事を進言したのでしょうか。

進言した当時でもソ連との不可侵条約が気休めどころか危険な事は外交官の間では常識で、国際連盟は十二月十日に連盟加盟国に対する侵略行為を理由にソ連を除名しました。ソ連が周辺諸国と結んだ不可侵条約が以下の表です。ポーランド、フィンランド、バルト三国と夫々結んだ不可侵条約をソ連は破り侵略して、支配下に置きました。条約が紙切れに過ぎない事は、ポーランドに侵攻したソ連の外相と直前まで交渉していたので良く分かっていたハズです。その侵攻から僅か二ヶ月後に、不可侵条約を破られたポーランドの目線ではない、日独伊三国同盟を交渉中での進言は、先見性ではありません。抑々、モロトフ外相と交渉してソ連が条約を破る振る舞いを目の当たりにした彼が提案した目的は、ソ連の日本への侵略を防ぐ為 - 不可侵以外の何であったか、防共だった同盟を壊す為ではなかったでしょうか。

ソ連との不可侵条約締結の結末

ソ連との契約の結末（不可侵＝不可侵条約）

年	24年	32年	37年	39年	41年	45年	関係
ポーランド		7 不可侵		9 侵攻			×（悪化）
日本					4 中立	8 侵攻	×
ドイツ				8 不可侵	6 戦争		×
中華民国			8 不可侵			8 ソ連侵攻	×
英米						2 ヤルタ	×
フィンランド		1 不可侵		11 ソ連侵攻			×
バルト三国	防衛・不可侵	1 不可侵		9 ソ連侵攻			×

その進言を翌年五月末に後任の有田八郎外務大臣が取り上げました。それで東郷(茂)はモロトフと話を進めて妥結が見えましたが、八月に替わった松岡外相が彼に帰国辞令を出して決着させませんでした。ドイツ中心の枢軸国外交を推進していた松岡は、彼を外しました。当時交渉中の日独伊三国同盟を、ソ連を含めた四国同盟にして英米に対抗する案も議題に挙がり、それにはドイツは乗り気でノモンハン戦争中に日ソ間の仲介を東郷(茂)に訊きましたが、彼は断りました。辻褄が合いません。

世界大戦が始まる直前・直後の世界は、ソ連を挟んで英米と独伊がソ連に秋波を送り合っていた状況で、結果はソ連が両陣営からの「おいしい提案」だけを頂戴して、見返りの義務は最小限にしました。最初はドイツを勝ち馬に押し上げ、その後は英米に乗り換え、ドイツと戦争をして高い犠牲を払っても、十分なお釣りが来ました。

日本はソ連とは不可侵条約ではなくそれに近い中立条約を、独伊とは四〇年九月に軍事同盟を、結びました。先に挙げた表でソ連が各国と結んだ条約を概観すると、条約を盾に自国を護り、侵略したい時は無視したその狡知さと条約破りの常習者な事は歴然としています。

防共協定はソ連の狡知さでドイツに破らせ、防共・対ソ連を想定した三国同盟もソ連に骨抜きにされた上に米国の疑心を招き、独ソどちらと同盟を結ぼうが間違いでした。が、戦前の日本外交は、それを担った外務省も陸軍もドイツ派とソ連派に分かれた二者択一外交でした。

ノモンハンで日本はソ連と戦い、そのソ連とはその後は独伊を含めた同盟までも視野に入れた外交をしました。その後日本は英米と戦争をし、最後は仲介を頼んだソ連に侵略を受けました。ノモンハンでの教訓はソ連の狡知さで、それを学ばなかったから終戦工作でソ連と言う「藁(わら)」に縋(すが)って終いました。

首相に欧州情勢は「複雑怪奇なる新情勢を生じた」と言わせた東郷(茂)駐ソ大使

東郷(茂)は、三九年九月でのソ連軍のポーランド国境付近の展開に関して、在モスクワ英国大使の見解を紹介した上で自身の見解も付けて、侵攻直前の十一日に東京に報告しました。その英国大使は、ソ連軍の機械化・航空部隊等は二百万人で、その目的には、独軍が英仏と講和後にソ連を攻める恐れがある為の防衛と、秘密協定でソ連軍もポーランドに侵入するとの、二つの見解を持っていました。方や東郷(茂)は、ソ連は自己防衛の為の展開と「信じ」、「ソ連が進んで参戦するが如きことはあり得ないと思考する」との、結果としては大間違いの見立てを報告しました[30]。

モロトフとのノモンハン戦争の停戦交渉で、二日目九月十日に本省へは、ソ連のポーランド侵攻はないと報告し、十四日の交渉後でも停戦の成立に悲観的な報告をしました。その翌日に急転直下モロトフは東郷(茂)が提案した「現在の軍の位置で停戦」を受け容れて、停戦合意ができました。この合意はソ連側の作戦通りでした。即ち押しておいて何時でも決着できる様にしておき、ポーランドへの侵攻時間を決めてから、日本に譲歩した様にして停戦合意をしました。交渉の現場にいて外交官経験が既に二十五年以上もあった彼は、ソ連が突然合意した裏に何か理由がある事を察知し、それがポーランド侵攻であった事を認識し、ポーランド侵攻とノモンハンでの戦闘に関連性があった事を気付いたハズでした。が、彼は回顧録でさえも気付いた言及は全くせずに‥

「(その交渉での合意は)予が東京が大いに憂えた日ソ国交断絶を救ったのは前の漁業問題の時と合わせて二回である。」と、全く「明後日の観点」からの自画自賛でした。ノモンハンでの交渉で日本は何も得られずに満州国の領土は削られ、一方でソ連は莫大な収穫を得ました。そこでの紛争が世界大戦の一部であったとの認

30 外務省編『日本外交文書　第二次欧州大戦と日本』　第一冊上　外務省　2013年5月　416頁

識を持つハズですが、東郷(茂)は持ちませんでした。

彼は、独ソの急接近はあり得ないとか、ソ連のポーランドへの侵攻はないとか、ノモンハンでの停戦交渉の決着は難しい等と、結果とは正反対に成った見通しを日本に報告し続けました。現地からの数々のそんな報告は、八月に結ばれた独ソ不可侵条約で平沼騏一郎首相を仰天させ、「欧州の天地は複雑怪奇なる新情勢を生じたので、我が方は之に鑑み従来準備し来った政策は之を打切り、更に別途の政策樹立を必要とするに至りました。」と言わせて、内閣を潰しました。東郷(茂)の報告が、「複雑怪奇」と理解させたのは当然の結果でした。その自賛した人を、何故か日米開戦と終戦時の大事に外務大臣に任じ、日本の運命を託しました。

4. 独ソ開戦

ドイツは一九四一年六月二二日早朝にソ連へ侵攻し、独ソは戦争を始めました。その戦争が始まる一年前、一九四〇年五月末の世界情勢を概観します。

欧州ではドイツが四月にデンマークとノルウェーを、五月には蘭国（オランダ）を降伏させました。英国へは九月からのロンドン爆撃直前で、英国は敗退続きで五月十日に首相をチャーチルに変えました。ドイツは破竹の勢いで進撃をしていました。ソ連はフィンランドに侵攻し、六月にバルト三国へ侵攻する直前でした。

支那ではコミンテルン決議が続行され、中華民国軍は日本軍との戦いを第一優先に切り換え、北京郊外盧溝橋での両軍の些細な衝突は、瞬く間にコミンテルン決議通りに戦争に拡大しました。支那‐印度大陸‐太平洋に跨がる大戦争の発端は、盧溝橋事件にしても真珠湾攻撃にしても謀略の結果でした。

衝突直後に中華民国‐蒋介石はソ連と不可侵条約を締結し（三七年八月）、そのソ連の強い後押しで翌九月に中共と「第二次国共合作」もどきを結びました。歴史書が「合作」と記しても、実際のところ両者には二四年（第一次）では作った様な契約書も宣言も声明も、ありませんでした。この「合作」は、蒋介石が西安で共産党討伐を止められてからの着地点でした。それは中共が国民党の下で協力する代わりに統一戦線を余儀なくされた蒋介石が妥協した産物でした[31]。盧溝橋事件のお陰で中共は九死に一生を得ました。それも中共の目的でした。しぶとい中共は恰も蟻の一穴が天下を破るが如く、ここから国盗りを成し遂げました。それも統一戦線の当然の帰結でした。

その「合作」から約三年後の五月末の支那は、中共が力を回復させ、日本が支援した汪兆銘が三月に国民政府を立ち上げて、三鼎立（ていりつ）の時でした。

米国は、ルーズベルトが三選を目指して十一月の投票日に向けて選挙運動中でしたが、彼は苦戦していました。それは前に述べた大恐慌からの景気回復策－ニューディールが世に広く知られている程に効果が出ていなかった為で、欧州戦争のお蔭で工業生産、ＧＤＰは大恐慌前の水準に漸く戻って、苦戦中だが三選が見え始めて来た時でした。

日本は皇紀二六〇〇年に当たり、二月十一日の紀元節には全国の神社で大祭、展覧会、体育大会等の記念行事を催し、十一月十日には宮城前広場で昭和天皇・香淳皇后ご臨席の下で、内閣主催の「紀元二千六百年式典」を開催しました。一方でドイツの目覚ましい戦果に、ドイツが提案し大島大使が推進していた、独・伊との三国同盟を結ぶ方向で、七月二二日には松岡外相、東条英機陸相を擁した第二次近衛内閣が誕生し、九月二七日に三国同盟を締結しました。

五月以降に話を進めます。

ルーズベルトは三選を果たし、四一年一月六日に連邦議会上下両院議員を前にして一般教書演説を行いまし

[31] 細谷清（拙稿）『第二次国共合作のまぼろし』正論2011年4月号　産経新聞社

た。欧州戦争はドイツが優勢な下で、彼は選挙では参戦しないと大見得を切りましたから、その選挙公約を何とかご破算にしたい彼の最初の公式演説で、彼は大上段に米国の信条だと四つの自由を掲げました。言論と表現の自由、信教の自由、貧窮からの自由、そして恐怖からの自由、でした。この演説はドイツと日本を念頭に置いた両国との戦争開始を告げる宣言であった事を歴史は示します。彼もまたスターリンに劣らない偽善の天才で、最初の二つは誰もが賛同しますが、特に四番目は如何様にでも解釈できる「自由」で、国民を煙に巻いたのは自身が「戦争する自由」の為でした。ルーズベルトは自由を名目に戦争を始めました。

直後から宣戦通告に等しい経済的な圧迫を特に日本に加えました。三月に国防上必要と見なして外国政府に武器・軍需物資を貸与・援助で提供できる権限を大統領に付与する、武器貸与法（レンド・リース法）を成立させ、ソ連・英国・中華民国等へ膨大な軍需物資を提供しました。独ソ開戦後の七月には米国が持つ日本資産を凍結し、八月には日本への石油輸出を禁止しました。明らかに日本に戦争を起させて米国を戦争に導く方向に、誰にも抗えない理想を掲げて粛々・着々と、覚られない様に素気なく、彼とその政権は舵を切りました。そして日米は半年後の十二月に戦争を始めました。

風雲急を告げる中で、ゾルゲ諜報団もフル回転でソ連の為に情報を提供しました。その中でも一番の貢献は、日本の北進 - ソ連攻撃はない、とする報告でした。ゾルゲを取り調べた検事調書に依れば、ゾルゲは四一年五月二十日頃に、「ドイツは六月二十日頃ソ連全面攻撃を開始する、主力はモスコー方面で国境には百七十万乃至百九十万の師団が集結する」と報告しました。他でも同様に「独ソ国境には百七十万個の師団が集結している」との情報も流しました。開戦後のドイツ大使館挙げての三国同盟に基づいて日本にソ連を攻撃させる工作に関しては、ドイツ大使館の陸軍・海軍武官の「日本陸軍は、一・二ケ月後に参戦する」、オットー大使の「松岡外相はオットーに対し日ソ中立条約はあっても日本はドイツ側に立ち、近く対ソ攻撃を開始すると言明した」

とする情報を、ソ連に流しました。

それから、「日本は絶対にソ連と戦争せず、何故なら日本の興味及び利益は北方ではなく南方である。しかも日本海軍はその点明確である。」との、ドイツ海軍武官経由の日本海軍情報と、日本とドイツ大使からの複数の情報を総合して、日本は南進だとの決定的な情報を送りました。

独ソが開戦した理由には二つの全く違った見解があります。スターリンはヒトラーに先に手を出させて奥に引き込み、攻め込んで来たドイツを翻弄して疲弊させ、そして圧倒する作戦であったとする論－「対独消耗戦論」－と、ソ連はドイツへ攻め込む計画があって、その攻撃態勢の準備で足枷と成りそうな国境線の防備を外したが為に、易々とドイツの電撃侵攻を許して終った、とする論－「対独先制攻撃論」があります。そのドイツへの攻撃の為に国境近くに駐機させておいた飛行機を、開戦一週間でドイツ軍に四千機以上も破壊されました[32]「対独消耗戦論」か「対独先制攻撃論」か、何れかにせよスターリンの狙いは「欧州戦争の拡大と、独軍を破って欧州の覇者に成る事」[33]で、ドイツが明確な作戦目標を持っていなかったからこそ、彼はドイツとの戦争を求めました。

猜疑心の塊だったスターリンが、ゾルゲはもとより世界各国に忍ばせたスパイやソ連大使館だけではなく、ハル国務長官、チャーチル首相等の、八十以上ものルートからドイツ軍の進撃計画を伝えられました。又、不可侵条約を結んだドイツの軍偵察機が国境周辺を百回以上も領空侵犯をしているのに、真面な抗議もしませんでした。その上に、開戦直前の五月六日には既に「全知全能の独裁者」であった彼が、雑用が増える行政府の

32 ウエルナー・マーザー　守屋純訳『独ソ開戦』学習研究社　2000年8月
33 落合道夫『黒幕はスターリンだった』ハート出版　2018年3月

長：首相に何故成ったのか？等々の開戦前の彼の行動からは、先に攻撃する計画であったがドイツが機先を制した、と見るのが合理的です。

スターリンは、コミンテルン第七回大会決議から着々と世界革命戦争を進めました。西ではドイツを唆（そそのか）してポーランドへの侵攻に始まる欧州戦争を起させ、自らもドイツと戦争を始めて、戦場を欧州の一角からユーラシア大陸の西半分にまで拡大させ、東側半分では中共と蒋介石政権を焚き付けて日本との戦火を拡大させました。

彼は慎重で用意周到でした。日本との張鼓峰とノモンハンでの戦争で、自軍の練度の確認と演習を行いました。欧州での戦闘の準備を万端整えてからドイツに遅れ又ドイツに開戦の責任を負わせて、参戦しました。ノモンハン戦争は日本を利用した自国に好都合な参戦時機の調節弁でした。

利用されていた事すらも判らなかった日本、カモにされた日本の外交でした。

四．第二次世界大戦と外交　その二アジア・太平洋戦争

コミンテルンの決議後に支那では反日気運が強まり、日本はそれを抑え込もうとして、まるで底なし沼に引きずり込まれたかの様に、大陸支那にのめり込んだ。派兵された兵士の心境を表した歌『誰か故郷を想わざる』が、昭和十五年（一九四〇年）に発表されると、戦地で望郷の想い止み難い兵士の間で大ヒットして日本へも及んだ。

その年は日米が戦争を始める前の年で、日本は皇紀二六〇〇年を祝い、街には勇ましい海軍軍歌の「月月火水木金金」の歌も流れていた。

世の書は、日本がアジア・太平洋戦争（或いは大東亜戦争、日米戦争）を開始したと記します。日本は望んで戦争を起したのではなく、謀略で起す様に仕向けられました。戦争を始めた以上は勝敗があります。

問題にすべきは戦争に負けた結果ではなく、スターリンの望み通りに戦争を始めて終った事です。

独ソと日米の開戦の狭間で

ドイツとソ連の開戦から僅か半年後に、日本と米国は戦端を開きました。日独米露の大国が東西で僅か半年足らずの間で戦争を始めて、それで世界大戦に成りました。当時の日本は、世界大戦の主役であったドイツ、ソ連、米国、支那が関係する情報の交差点で、悪い事にその日独の重要な情報は米ソに筒抜けでした。ＡＢＣＤ経済包囲網で石油資源に困って南進したい日本にとって、独ソの開戦は南進への悪魔の甘い囁きでもありました。

もしも独ソ戦が始まらず、ドイツが英国を倒すか講和していたら、欧州戦争は終るし、米国は日本に戦争を仕掛けず、日米は戦争をしませんでした。スターリンが、日本にソ連の脅威がなくなったと勘違いをさせ、米国が日本を苛めれば、日本は南方へ資源を求める‐南進する、そうすれば南方に植民地を持つ英仏蘭米と衝突して大戦争に持って行ける、欧州での戦争を継続させ、アジアでは戦争を拡大させれば、世界中に戦域が拡がる‐世界大戦に成る、共産革命の素地が世界中に拡がる、と考えたとする仮説は極めて合理的です。

ソ連が連合国の旗幟（きし）を鮮明にしたのは、戦争を欧州全域に拡げた独ソ戦後で、スターリンはドツとの戦争を手土産に連合国側に加わり、日米が戦争に入る様に仕向けました。開戦はこの様に、日本にとってはソ連の脅威が減り、北方防備の負担が減って米国との戦争を容易にしました。日本はスターリンが望んだ、英米仏蘭が権益を持つ東南アジアに資源を求め、戦争を始めて終いました。

1．改竄された外交機密電報

毎年十二月八日が来ると決まった様に、雑誌・新聞・テレビは日米が戦争を始めた日本軍による米国ハワイ島太平洋艦隊真珠湾基地への攻撃を取り上げます。その攻撃が恰も世界大戦の開始を告げる号砲だったかの様に伝えます。独ソの侵攻で始まった欧州での戦争は、この開戦で文字通りに世界大戦と成り、スターリンが望んだ世界中で資本主義国家同士が闘う戦争と成り、コミンテルン決議が目指した世界革命戦争の土台ができ上がりました。

日本は何故真珠湾攻撃をしたのか、米国は何故日本を挑発したハル・ノートを出したのか、改めて調べ直してこの謎を解きました。

当時の米国との関係

米国とは広大な太平洋が挟んで隣国としての利害関係は薄かったのですが、黒船来航から俄かにお付き合いが始まりました。米国が南北戦争を終えて再びアジアに目を向けた先は、支那でした。

一八九九年九月六日に国務長官ジョン・ヘイは、英独露日伊仏の六ヶ国へ支那市場での経済的な機会は各国均等であるべきとする通牒（つうちょう）（Open Door Notes）を、送りました。そして翌年七月三日に、支那を分割せず領土は尊重されるべきとした二回目の通牒を送りました。この二つの通牒での門戸開放・機会均等・領土保全の三原則を纏めて、「門戸開放宣言」とか「ジョン・ヘイの三原則」と称して、巷間の書は恰もそれが米国の公式な外交宣言の様に書きますが、実態は違います。

この二つは宣言（Declaration）ではなく国務長官一個人の一方的な意思表示（Note - 声明）で、「この三原則を考慮して頂ければ幸いです」程度の願望であり、裏を返せば不満でした。送られた六ヶ国は米国より先に「血と汗を流して」支那市場に参入したので、「遅れて来た米国の戯言」と無視したのは当然でした。そんな米国を尻目に進出する日本に、米国は不満を募らせるばかりでした。

日米関係は、開国した明治維新以降は悪くはありませんでした。西部開拓を終えてフロンティアが米国大陸になくなった後の行く先は太平洋であり、その先は日本を中継にしての支那でありシベリアでした。前述した米国人元銀行家ヘリー・マクドノー・コリンズがシベリア鉄道の最初の計画を作ったのは、一八五七年でした。多くのキリスト教宣教師も支那と日本を目指しました。後の章で述べる日本が宣戦通告をした時にハルと立ち会った国務省のジョセフ・W・バレンタイン、日本の電報文を変えた海軍のアーサー・H・マッカラム少佐は共に父親が宣教師で、二人は日本語を母語に近い位に操れた人達だった事は興味深いです。彼等は日本に長く住んでいたにもかかわらず、親日にも中立にも成らず、寧ろ日本と敵対しました。

ミクロな点では、日本人気質を米国人が理解できなかった事が関係悪化の些細な原因でしたが、マクロでは、日露戦争の終戦を仲介した米国の期待に日本が沿えなかったからでした。当時の日本には米国に戦勝の分け前を与える余裕など全くなく、国民はロシアとの講和条件に怒り狂い、それは暴動と成って東京には初めて戒厳令が布かれた程でした。米国は満州の共同運営とか鉄道事業への参画を望んでいましたが、日本は断りました。ポーツマスでの日露講和会議以降は日米関係が益々悪化する一方で、それ等は全て支那に関係していました。日清戦争であり、その後は更に進出を強める日本が目障りでした。それを知らなかった日本外交は、米国の真意・底意を掴めなかった致命的な外交的失策を、ここでも犯しました。

米国は暗号を解読していた

日本の外務省と海外の大使・大使館との間で交信された最高機密暗号化方式で作成された電報文は、パープル暗号電（紫電）と呼ばれていました。それは、ローマ字化された本文を機械で暗号化し、更に各国大使に個別に与えられた二段階の暗号化で作成されました。機械の暗号化ではパラメーターを毎日変えたにもかかわらず、米陸軍通信諜報部のウィリアム・フリードマン（William F. Friedman）のチームは、一九四〇年九月二五日に、そのパープルを解読する機械（外務省名：暗号機B型）の模造に成功し、解読を始めました。米海軍情報部局は一九四〇年初の時点で、日本の他の外交電報も解読できていました。

「東京裁判」で証拠として提出された傍受解読電報は、日本政府外務省在米国ワシントン大使館宛の四一年二月七日付けの電報から始まり、十二月七日（ワシントン時間）の開戦通告の電報まで入っていました。詰まり、日本の四一年二月以降の最高度の外務省機密情報は米国に筒抜けに成っていたのです。それも傍受されている可能性も考えなかった程に外務省は無神経でした。傍受される可能性があるからこそ暗号化したので、問題はその暗号が米国側に解読された事でした。米国が解読に成功したらしい事は、同盟国ドイツから外務省に警告されていました。

それは四一年四月二十八日付けの、ワシントン駐在のドイツ代理公使からベルリンの外務省に送られた電報でした。そこには「絶対に信用できる筋から聞いたところによると、国務省は日本語の暗号電報を解読する方法を会得しており、それ故ベルリンからの大島大使の報告を当地の野村大使に伝達してくる、東京からの情報電報も解読する能力を持っている。」と伝えていました。ドイツは、同盟国日本[34]経由で自身の秘密情報が米国に流れている事を伝え、注意を喚起しました。

このドイツからの電報は二つの意味を持ちます。一つは米国の解読成功が四一年の四月以前に始まっていた点です。それは極東国際軍事裁判所で公表された事で、ドイツの情報が正しかった事が証明されました。もう一つは、日本外務省の機密情報の管理が不十分との指摘でした。情報を共有する同盟国としては極めて重要な問題ですから、外務省に管理の厳格化を求めたのですが、外務省がその後も対策を講じなかった怠慢は、後に国益に致命となる結果をもたらしました。今にも通じる事です。

このドイツ大使館の電報が発せられた当時の外務大臣は有田一郎で、十月からは東郷(茂)でした。更に悪い事には、日米交渉の帰趨と日本の運命を決する対米交渉要綱の甲乙両最終決着案とその説明要領を書いた電報文が、交渉が決裂する様に変更され、それが悲劇的結末をもたらしました。

それにしてもその当のドイツも、当時は駐日大使館でスパイ・ゾルゲに自由に情報へのアクセスを許していました。残念ですが、日独は情報漏洩（ろうえい）同盟で、これでは戦いに勝てません。

---

34 日本とドイツは、一九四〇年九月締結した日独伊三国同盟で、同盟国に成った。

改竄した外務省の機密電報

日本の最終決着案であった甲乙両案、その案に付された説明要領を米国は変更しました。その変更した内容を表で説明します。説明要綱は日本側の交渉への本音であり手の内でした。その本音が米国に対して悪意がある様に意図的に変更されたのですから、その変更は「改竄（かいざん）」でした。

次頁に日本語原文①、変更された英文②、変更英文の日本語訳③、正しい英訳文④を示します。四一年十一月四日に日本から甲乙両案と共にその説明要領を書いた電報①（外務省電報第七二六号）が解読され、それが②で示す変更されて英訳（変更訳）されて、米国政府首脳に配布されました。その米国側で訳した英文②の日本語訳が③です。日本語訳は裁判所の翻訳官が宣誓供述書付きで裁判に提出したものです。英訳文②とそれの日本語訳文③は合致します。その日本語訳文に弁護側は裁判所言語部門の翻訳が正しい事を証明する宣誓書を付けました。

原文日本語と違った英訳は五点ありました：

第一点：「最終的な譲歩案」を「最後通牒」と訳しました。交渉の時に出す提案‐場合によって譲歩も盛込んだ案は、値段の交渉等の場合と同様に提出する側は建前としては常に「最終的提案」ですが、それを「最後通牒」と訳しました。その英語での ultimatum は、それで妥結しない場合は交渉の打ち切りを意味する、「おしまい」（最後の）の言葉です。「ultimatum」に「最終的」とする意味はなく、それ程に事態を決定する言葉で、外交では、それで決着か、大使召還・国交断絶とか戦争に突入する程に強い表現です。

第二点：「漠然と」は「二十五年間」に掛かる副詞で、英訳文は「答える」に掛けました。期間は米国が関心を持った大事な点で二十五年も先の事だし、「概ねに二十五年間」と答えなさいとの訓令を、「まぁ、二十五年間位と答えておきましょうかねぇ～」とするこの回答では、誠意がありません。

第三点：問題と成っていたのは駐兵の「期間」でしたが、英訳文は「地域」でした。これも真面目に検討した回答かと疑わせました。

①日本語原文　②英語での文　③英語文の日本語訳

① 日本からの電報文原文
十一月四日付け東郷(茂)外相より
野村大使宛　電報第七二六号

本案は・・・修正せる最終的譲歩案にして、左記のとおり緩和せるものなり
(注)
所要期間につき米国より質問ありたる場合には概ね二十五年を目途とする旨を以て応酬するものとす。

米国が不確定期間の駐兵に強く反対するに鑑み、駐兵地域及期間を示し、以て其の疑惑を解かんとするものなり。

此の際は飽く迄所要期間なる抽象的字句に依り折衝せられ、無期限駐兵に非ざる旨を印象づくる様に努力相成度し。

③ 変更された傍受電
証拠として提出された英文②を、
裁判所が日本語訳して提出した

本案は・・・修正せる最後通牒なり。左記のとおり我方の要求を加減した
(注)
「適当期間」につき米国当局よりありたる場合には漠然と斯る期間は二十五年に亘るものであると答えられたし。

米国が不確定地域への我が駐兵に強く反対し居るに鑑み、我方の目的は駐兵地域を換え官吏の移動を為し以て米側の疑惑を解かんとするものなり。

我方は従来常に曖昧なる言辞を以て表わし来りたる所、貴使に於ては出来得る限り不徹底にして而も快適な言辞にて婉曲に述べ、無期限占領が永久占領に非る事を印象づける様に御努力相成度し。

② 米国側の傍受電　**英訳された傍受・解読電報文**
(検察側が証拠として法廷に提出)

This proposal is our revised ultimatum.

We have toned down our insistence as follows. (Note: Should the American authorities question you in regard to 'the suitable period', answer vaguely that such a period should encompass 25 years.)

In view of the fact that the United States is so much opposed to our stationing soldiers in undefined areas, our purposed is to shift the regions of occupation and our officials, thus attempting to dispel their suspicions.

We have hitherto couched our answers in vague terms. I want you in as indecisive yet as pleasant language as possible to euphemize and try to impart them to the effect that unlimited occupation does not mean perpetual occupation.

第四点：日本は「従来常に曖昧なる言辞を以て表わし来りたる」、「快適な言辞」と、日本が「これまで」「曖昧で快適な言辞」で不誠実な交渉をして来たと自白した形の訳と成っています。日本文には「これまで」も「曖昧で快適な言辞」の表現もなく、相手をバカにした英訳文に成りました。

第五点：「無期限占領が永久占領に非る事を印象づける」とは、期限のない占領が「永久」と取られない様に「曖昧で快適な言辞で誤魔化せ」、と成ります。日本側は大凡二十五年間の期限付きで無期限と間違われない様にしなさいとの訓令が、無期限だけれど永久と取られるなの英文に成りました。二十五年間の大凡の期限を無為にする訳に変りました。無期限だけれども永久に取られない様に誤魔化せ、と原文とは違った指示を出したのも同然でした。

一点目の間違いは大学一年生レベル、二点目は副詞が動詞等の用言を修飾するとだけ覚えている大学受験生レベル、三点目の間違いは英語辞書を使い始めた中学一年生レベルで、夫々誤訳レベルで済ませられますが、四点目・五点目は練達した詐欺師レベルの意訳を超えた「偽訳」でした。

最初は単純な誤訳の様にして、一番大事な所で全く違った嘘の訳で締め括る、この様な誤訳・偽訳を織り交ぜた翻訳は、両言語に精通した人だけができます。解読して英訳された電報文は、原文日本文の意味を正確に理解してその意図・目的を確実に破壊して、己の意図・目的に適う別な意味に翻訳した点で曲訳ではなく、

④ 傍受された外務省の11月4日付け電報文726号
（極東国際軍事裁判所が翻訳）

正しい英訳文

This is our proposal setting forth what are virtually our final concessions.

We make the following relaxation.

(Note:) In case of the United States inquiries into the length of the necessary duration, reply is to be made to the effect that the approximate goal is 25 years.

In view of the strong American opposition to the stationing for an indefinite period, it is proposed to discuss her suspicion by defining the area and duration of the stationing.

You are directed to abide at this moment, by the abstract term 'necessary duration,' and to make efforts to impress the United States with the fact that the troops are not to be stationed either permanently or for an indefinite period.

日本語原文は「違った傍受電報」に換わりました。これは誤訳とか曲訳と云った翻訳の問題ではなく、「日本語原文そのもの」の改竄でした。

契約でも交渉でも要は約束ですから、その前提はお互いに「誠意」がある事です。この「誠意」(英語で good faith) は米国でも契約する上での基本中の基本用語で、「日本は誠意がない」と伝えた改竄は、日米交渉を成立させない「殺し文句」に成りました。

ルーズベルト政権内部に、傍受電報を改竄した人がいたのです。改竄したその人は日本語と英語に堪能な上に、進行している交渉で両国の主張点と争点を知悉(ちしつ)している上に、己の目的の為に日本語とその訳文を変更できる人でした。

この日本政府外務大臣の極秘電報の改竄文を、英語圏の人にも知ってもらいたいので、その英語訳文④を前頁に示します。①と④が元の電報の日本文と英訳文で、③と②が改竄された日英文です。

2. ハル・ノートを出させた傍受改竄電報

その一. ハル・ノートを出した当人

ハルは傍受した電報について回顧録で次の様に述べて、その効能を絶賛しました：

《我々が「マジック(魔法)」と符号名で読んだ傍受電報は、交渉の初期にはほとんど役に立たなかったが、最終段階においては大いに役立った。これで我々は日本の外務大臣の野村その他の代表への多くの訓令を知り、野村が私との会談について東京に送っている報告も知ることが出来た。

これ等の傍受電報は、日本政府が我々と平和の為の会談を行いながら、一方では侵略する計画を押し進めていることを示していた。私は彼等を裁判で自分の側に不利な証言をする証人のように観た。もちろん私はこういう特別の情報をにぎっているという印象を聊(いささ)かでも野村に与えないように注意する必要があった。

私は我々の会談を、私が野村からあるいは普通の外交筋から聞いている程度の情報の範囲内で行う様にせねばならなかった。その為にこれ等通信の漏洩防止を保障するために、私はそれら電信を扱い、記録し、確実に海軍に返すか廃棄するかを行う、秘書の一人を指名した。》[35]

この指名した秘書が気を利かし過ぎてコピーして保管していたから、日本が密かに戦争を進めていた証拠として「東京裁判」に提出されました。これもバレンタインの証言と食い違いはありません。

ハルはルーズベルトが大統領に就任した三三年三月から国務長官の職に就き、ルーズベルトが四期目の選挙運動期間中の四四年十月に健康上の理由で辞任を伝え、公式には選挙投票後の彼の当選が確実に成った十一月に辞任しました。彼は最後までルーズベルトに尽くし、スターリンを友達と思った、南部テネシー出身の昔気質の米国人でした。

ルーズベルト政権で彼の影が薄い理由は、ルーズベルトが特使・側近を使って自身で外交を行い、彼が選任したやり手の国務次官とツーカーでやっていた所為でした。その点でハルは常に縁の下でしたが、部下の次官を本人の不祥事で四三年九月に辞めさせ、次官が取り組んでいた国際連合の設立を推進した功績でノーベル平和賞を受賞し、ハル・ノートでも歴史に名を遺しました。

日本政府が「私を騙してその侵略する意図を隠している」と思い至った理由は、傍受電報を読んでからだ、としたこの記述は、ハル・ノートの出状につながった点で極めて重要な証言です。開戦前の交渉現場では相互に不信を募らせ、その不信感を米国側は隠し、日本側はそんな不信感があるとは露知らず・気付かず、交渉当事者がお互いに最後まで本音を明かさぬまま悲劇の結末に粛々と向かって行った事が、この様に明らかに成り

[35] Cordell Hull: The memories of Cordell Hull London Hodder & Stoughton First Printed August 1948 Vol.II pp998

ました。

ハルの回顧録 - The Memories of Cordell Hull（日本名の最初の表題は『回顧』、その後は『ハル回顧録』に改題）は、四八年一月一日に発行されたので、その内容は貴重であり大変興味深いです。と言うのは、傍受電報文が日本から送信した文章と違う - 変更されていた事実は、出版十四ヶ月前の四六年十一月に「東京裁判」で初めて公にされたからです。ハルはそれを知らなかったかの様に書きました。実際に知らされてなかったから、こう書いたのでしょう。

回顧録は自身が騙されていたとは露知らずに、日本側を誠意のない交渉相手と極めて率直に、こちらも率直に言えば、国務長官ともあった御方が、日本の交渉相手を何とも品なく描きました。

東条首相については、「偏狭で、まじめくさって堅苦しく、ある特定のことに偏執する典型的な日本人官僚だった。彼は強情で依怙地であり、寧ろ間抜けで勤勉で突進力があった」[36]人であり、外務大臣の東郷(茂)については、「典型的な日本の外務省官僚で、外交実務での良き専門家ではあるが、(東条と同様に)寧ろ見識が狭く、広く見る事が出来なかった」人と観ていました。

彼に会う為にワシントンに駆けつけた来栖三郎に至っては、最初に会った時に「来栖は野村とは正反対であった。彼の容貌も態度からも信用とか尊敬といったものを起こさせなかった。最初から彼は信用出来ない感じがした。」[37]と記しました。

ハルは東条や東郷(茂)と以前どこかで会った書きぶりです。そして初めて会った来栖を「信用出来ない」とは、千里眼を持っていた人のみが断言できる言葉でした。それにしてもその来栖を評した英語：「deceitful」は

[36] 同 pp1064
[37] 同 pp1062

ペテン師とか詐欺師的な性格を意味し、改竄された傍受電報に騙されていた彼が、来栖を詐欺師呼ばわりして交渉を最初から成立させなかったこの構図は、第三者には笑劇でしょうが、当事者・当事国には大悲劇でした。こんな先入観を持った国務長官と、信頼関係が最低条件の外交交渉が成立するハズはあり得ませんでした[38]。

だから彼は、ハル・ノートを手渡された野村が日本に打電した電報に、「交渉決裂の原因が日本側でないことに努めたい」と書いた事に対して、野村と日本が責任逃れをして、ハルであり米国側に責任を押し付けようとする卑怯なやり方だ、と逆上しました。

そのハルが出したノートの意図は、「この最終的瞬間においても、常識が少しでも日本側の軍事指向心にしみ込むかも知れない、という儚い希望をもって交渉を継続する為になした誠実な努力であった。」[39]と記しました。日本が交渉を断念して戦争を始める決断をさせたハル・ノートは、ハルが交渉継続を望んで日本に正気に戻れと諭す為に出しました。交渉当時の彼の正直な心象であったのでしょう。彼は、誠意もなく信頼も置けない日本側に常識を戻せ、と忠告した訳で、さすがに教師を目指して教育系の大学に進学した彼らしい忠告です。そんな忠告を「誠意もない詐欺師」に出したら悪い結果を生むのは当然分かっていたハズで、彼の言い分は矛盾していますが、彼は先生の様に忠告をしました。そんなノート（外交上の「通達」）に日本は絶望して、開戦を決定しました。

ハルを交渉決裂の責任者だと「陰口を叩いた」その両人‐野村と来栖‐が、真珠湾攻撃直後に交渉決裂は米国に責任があるとの日本の宣戦通告文を突き付けた時には、野村を睨みつけ、「私は言っておかなければならない、私は過去九ヶ月間のあなた（野村大使）との会話の中で、一言も虚偽の言葉を言わなかった。それは記

---

38 何れも原英文からの和訳　Cordell Hull：The memoirs of Cordell Hull London Hodder & Stoughton First Printed August 1948

39 Cordell Hull　1083頁

録を見ればわかることだ。私は五十年の公職生活を通してこれほど恥知らずな偽りと歪曲に満ち溢れた文書－こんな恥知らずな嘘と歪曲を言い出す政府が、この地球上にあろうとは今日の今日まで思いもしなかった。」、と怒りを露わにしました。日本に騙されなかった事を勝ち誇り、（実はルーズベルトに騙された）当人の当然の反応でした。常識が必要だったのは彼自身でした。その二ヶ月前に古希を迎えたハルは、野村六十四歳、来栖五十六歳、バレンタイン五十三歳を前にして、国家の大事を忘れ、己の不覚を悟らずに一喝した、頑固一徹な老人でした。

何方が常識を失っていたのかは、言うまでもなく彼でした。回顧録は自身が善人であり正しいと一途（いちず）に信じて、実は騙されていた事を知らない一老人の繰り言でしかなく、ハルの代理人とも言えるバレンタインが極東国際軍事裁判所の証言台に立って言葉に窮した姿は、ハルそのものでした。彼に平和賞は全く相応しくありませんでした。傍受電報を先に読んで、日本政府が乙案を出す前からその誠意のなさを信じたのは、回顧録からは交渉が佳境に入った四一年六－七月頃からと推定されます。その時から十二月迄の開戦に至るまでの半年間に「（傍受している）印象を少しでも野村に与えることのないように注意」したハルを、見抜けませんでした。部下のバレンタインから情報を取れませんでした。バレンタインとの個人的なざっくばらんな会話をする手段をワシントン大使館は持っていなかった事は、外務省の怠慢でした。

ニューヨークで米国共産党の動向を調べていて、コミンテルンの動静に知悉していた若杉要駐米公使が、野村大使を補佐しました。若杉は「米国共産党調書」を認めた位に共産党の動向を知っていても、ワシントンでは勝手が違ったのか国務省との人脈を作れなかった様で、米国の要人が持って終った不信感、傍受電報の陰謀、裏に潜んでいただろうソ連スパイの暗躍を、見抜けませんでした。

その二：改竄を知らなかった国務省

この英文に訳された傍受改竄電報（②）を読んだ国務省の要人達が、表向きは礼儀正しいがその裏は誠意のない傲慢な日本大使に率直に怒ったり呆れたりして欲しかったのですが、そうではありませんでした。彼等は相手日本人の本性を見抜いたと勘違いし、騙されている事を気付いていない米国人役：ポーカーフェイスに徹した苦労を、バレンタインも裁判で披瀝しました。

四六年十一月二〇日の「東京裁判」法廷で、バレンタインは弁護人ベン・ブルース・ブレクニー少佐に、何時頃から米国政府・国務省は日本への不信と猜疑心を持つ様に成ったかと訊かれ、「そうです、（この傍受改竄電報を読んで）勿論それからと云うものは、（日本側の不誠実さに）常に我々は警戒して居りました。」[40]と答えました。大変重要な部分ですので、極東国際軍事裁判所の速記録の該当部分を以下に引用します。質問の「問」はブレクニー弁護人で、「答」がバレンタイン証人です。

二人の問答を以下に記し、彼の証言を簡単に纏めます。十一月四日（火）に既述の改竄された傍受電報で東京からの訓令を読んで日本政府の「悪意」を理解し、十一月七日（金）に野村大使がその訓令を持参し、ハル国務長官・バレンタインの前で甲案を読み上げて渡した事、そして国務省の人は、四一年当時もこの裁判の日までも、誰一人として傍受した日本語の原文全文を読んでいない事、特に彼自身は日本語に熟達していて、その改竄された日本語文を入手していたのにもかかわらず、一部だけ呼んで即断して全文を読んでいない事等を、証言しました。彼は証言した時点で、傍受電文と野村大使が持参した訓令との差異を、認識していなかったと問答の後半部分で明言しました：（筆者注：以下の引用文中のカッコ部分と傍線・太字は、分かり易くする為に筆者が

---

40 Library of Congress, Vol.18, The complete Transcript of the Proceeding in Open Session, the Tokyo War Crimes Trial-Tokyo, General publishing Inc. 1981 P-10937, 17thL
新田満夫『極東国際軍事裁判速記録』　第3巻　雄松堂　1968年1月　第115号（1946年11月20日）第8頁第3段

加えた。）

問：国務省は、南部仏印から（日本軍が）撤兵すると云うその（日本政府の）申し出は、再び其処に帰らないという事を意味すると了解しておりませぬでしたか

答：日本軍が、インド支那の中に投入する事の出来る兵力量と云うものは、全然制限がありませぬでした。日本は再び其処に戻って来て、我々に脅威を加えることが出来たのであります。

ウェッブ裁判長：証人に申し上げますが、**この申し出が誠意ないものとして取り扱ったのは、**理由が二つあると仰って居りますがそうですか、先ず第一に海南島の占領、第二に**傍受電報**

答：**そうです**

問：この申し出の時に、国務省より来栖、野村両大使に対して、北部仏印に駐屯すべき軍隊の兵力の数に関して、何か言及したことがありますか

答：私ははっきり覚えて居りますことは、南部インド支那に対して、部隊を移動せしめると云う件に付いては、確かに話がされたように思って居りますが、併しながらインド支那全体に於ける兵力量の制限と云うことに関しては、何ら言及されて居られなかったと云うことを覚えて居ります。併しながら記録を御覧になれば是がそうであったかどうか御分かりになると思います

問：偖て**日本はそれを提案するに当たって、誠意がなかったと云う問題**に関して、私の了解する所に依りますと、国務省に於ては日本側のなす提案は、誠意なきものであるから取り決めが成立しても、それは結局駄目であろうと云うことでありますが、そうでありますか？

答：どの提案に対してあなたは今言及されて居るのですか？

問：十一月二十日の提案です（筆者注：来栖が提出した乙案の提案）

答：私は其の点に付いては、何等陳述をなして居りませぬ、私が申し上げましたのは、十一月七日の件に関して、であります（筆者注：十一月七日の提案とは野村が提出した甲案の事）。

問：どうも失礼いたしました。あなたの言葉を故意に間違って言う積もりはありませぬでしたが、ではもう一度訊き返しましょう、国務省は日本側が其の提案に於て、誠意がないと云うことを感じ出したのは何時からですか。

答：どの提案に、あなたが言及されて居るのかに依って答えが違うのでありますが、撤兵問題に関して我々が、そう云う風に日本に誠意がないと云うことを感じましたのは、慥（たし）か十一月の七日以後であります。此の十一月二十日の提案に関する限り、私の知って居る範囲では、最も問題になったことを記憶して居りませぬ。

問：結局あなた方が、**日本側に誠意なしと認め始めましたのは、十一月四日の傍受電報、即ち電報七二六号を見てからのことではありませぬか、そうですか、そうであるとしますならば、それ以来国務省は日本側の誠意に対して、全然信頼を持って居らないようになったと了解して宜しいですか**

答：**そうです**、勿論それからと云うものは、常に我々は警戒して居りました。

国務省は十一月四日に傍受して改竄された電報を読んだだけで、それ以降は日本側には誠意がないと判断した事が、彼のこの証言で明らかに成りました。野村と来栖が改竄された電報と違う内容の提案をしても米国側は聞く耳を持っていませんでした。引用した十一月四日付けの改竄電報は国務省の判断を結果的に狂わせる程に強烈でした。既述の改竄された諸点の分析と一致します。

では、誠意なしと判断した国務省は、それ以降どの様な行動を取ったのか、それを語る問答の続きを途中省略なしで続けます：

問：では斯う云うことを申せば正しいですか、それ以来国務省と致しましては、どう云う取り決めが成立しようとも、何等信頼を置くことが出来ないから、国務省に関する限り、それから以後なしておった交渉は、全然意味のないものであったと云うことです。

答：勿論あなたの仰しゃいましたような云い方をなさいましたならば、それは正しくないと思います、私共と致しましては、常に警戒をして居ったのでありまして、我々の立場と致しましては、日本側のなす所の言質を、もっと明確にして貰いたいと云うことでありまして、我々の立場と致しましては、漠然とした表現を用いた所の言葉を受け取りたくない、そうして何か信頼の出来るような言質が、欲しかったと云う立場であります。

ウェッブ裁判長：其の時期以後に於ても、日本側は、あなたに対して誠意あると云う証拠を示すことが出来たのですね。

答：まだ出来た時期だと思いました。

ウェッブ裁判長：撤兵することに依ってですか。

答：そうであります。撤兵乃至は其の外平和的手段を執る意図のあることを示す、その他何か実際上の手段に依って……

問：それ以来あなたは、此の電報、**七二六号の日本文原文を見る機会がありましたか。**

答：どの傍受電報のことを、あなたは仰しゃって居ますか、それがあなたの言及されて居る傍受電報のことですか。

問：そうです。

答：**それならばそうありました**（筆者注：日本文原文を見た事がある、とした証言、英文速記録確認）

問：日本語の原文を見たのは何時ですか。

答：数年後……

問：あなたは日本文を見た時、其の暗号を解く時、又は翻訳をする時に、相当の間違いが起こって居ると云うことに気が付きましたか。

答：今思い出して見ますと、私は結局其の全文を見て居るとは思いませぬ、私は全文を見ないで、唯其の最初の部分だけでありまして、是が我々の改訂せられたる最後の通牒なりと云う所であります。（筆者注：法廷で翻訳された「最後の通牒」に該当する英語原文は ultimatum の一単語であり、日本語訳文はより断定的な「最後通牒」と訳すのが適当です。ultimatum はそれ程に強い意味を持つ単語です：（英語速記録の原文：I saw the first part that related to, "This is our revised ultimatum."[3]）

問：この電報は、実際四部から成って居ったのではありませぬか。

答：其の点覚えて居りませぬ、今思い出しませぬ。

問：それではあなたは結局日本文の原文は、一九四一年十一月四日あなたが傍受した電報とは、全然違う文書であると云うことを認め得る程、日本文を読んでおらないのですね。

答：其の通りです。

ブレクニー弁護人の鋭い切り込みに、バレンタインは証言に詰まって逃げを打ちました。傍受電報から誠意がないと判断し、誠意を行動で示せと求めながら促しもせず、「待っていた」とするのは身勝手な言い草です。それはブレクニー弁護人に追い詰められての苦し紛れの答弁でした。そして重要な点は、彼は、詰まりハルを含んだ国務省は、日本語原文を読んだかと訊かれ、数年後に読んだと答え、それも全文ではなく最初の一部で、「最後通牒」の部分を覚えていたと証言した事で、彼は改竄前の日本語原文ではなく、改竄された日本語文を読んだ事が判明しました。ハルとバレンタインは日本語原文を読んでいませんでしたし、野村と来栖の改竄文とは違った口頭での甲案と乙案夫々の説明も、傍受改竄電文を既に読んでしまって分かっていると思ったのでしょう、聞いていませんでした。

この証言から、傍受電報の捏造は解読した日本語の段階から日本側が送った原文と違っていた事が判ります。それは日本語で「最後通牒」と書かれていたと証言したからです。解読された電報（日本語）は、最初から改竄された日本語電報に成り、それが英語にそのまま翻訳されて改竄英語電報と成り、改竄された日本語と翻訳された英語の電報が国務省や大統領等の他部門にも配布され、バレンタインは数年後に漸く改竄された日本語電報を瞥見（べっけん）した事が判明しました。

そしてブレクニー弁護人がここでの最後の質問によって、バレンタインを含めた国務省が数年後に見た日本語文は、改竄後の文章だった事が判明しました。傍受して日本語に文字を起した時点で改竄した訳です。そしてその改竄を知らされていなかった国務省だから、改竄は国務省に渡す前の海軍解読班の段階で行われたと推断できます。英語への誤訳ではなく、最初から日本語原文を改竄しました。

国務省はこの「東京裁判」の時迄、外務省から日本語で発信された電文が、解読した日本語の段階から改竄されていたとは露知りませんでした。だからこそ、誠意なく騙そうとした日本を懲らしめる為にハル・ノートを出しました。こうして裁判でもその改竄電報文を、日本政府が「騙すほどの誠意のない」証拠として、提出しました。米国は、野村と来栖による甲乙案の口頭説明を聞いていなかった事に成ります。聞いていれば野村・来栖が改竄電報と違った説明をしている事に気付いたハズでした。この状況が国運を賭けた日米交渉の現場でした。国務省は、日本は騙そうと企んでいますよ、気を付けて下さい、これがその証拠ですよ、と言って渡された改竄電報を、実際は己が騙された事を露知らずに、その騙したネタを、日本が米国を騙そうとした証拠として裁判に提出して、日本を懲らしめようとしました。

纏めます。米国務省は、日本側に誠意がないと判断する元と成った四一年十一月四日に傍受した電報を、「東京裁判」にその判断の証拠として提出し、四六年十一月二十日に法廷で指摘されるまで、その証拠は日本が米国を騙そうとしたものではなく、身内が騙した証拠だった事を知りませんでした。「東京裁判」で日本側の誠意のなさ、平和的な解決をせずに騙そうと企んだ証拠として、日本の真意 - 欺瞞（ぎまん）と侵略した日本 - を知っていて騙されなかった勝者として、裁判で日本を告発したら、自身が騙されていた事を白日の下に晒す事に成りました。米国政府内の中枢部で繰り広げられた騙し合い劇が裁判で判明したわけです。我々日本人にとっても何ともやり切れない結末でした。米国政府内で誰かが改竄して、外交を担当する国務省を騙しました。

その三．改竄の実行者マッカラム

では、米国政府内の中枢にいた改竄実行者は誰だったでしょうか。もちろんルーズベルトには不可能でした。傍受した日本語原文の電報を改竄したのは、海軍情報部極東課長のアーサー・H・マッカラム少佐でした。彼は日本に戦争を起させる為の米国の八つの具体的な行動指針を作成し、それを四〇年十月七日に海軍情報部長に出し、ルーズベルトはそれを承認しました。その提案はパープル電報の解読が成功した直後でした。

マッカラムが提案した目的は、次の八項目を実施して日本に戦争を起させ、英国が危機的であった欧州戦争へ米国が参戦する事でした。ドイツの攻撃で打ち負かされる恐れのある英国を援ける為に、日本と戦争をして日本の独伊への支援を断ち切って英国の崩壊を防いでその立場を強化したいが、米国世論の現状からは米国自身では宣戦通告を出せないので、この八項目を行えば必ずや日本は戦争をする、として彼は提案しました：[41]

A．太平洋の英軍基地、特にシンガポールの使用について英国と取り決める

41 Robert B. Stinnett 『DAY OF DECEIT』 FreePress Dec.1999

B．蘭領東印度(現インドネシア)内の基地施設の使用及び補給物資の取得に関して蘭国と取り決める
C．支那蒋介石政権に全ての可能な援助を提供する
D．遠距離航行能力を有する重巡洋艦一個戦隊を東洋、フィリピンまたはシンガポールへ派遣する
E．潜水艦隊二隊を東洋へ派遣する
F．現在太平洋ハワイ諸島近辺にいる米艦隊主力をそのまま航行させる（保持する）
G．日本の不当な経済的利権付与を、特に石油で、蘭国が拒否する様に主張する
H．大英帝国が日本に課す同様な通商禁止と協力して、日本との全ての取引を禁止する

英国・蘭国・支那と協力して日本を経済的に封鎖し、特に原油を輸出禁止し、英国・蘭国の海軍基地を米国に利用させて米艦船の威嚇航海を可能にし、また米艦隊を真珠湾に停泊させる事で、日本への威嚇と戦争の誘き出（おびきだ）しに利用する等の、日本を包囲して挑発する政策案でした。

八項目の内で潜水艦の派遣は判明しませんが、それ以外は全部実行されました。

「ＡＢＣＤ包囲網」は日本にだけある用語で、英語圏では戦前の日本の宣伝文句用語と理解されている様で、ブリタニカ英語版にもなく、「第二次世界大戦」と同じく世界と認識が違っています。が、この様に米英中蘭四国が日本に対して経済制裁を連携して行った「ＡＢＣＤ包囲網」は実在しました。米国が主導して英蘭中と協力して日本に経済制裁をしました。経済制裁は戦争行為で、対抗する自衛の軍事作戦を国際法は認めているからこそ、四五年版史観ではその事実を隠して無視します。

この八項目の挑発条項書を、ルーズベルトが手にして読んだ事を、引用した本は証明しています。「東京裁判」で連合国が創り出した「平和に対する罪」は、ルーズベルトが負う罪でした。

この八項目を提案したマッカラムは、バプティスト宣教師の子で、一八九八年に長崎で生まれ、英語よりも日本語を先に覚え、その後父親の死で米国に帰り、海軍士官学校を卒業し、在日大使館付き海軍武官で一九二〇年頃に来日し、数年間滞在して日本語に磨きを掛けました。彼が親日派にもならなかった理由は、駐在中の二三年の関東大震災にありました。米海軍の救援物資の調整に当たった彼は、思った程に有り難がらず、運命を恨まず、キリスト教徒にならない「可愛くない日本人」と理解しました。それと「太平洋を支配しようとする」事に反感を覚えて、この条項を書きました。

マッカラムは語学と暗号解読の才があって、海軍情報部に勤務しました。米国陸海軍は四〇年九月－十月頃に日本の外交と海軍の暗号解読を成し遂げました。その暗号解読機は、ワシントン（基地名：ＵＳ）、フィリピンのコレヒドール（基地名：ＣＡＳＴ）と英国海軍に支給され、真珠湾基地には置かなかった事が、後に真珠湾基地損害での責任問題と絡みました。

解読直後に海軍情報部は、日本の軍事と外交に関する重要な情報を大統領に届ける秘密の方式を取り決め、その情報を配布した士官が彼でした。外交関係は海軍だけが解読できたので、例えば陸軍が傍受した外交電文の中で特に重要な「紫電報」は、ワシントンのホワイトハウス近くの彼が勤務する「ＵＳ」に送られ、機械で解読され、英語に翻訳され、特に重要な場合はルーズベルト大統領に彼が直接届けました。マッカラムのチームは紫暗号の傍受電報を受け取り、それを解読し（日本語）、英語に翻訳し、せっせと大統領、国務長官、等に届けていました。その傍受解読電報は特別な書類鞄に入れられ、大統領付き海軍武官が厳重に管理しました。ルーズベルトは原本を手元に置かずに返却し、マッカラムはそれを特別な金庫に入れて保管し、必要な場合には再び届けました。ハルも同様に指定した秘書に原本を返還させました。

日本の外務省の電報は、原文をローマ字化し、それを暗号機で変更し、送信し、受信側はその反対の作業を行いました。例えば「御前会議の決定」は「gozenkaigi no kettei」と成ります。受信側は場合によっては「午前会議の決定」と解読して英語で「a decision at the morning meeting」と誤訳される恐れがあります。しかし先に引用した十一月四日に傍受した電報の訳は、こんな誤訳レベルではなく、意図的な内容の改竄でした。それを意図的に行った実在の人と組織は、マッカラムと彼のチームでした。

その四．改竄の首謀者ルーズベルトの陰謀

マッカラムと海軍だけでは戦争を起せませんでした。戦争を起させたのはF・D・ルーズベルト大統領でした。ルーズベルトは日本を挑発して戦争を起させて、欧州戦争にも参戦する策をとりました。その為に日本を挑発する案－マッカラム八項目を暗黙の指針書として採用して、彼が傍受改竄電報を創り出す事を承認し、それによって身内のハル国務長官以下を騙してまでも、戦争に仕向けさせました。日本に対して宣戦通告に等しいハル・ノートを発行させて、彼等は目的を達成しました。

米国政府内でマッカラムの提案を承認し、その八項目を実施し、そして傍受した電報の改竄を許し、国務省と海軍上層部を騙せる人・騙せた人は、大統領以外には不可能です。

ルーズベルトは日本との戦争の承認を十二月八日の上下両院合同議会で求めました。その時の演説で、真珠湾での「卑怯な不意打ち急襲」と、日米交渉で騙し抜いたとする二つの部分が、日本を卑怯な国と断定した理由です。以下の彼の演説での騙し抜いたとする部分に、傍線を加えました：

米国は彼の国－日本と平和な関係にあり、日本からの強い求めにより、太平洋での平和の維持に向けて日本政府および天皇と対話中でありました。確かに日本の飛行部隊がオアフの米国の島を爆撃する一時間後に、日本駐米大使とその同役が我が国務長官に最近の米国のメッセージに対する公式の回答を届けました。この回答

は現下の外交交渉の継続は無駄のような事を述べる一方で、戦争や武力攻撃を使って脅したり、それを匂わしたりする事は、全く含まれていませんでした。

日本からハワイの距離は、来襲が何日も前から或いは数週間前からでもよく練られた計画であったことを明らかにするものとして、記録されるでしょう。**その間に日本政府は嘘の文言と平和継続への期待を述べることで、米国を意図して欺こうとしています。**㊷

この傍線部分の一文に、部下を騙した己を隠し、日本は騙そうとしたが我々は騙されなかったと日本を悪者にしてほくそ笑む、ルーズベルトのしてやったりの顔が表れています。

「東京裁判」でも真珠湾攻撃が卑怯であったとする訴えは、米国自身の卑怯さを隠す為でした。日本の攻撃方法は卑怯ではありませんでした。日本の攻撃を予想できたのにもかかわらず、現地陸海軍司令官にその予想できた攻撃を意図的に連絡せず、しかし受けた被害が予想以上に甚大だったので国民に説明する必要から、ルーズベルトが日本を卑怯者呼ばわりした事が始まりでした。ルーズベルトもスターリンと同様に戦争を愛し、その悪行を他国に擦り付ける支那の諺：「賊喊捉賊（ぞくかんそくぞく）」を喊（さけ）ぶ人でした。その諺は、賊が通りすがりの無実の人を指さして「あいつが泥棒だ、捕まえろ」と喊んで、周囲の注意を逸らして無実の他人に罪を擦り付けている間に、当の賊は逃げる手口を表現します。ルーズベルトがその喊ぶ人でした。

ルーズベルトは改竄された「誠意のない、悪意ある」電報を読んでいました。それ：「日本が騙している事」をルーズベルトが知っていたのであれば、真珠湾攻撃は予想できただろうし、この議会での演説は矛盾していました。それでは攻撃を分かっていて何等対策を講じなかった無能な大統領です。嘘を吐いて出て終った矛盾

㊷フランクリン・D・ルーズベルト大統領の演説（文字起こし・日本語訳：筆者）

を、当時は誰も気が付きませんでした。そしてこのルーズベルトの演説で、国務省の担当官僚迄もが、傍受した最高機密電報の改竄文を疑わず、それに基づいて誠意なき日本を元にした政策を実行していた事も明らかに成りました。それ位に彼は狡知でしたし、聞く方は興奮して見逃がしました。

その五．改竄で騙された国務省の内情とハルの立場

こうも易々（やすやす）と騙された国務省、その組織の「問題」を日本側交渉団は見抜けずに、日本の国運を賭けた「日米交渉」は戦争に至ったのですから、失敗でした。抑々「交渉」をする前提条件が欠けていたので、交渉に値せず失敗したのは当然でした。その失敗の原因は、米国が主張する日本の誠意なさでも、日本の「世界制覇を目論む侵略の野望」でもなく、コミンテルンの介入もありましたが、一番は当事者間 - 日米間に信頼関係を築けなかったのに交渉を続けた根本的な間違いにありました。交渉する土台 - 信頼がない中で話し合った訳で、言わば基礎工事なしに家を建てようとしたのも同然で、交渉が決裂したのは当然でした。決裂する様に策謀が巡らされたから尚更でした。

改竄電報で日本の手の内を知っていると自信満々の国務省、情報がその相手に漏れている事も知らない日本の「交渉」でした。日本は交渉で結着する意思を米国が持っている - その様な誠意を持っていると勝手に思い込み、軍事力で相手を威嚇すればどこかで妥協して決着するであろう、との希望的観測を持って外務省は交渉に入りました。ルーズベルト・マッカラムの策謀は大成功でした。

野村大使の交渉記録では、九月以降はハルとだけ相手にした様で、そこにはバレンタイン以外の国務省次官・極東部長は同席せず、詰まり英語でのコミュニケーションに問題があった野村とハル間だけで四ヶ月間も交渉を続けました。国務省の組織図を次に示します。ハルとの交渉は変則的でしたし、国務省には後にスパイと疑

われた人が要路に沢山潜んでいました。

交渉は日本側の妥結に向けた強い希望だけではなく、特に提案した近衛とルーズベルトとの首脳会談は、近衛首相自らだけでなく、豊田外相から求められたグルー駐日大使も日米の危機回避の機会と捉えて、ハルと国務省に対して幾度もその実現を求めました。しかし、局長のスタンレー・ホーンベックが首脳会談に強く反対して実現には至りませんでした。ホーンベックの補佐にはソ連・コミンテルンのスパイであったアルジャー・ヒスがいました。国務省内には他に、サムナー・ウェルズ国務次官の最側近だった南米局長のローレンス・ドゥーガン、アチソン国務次官補の法律関係補佐でアルジャー・ヒスの実弟のドナルド・ヒス等の、後にスパイと判明した人達がおりました。

ウェルズ次官はルーズベルトとその妻エレノアとも懇意で、ルーズベルトは自分で外交をやりウェルズを重用したので、ハルは面白くなく二人は不仲でした。それで国務省内は長官派と次官派に分かれ、ハルは、日本を担当するウェルズ派のホーンベック局長やハミルトン部長から疎んじられて、対日強硬論でも突き上げられていました。担当で日本駐在経験があるバレンタインが、特に九月以降は彼だけがハルを補佐して同席しました。

ソ連のスパイが暗躍し、その同調者（シンパ）と思しき人が要職にいて、トップとナンバー2がいがみ合い、夫々が党派を形成していました。加えて、ルーズベルトが大事な所ではウェルズを使っていたのですから、それだけでもハルは形勢不利で、更には国務省の組織は、実務は次官が組織全体を掌握する体制でした。この様に当時の国務省は、国の大事な外交を担う前に組織が機能不全で、ハルは、一番上に鎮座しているだけで、ウェルズにそっぽを向かれた彼は、担がれない神輿でした。

ハルは、師範大学を出て裁判官に成り、下院・上院議員を経てルーズベルト第一期から国務長官を十一年九ケ月間も務め、後にはノーベル平和賞と「ハル・ノート」で歴史に名を留める程に有名に成った人でした。だからハルには見栄も対抗心もあり、それで日本問題に前のめりで、自身での解決を試みたから、改竄された傍受電報に飛び付き、騙されているとも気付かずに、強硬な姿勢で日米交渉を取り仕切りました。

ウェルズは性的嗜好で不祥事を起し四三年九月に辞職する羽目と成り、ハルは同年十一月にバレンタインを極東部長に、自らの健康上の理由で辞める前には局長にまで昇進させました。

そしてハルは回顧録を「東京裁判」中に出版して、東条首相他を「バカ、詐欺師」呼ばわりして、ハル・ノートの正当性を主張し、バレンタインはその裁判に検察側証人として日本の「誠意のなさ」を証言したところで返り討ちに会い、実際は自分達が騙されていた事を知る羽目に成りました。ハルは日本の主権回復後の五五年に、バレンタインは七三年に、亡くなりました。

ハルの律義さを利用して、彼に「誠意のない日本」を懲らしめさせ、彼を使嗾（しそう）[43]した人達の狡知さに目を向けなさい、「過ちは繰り返すな、二度と騙されるな」、と歴史は訓えています。騙して使嗾した頭領がルーズベルトでした。国務省内はバラバラの上にスパイ天国で機能不全、それを利用した大統領は、重要閣僚の国務長官を騙し、利用までして戦争を始めた国、それが米国でした。

その六．改竄を見抜けなかった日本

日本側交渉団は米国側が電報を傍受し解読し改竄している事を知らず、気付きもしませんでした。聞く耳を全く持たない米国、そんな事とは露知らずに「下手な英語」[44]で必死に説明し、相手が聞いていない事も、そして日本の国策が正しく伝わっていない事ｰ大使の職責を果たしていない事を気付かない日本国全

43 使嗾：人に指図して悪事などを行うようにそそのかす・仕向ける

44 コーデル・ハル『ハル回顧録』宮地健次郎訳　中央公論社　2014年11月

権大使、そこは絶望的な日米交渉の現場でした。野村が下手だったのは英語をしゃべる事ではなく、非言語でのコミュニケーションでした。ハルは英語が母語ですから、偏狭な彼にとっては英語を母語としない野村は下手と断言するのは当然でした。ハルが半年以上にも亘って、野村が日本とした通信上のやり取りを知っていた事と、野村の自身の説明通りにハルに伝わっているか確認しなかった事、の二点だけでもコミュニケーションが取れていませんでした。抑々自身が喋る母語でない英語をハルが理解しているか、ハルの目を見て確認しながら話すのは当然ですが、野村はそれすらも行っていなかった訳です。ここに改竄を見抜けなかった日本側にも落ち度がありました。

野村大使だけの責任ではありません。野村は、交渉決着に自信がない事を伝え、離任を東郷(茂)外相に求めました。野村もハルとのコミュニケーションが上手く行ってない事は認識せずとも勘付いていたのでしょう。現場での直接の交渉責任者がそう弱音を吐いていたにもかかわらず、最後まで野村に交渉

日米開戦前の国務省組織図とソ連のスパイ

1941年日米開戦前の大統領府・国務省内のソ連スパイ

ソ連スパイ

ルーズベルト
大統領 (President)

ヘンリー・A・ウォレス
副大統領 (VP)

ハリー・ホプキンズ
大統領補佐官

ロクリン・カリー
経済担当補佐官

財務省

ヘンリー・モーゲンソー
財務長官

ハリーデクスター・ホワイト
財務次官補

国務省

コーデル・ハル
国務長官 (Secretary of State)

サムナー・ウェルズ
国務次官 (Under Secretary of State)

ディーン・アチソン
国務次官補 (Assistant Secretary

ドナルド・ヒス (補佐)

スタンリー・ホーンベック
政治局長 (Advisor on Political Relations)

アルジャー・ヒス (法務担当補佐)

マクスウェル・ハミルトン
極東部長 (Chief, Div. of Far Eastern Affairs)

ローレンス・ドゥーガン
南米部長 (Head, S. America)

ジョセフ・バレンタイン
部長補佐 (Assistant Chief)

(2021年8月
国務省資料を基に細谷作成)

に当たらせました。その野村を、弱気だとか（野村の責任）、米国は日本をそしてその提案を理解せずに誤解している（米国の責任）、説明が足りない、もっとしっかり説明を、等と号令を掛けて（野村の責任）、現地側に任せた外務省本省の対応も、失敗でした。野村大使の交代、東京から日本の意向を十分に知った責任者がワシントンに乗り込む、等の対策を取りませんでした。

その七．最初に改竄を見つけた人‐西春彦

米国が改竄されたとも知らずに証拠として法廷に出した電報が原文と違うと、最初に見抜いた人は外交官の西春彦でした。西は開戦時には外相東郷(茂)の下で外務次官であったし、「東京裁判」ではブレクニーと共に東郷(茂)の弁護人で、裁判の第一線にいた彼だからこそ、できました。

西は、東郷(茂)とは十三歳年下の上司・部下の関係で、日米開戦前には強引と言われる程に東郷(茂)が西を次官に抜擢するほどに、買っていた部下でした。

西は前年の四四年十月に満州国大使として新京に赴任し、東郷(茂)が再度外相に成った終戦前の五月に帰国したらしく、ソ連軍の侵攻を目の当たりにした同僚・同輩が、どうやって生き延びたかを知っていたでしょう。戦後は東郷(茂)の著作と伝記編纂（へんさん）・出版に努め、又全面講和、核軍縮、安保改定反対で、米国のこの電報の改竄を知ったからでしょうか、ソ連寄りの論陣を張りました。

西もソ連に三度も赴任するほどのソ連とは縁の深い人でした。日ソ基本条約が結ばれた直後の二五年八月から、三等書記官（その後二等）で二八年五月迄の二年半と、三六年十二月から参事官で重光葵大使・東郷(茂)

45 秦郁彦編『日本近現代人物履歴事典』東京大学出版会2002年5月

大使の下で務めました。帰国後は欧亜局長で、特にノモンハンでソ連の軍事作戦に東郷(茂)駐ソ大使・西欧亜局長コンビで対応し、三度目は四〇年九月から特命全権公使で半年ほど赴任しました。

西も、ソ連のノモンハン戦争とポーランドへの侵攻に伴う、侵犯された国家と国民の悲哀を現場で知った人でした。終戦時にそのポーランドと同じ運命に見舞われた満州国大使としての見解を知りたくて彼の回想録を読みましたが、満州国関係を含めて見つかりませんでした。

西は米国が傍受したこの東郷(茂)から野村への電報の、西が言うところの「曲解」を発見した時に、「この英訳を見て、はじめて原因がわかった。**この傍受電報の英訳が日米交渉の決裂した一番の原因だ**、いろいろな国際間の葛藤が誤解から起きるというが、本当にこういう思いもかけないことから誤解が生まれるのだ、と気付いて、その晩はもう寝られないほどだった。」[46] と気付いた当時の目からウロコが落ちた心境を記しました。「英訳が決裂の一番の原因」とは見解が一致しますが、改竄ではない「誤訳」とした事は誤認でした。

西は（以下の引用文では筆者が太字にした）「この**誤訳**の問題は私が見つけたことなので、これだけは英文にして米国人に読んでもらおう、そうすれば講和条約の内容も変わるかも知れぬと思ったものの、とうとう講和条約迄には間に合わなかった。」ので、「こうした**誤解**が元となって、核戦争が起これば太平洋戦争以上の悲劇だ。このことは将来への生きた教訓であり、全面軍縮の一つの有力な論拠である。」と、全面軍縮と戦争反対の方向に行きました。西は改竄を翻訳上の問題で文化の違いから来る「誤訳」と理解し、外交問題とか情報戦でなく、少々「明後日」な意思疎通の問題としました。

当時の東郷(茂)外務大臣と嶋田繁太郎海軍大臣に対して、極東国際軍事裁判所が「真珠湾での殺人罪」で極

46 西春彦『回想の日本外交』岩波新書　1965年2月　139頁

刑を科させなかった要因が、この傍受改竄電報の暴露でした。西にはこの事をもっと宣伝して欲しかったです。彼は開戦時の外務次官で、甲乙案と説明要領を御前会議決定前に一つにして、態々電報で送った事、開戦通告の遅れ等の重要な点でも、発言がありませんでした。残念です。

彼は誤解が生じて戦争が起きた、戦争は誤解から始まるから戦争反対とする方向に行きました。誤解を生ませて戦争を起す人がいた事を、この東郷(茂)を師と仰ぐ外交官は全く考えませんでした。

コミュニケーションで誤解が生じる可能性があるからこそ大使が相手国に駐在し、外交官が世界中を飛び回る訳です。西春彦の論理では、誤解が生じるから、外交官は誤解を生じる事はするな-何もするな、とも成って終います。必然的に誤解は生じます。相手の本意を探ることが交渉なのに、外務省は開戦前に米国側の誤解に基づいた本意を掴めず、そもそもそんな別の真意があるとは想像もしませんでした。だから米国へ飛んで行きませんでした。何故終戦前にソ連に仲介を頼む国策を決定しながら、ソ連政府と直接話さずに、これもまた日本のソ連大使館だけに仲介交渉を任せて終いました。日米交渉でも、ソ連への終戦工作でも第一線にいた《東郷(茂)》外務大臣と次官は動きませんでした。理由が判りません。歴史を変えたこの改竄がその後俎上に載らなかった原因の一端は、発見した西の、改竄を誤訳として原因を究めなかったこの対応です。

最後に、西は判決では傍受電報の改竄を取り上げなかったと著書で述べましたが、それは誤解でした。第三者で親米のあの判事でさえ取り上げました。傍受改竄電報がハル・ノートを出す原因と成った、日本には誠意がないとの結論に導いた、と断定しました。ハルとバレンタインも改竄電報が彼等の日本への不信を決定づけ、ハル・ノートを出させ、開戦に至らせた文書であったと証言しました。これ以上の論証は要りません、今後は、傍受改竄電報が日米開戦に導いた、とする認識が定説です。

3．改竄の首謀者ルーズベルトと日本外交の失策

ルーズベルトは米国では今でも英雄で功績があった大統領の一人です。小児マヒの病を克服して大統領迄上り詰め、世界大恐慌に際してはニューディール政策を実施して克服し、世界大戦では勝利に導いた、と云われる大統領です。

そのルーズベルトは、日本が真珠湾攻撃をした日を「恥辱の日」と名付けて、上下両院議会に日本との戦争の承認を求める演説をしました。これまでも度々引用した、彼が部下を騙してまで望んだ戦争に、漸く達成できた彼の気持ちが出ているその演説全文を、文末に掲載します。この演説の歴史的な背景と日米交渉での現場の惨状を理解して読むと、また違った歴史が見えて来ます。真珠湾の艦隊を攻撃されて怒った振りをしながら、目論見通りに国務長官を騙して日本に口火を切らせ、その成果を喜びたい一方で、陰謀がばれないか、既にばれていないか、を心配する彼の演説です。

彼はこの開戦の時点で、日本の無条件降伏と、日本を再び米国の危険にさせない - 軍隊を持たせない事を決めていた事も判りました。こんなに早くから日本の消滅に近い事を考えていたのです。実際に日本に対する初期占領方針は日本の弱体化 - 二等非工業国家化と非武装国家化でした。

演説はユーチューブでもその全部を視て聴けます。興味深いのは、彼の声の調子、素振り、間合い等です。演説の初めでは彼はそわそわと落ち着きなく、聴衆議員の反応を探る様な目付きを見せ、交渉内容を話せない彼は、米国を被害者に、日本を、交渉する振りをして時間を稼ぎ、騙し討ちで真珠湾攻撃をした卑怯者に置いて対比させ、だから日本が悪いと喊（さけ）ぶしかありませんでした。卑怯者は日本政府でも日本軍でもなく、彼でした。

ルーズベルトの無理押し

日本に戦争を始めさせたルーズベルトは、遂に独・伊と戦争ができたので、マッカラム八項目は目的を達しました。しかし、開戦直後に責任を取らされた将軍の名誉回復と日本から受けた甚大な被害で、ルーズベルト政権に対する責任追及が直後から始まりました。陸海軍も暗号を解読できていた事を隠し、その関係書類の廃棄と重要書類の公開禁止を開戦直後から始めました。それなのに、「東京裁判」では改竄された傍受電報を証拠として提出しました。そのお蔭で、この様に日米開戦の真実を知る途が拓けました。

この米国のちぐはぐさ、それが彼の国の実態なのでしょう。日本の暗号を解読した優秀な陸海軍と、ソ連スパイが跋扈（ばっこ）してハチャメチャな組織だった国務省が、併存していました。

極東国際軍事裁判所に傍受改竄電報を証拠として提出し、日本の「殺人」を証明しようと米国側を主導したのは国務省でした。それに合わせたかの様にハルは回顧本を出版し、当時は現役の国務省幹部－特別次官補であったバレンタインを検察側の顧問にして、また彼を原告側証人としての出廷を認めた事でも明らかです。国務省は、廃棄或いは海軍に返却したハズの傍受電報を省内のどこかに保管していました。どうも、ハルが傍受電文の管理者として指名した秘書の気が利き過ぎて、コピーを取って保管したので、それを取り出して「東京裁判」に使った様です。

それにしても、外務省の暗号解読ができていた証拠、それはルーズベルトが日本の真珠湾攻撃を事前に知っていた証拠を、法廷に出した蛮勇には、恐れ入ります。既に死人のルーズベルトには止められず、この提出は日本の「平和に対する」「真珠湾での殺人」を証明して利益を得ようとした人が、国務省を巻き込んで出したとしか考えられません。

この策謀は、政権内部では彼とマッカラムしか知らない事だったのでしょう。だから彼が亡くなった後に改竄を知らない国務省が、裁判にその電報を証拠として提出して、墓穴を掘りました。彼が開戦を求める上下両院議会の演説で「恥辱の日」と命名した十二月七日は、今ここで名実共に米国が「大恥を掻いた日」に成りました。自らが招いた災難を恥とも思わず他人‐日本の所為にしたその人は、フーバー元大統領が名付けた「狂人」[47]であり、スターリンと同類の賊喊捉賊（ぞくかんそくぞく）を喊（さけ）ぶ人でした。

ハル・ノートの原案は、財務省次官補でソ連のスパイであったホワイトがその骨子を作りました。交渉が成立する大前提：当事者間の信頼関係を、傍受改竄電報で崩したマッカラムがスパイであったとする情報はありません。日米の戦争を目標とした彼の活動は、米国政府・政権内に潜むソ連スパイと目的が一致していました。それだけでも日米交渉がうまく行くハズもなく。信頼関係もない中で、どう足掻こうと交渉の成立は見込めませんでした。

日本は、そのルーズベルトが持った欧州戦争へ参戦したい意思とその固さを、最後まで見抜けませんでした。参戦しない、と大統領選挙で公約までしたルーズベルトが持った矛盾を、これまた二者択一思考で推量した結果です。選挙公約に違反せずに欧州戦争への参戦を試みたアンビバレンス‐相反価値観共存を、彼は否定的でなく肯定的に捉え、二項対立を二項両立にしてのウィン・ウィン・ソルーションは、日本の「三方一両損」解決とは違う文化です。日本では無理と道理は両立しませんが、米国では「無理を通してから道理も立てる」のでした。

---

47 Herbert Hoover Freedom Betrayed: Herbert Hoover s Secret History of the Second World War and Its Aftermath, Hoover Institute Press 2011 page833

日本外交の失策 - 失敗した本質

日米交渉における歴史の訓えは、誠意のない米国、憎きハル・ノート、仕組まれた交渉決裂、国務省内に巣食ったソ連スパイが原因と言った米国に対する批判や、騙されて「可哀そうな日本」への同情論ではなく、交渉の土台ができてなく決着するハズもない交渉に、国運を賭した失敗です。

日本には交渉が結着か決裂 - 戦争かの二者択一だけではなく、結着はしないが戦争はしない、義は日本にある事を米国民に宣伝する、と言った選択肢がなかったのか等、学ぶべき点は沢山あります。特に宣伝が下手な点では、上手な米国に自国民の戦意を上げられ、誤ったイメージの「卑怯な日本」を植え付けられて、大失敗でした。傍受改竄電報も含めて、日本は情報戦で負けました。

そうです、失敗の本質は情報戦での負けでした。戦後も外務省はその責任を認識せず、反省もしていません。相手に関する情報収集力が弱く、結着できそうにもない交渉に国運を託し、秘密情報が敵に抜かれていた情報管理、等に対しての対策が聞えて来ません。決着がしないから「真珠湾攻撃して開戦」だけの対案は、余りにも貧弱でした。ダメージコントロール（被害最小化対策）もできていなかったし、この点は今でも言える我々日本人の弱点です。

気骨の足りなさも加えます。終戦でもそうでしたが「最後の男」（ラースト・マン）が出ませんでした。大器がいれば、このハル程度の人間に一喜一憂せず、その常識外れのハル・ノートを受け取っても笑い飛ばして次の手を考えたでしょう。一歩下がって二歩前進する様な柔軟さがなく、二者択一の設問 - 不名誉か戦争か - に縛られた、日本の外交でした。

当時の米国の政府内には多数のソ連スパイが入り込んでいました。ソ連のスパイはヴェノナファイルの公開により、大統領府、国務省だけではなく財務省他にも入り込んでいた事が判明しました。国家の中枢で枢要な地位を占めて、ソ連にとって都合の良い様に米国の政策を変えたり誘導したりしました。政府の中枢中の中枢で、そこで大統領と寝食を共にしたホプキンズ、レンドル法等でソ連を財政的に援けたホワイト、中華民国を援助し日本の経済封鎖を仕組んだロクリン・カリー、日米交渉が妥結しない様にしたアルジャー・ヒス等、ソ連・コミンテルンの対米工作は多種多様でした。日本に味方する政府高官が居なかった事、特に野村大使が人脈を持っていると言われた海軍関係になく、現にマッカラムにはしてやられました。

交渉相手の米国も知らない、こちらの機密情報は抜かれ放題の状況での国運を賭けた交渉は、ハル・ノートが出た時点で、将棋で言う「詰み」でした。東西でのソ連（中華民国）と米国との、大国相手の二正面戦争は、体力で劣る日本にとっては無謀でした。支那で日本に戦争を仕掛けている後ろにはコミンテルンがおり、ソ連と中華民国が三七年に不可侵条約を結んだ他に秘密の裏協定があって、対日戦のソ連の協力があるらしい、と外事警察は報告しました[※48]。ソ連のポーランド他への侵攻もあり、特に外相東郷(茂)はスターリンの恐ろしさを知っていたハズでした。その上にルーズベルトの姑息（こそく）な電報の改竄が加わりました。詰まれた時点で投了せず、必負と成る二正面で三大国相手の戦争に成って終った、失策続きの外交でした。でも失策はそれ等だけではありませんでした。

国家背信の電報文の発信

傍受・解読され改竄されて米国側の決定的な不信を招き、開戦に至らしめたその電報は、外務大臣東郷(茂)名で発信され、日本の交渉の最終的な手の内を全て網羅した、最重要な国家機密でした。

最重要なその重要施策を、決定する五日の会議前日に、甲乙両案を共に、発信した理由が全く判りません。

※48 内務省外事警察報第183号（昭和12年10月）「ソ支不可侵条約締結に関する考察」161頁～173頁

来栖が乙案を持ってワシントンに出向く予定だったにもかかわらずに、です。米国側が既に四日に知っていた乙案を米国に伝えたのは、二週間以上後の、来栖がワシントンに到着した四日後の二十日でした。暗号電とは途中での傍受・盗聴への対策です。東郷(茂)外相から野村大使に届くまでに何人もの手を経るので、盗まれたり漏れたりする可能性は十分にありました。それなのに、そしてドイツからは米国が暗号を解読できていると情報を得ていたのにもかかわらず、急ぐ必要もないのに、国家最重要機密の電報を商業ルートに託して送った、その無神経さには驚き呆れます。

リスク対策が全く為されず、その上に腹立たしいのは、甲乙両案とその説明要領を纏めて一回の電報で送信した事です。日本側の手の内を全部ばらした上に、日本の主張の論理構造も明かし、傍受し解読する側にとってみれば甲乙両案がある事で解読班がその正確さを確認できて、日本の手の内を正確に把握できたからこそ、その説明要領を本当の様な嘘への変更が可能と成り、実際に巧妙に改竄できました。だからハルとバレンタインでさえも、信じて終いました。

四日の送信は、ソ連にとっても僥倖(ぎょうこう)だったでしょう。次の表は電報が解読されて以降の主な出来事を纏めました。その表からは米ソが日独に攻勢を掛けているのが判ります。ソ連とドイツの戦線はその時-十一月初旬-では、モスクワを攻防として硬直状態に成っていました。九月初めにモスクワに総攻撃をかけたドイツ軍は、下旬にはモスクワ近郊十キロまで接近しましたが、十月七日からの降雪は防寒装備をしていなかったドイツ軍の進撃を阻みました。

モスクワ防衛に当たっていたゲオルギー・ジューコフ将軍(直前までは参謀総長)の回顧録では、「十一月二十九日の夜更け、我々(ジューコフら西部方面軍司令部員)は「最高司令部(筆者注:スターリンの事)が反抗開始の決断をした事と、作戦のための我々の案を求めていることを伝えられた。」(49)と、スターリンが二十九日に反攻を決断した、と証言しました。十二月五日からの反攻は、シベリア鉄道で来た日本軍との実戦で鍛えられた東部からの増援部隊と行われ、その部隊は大活躍しました。

十一月四日に外務省が伝えた甲乙両案とその改竄電報、二十六日のハル・ノートでの日米開戦と成りそうな事とソ連への脅威はなくなった事が、関連しています。米国政府の中枢に潜んでいたソ連のスパイは、日米交渉の進展をソ連に横流ししていたハズです。

この様に日米交渉の佳境期は、ソ連がドイツへの反撃の機会を窺っていた時で、日本政府の大方針の情報を喉から手が出るほどに必要としていました。しかしゾルゲ諜報団は十月十八日までに全員が検挙され、情報が入らなくなりました。そんな時にこの十一月四日の重要機密情報は、大統領府にも国務

(49)守屋純『検証　独ソ開戦』歴史群像　2020年4月号　No.160学研プラス

外務省機密暗号電報」解読後の重要な出来事

外務省機密暗号電報　解読後の重要な出来事

年	月	出来事	首相	外相
四〇年	二月	米軍が暗号解読に成功	近衛	松岡
	九月	日独伊が三国同盟を締結		
	十月	マッカラムが八項目を提案		
	十一月	ルーズベルトが選挙で再選		
四一年	一月	ルーズベルト演説:四つの自由		
	三月	米国 武器貸与法成立		
	四月	12日　日ソが中立条約締結		
		28日　独:米国の暗号解読を連絡		
	六月	22日　独がソ連へ侵攻		
	七月	2日　国策遂行要綱①決定		
		26日　米英日本資産凍結		
		28日　日本軍が南部仏印に進駐		
	八月	1日　米英日本への石油禁輸		豊田
		14日　米英首脳宣言(大西洋会談)		
	九月	国策要綱①撤回		
	十月	18日　ゾルゲを逮捕	東条	東郷
	十一月	4日　国策遂行要綱②を改竄		
		5日　国策遂行要綱②決定		
		20日　野村最終乙案を提示		
		26日　ハルノート出状		
		29日　スターリン対独反攻決断		
	十二月	5日　ソ連軍対独反攻開始		
		8日　日本宣戦　真珠湾攻撃		

省にも巣食っていたスパイからスターリンに渡ったでしょう。

そのソ連に米国経由で流す為に、外務省から必要もないのに流した可能性も否定できません。西側ではソ連がモスクワ近郊で十二月五日に反攻を開始し、東側では日本が現地時間七日に真珠湾を攻撃しました。どちらもスターリンが望んでいた事だし、彼は脚本までも書きました。十一月四日の電報による重要機密情報の送信は、次に挙げる点で明らかに日本国家を危険に陥れ、そして重大な損害を与えました。軽率・不注意の類いではなく、国家背信行為でした。

その背信は次の二点に集約されます：

・国家重要機密を、他の手段で可能であり、且つ緊急の必要性がなかったのにもかかわらず、傍受・解読される危険を承知で、電報で送った事（ゾルゲ逮捕後で抜けた情報を米国経由でソ連に流したのではないか？）

・甲乙両案と説明要領を一緒に送った事で、日本の手の内を全て見せ、日本の真意を容易に改竄させた事（改竄を容易とする為に一緒に送信したのではないか？）

日米開戦となると、歴史書は真珠湾の攻撃と宣戦通告の遅れを挙げるのが定番です。通告遅れ以上に、前に述べたその遅れが一大使館員の怠慢であった類いの話ではなく、もっと根本的な問題が潜んでいた様に、この十一月四日に傍受され改竄された問題も、同様です。「手渡しが遅れた」、「曲訳・誤訳された」と自動詞と受身形で歴史を語らずに、遅れる可能性があった手渡しでの手段を選択した事、傍受・解読される恐れを考えず最高機密情報を送信した事を、問題とすべきです。日本への不信からハルがノートを出したその原因は、改竄して下さいと言わんばかりに、そしてソ連にも伝わったであろう、国家遂行要綱を十一月四日に発信した外務省の行為を問題とすべきです。

宣戦通告の遅れでの外相東郷(茂)の責任

止(とど)めの失策は、米国への宣戦通告の遅れでした。通告の遅れだけではなく、遅れが判っていながら現場で臨機応変に対応しなかった点も、失策でした。

野村は訓令された時間－攻撃前に口頭で宣戦通告をして、書類は後で送付すると言えば済みました。東郷(茂)は、海軍と事前通告をする・しないの通告論議をして、それ程に事前通告を主張しておきながら、それを現場に徹底できませんでした。攻撃時間を知ったら後は興味がなかった様でした。

ワシントンの大使館員が前夜に送別会で忙しかった等の低レベルの言い訳は、「宣戦通告する前の晩は会食を禁止する」等の意味のない訓え位しか得られません。もう止めにする議論です。その当事者本人であり、最高責任者だった彼に、当時も戦後現在に至るも、責任を問う言論が出ていない事は不思議です。

加えて、後に詳しく述べますが、彼は「東京裁判」で通告遅れの原因は海軍にある様な証言をして、嶋田（当時海軍大臣）と激しくやり合いました。同じ内閣閣僚であった人に罪を擦り付ける印象を与えた彼の証言は、日本にとっても、外務省・海軍にとっても、醜態でした。再び証言台に立つ事を求めてその場で結着を付けた嶋田の対応には、この通告遅れで歴史に日本の汚点を更に重ねなかった事で救いでした。

通告遅れは、既に亡くなられた東郷(茂)の対応を俎上に載せて今更批判するのではありません。職責上は割腹自殺してお詫びするに等しい失策でした。吉田茂は日米開戦に成りそうだったら、外務大臣を辞して阻止せよと彼に迫りました。彼は、広田弘毅に相談して慰留されたから残った、と戦後に書きました。その先輩広田は「東京裁判」で陸軍以外では唯一死刑を宣告され刑死していたので、その時は死人に口なしでした。広田が言ったから免責された様な書き様にも違和感を覚えるし、通告遅れでの海軍や大使館への責任転嫁もそうです。開戦と終戦での大事を任せるには、彼は余りにも弱かったです。

スターリンに誘導され、ルーズベルトの陰謀にはまり、日本はそれまでの支那との戦争に加えて米国、英国等とも始めました。二正面どころではない戦争で、加えて黒幕にソ連がいたのですから、勝てる戦争ではありませんでした。真珠湾での奇襲は、あたかも死地へ赴く旅路のはなむけでした。

五．第二次世界大戦と外交　その三終戦と総括

戦争で物資が欠乏し、レコードは不要な産業として軍需工場に転換する等して、流行歌が流れる世情ではなくなった。

四四年末からは八幡への空襲に始まり、北から挙げると、室蘭から釜石、仙台、日立、東京、横浜、長岡、富山、福井、甲府、静岡、津、大阪、堺、明石、和歌山、岡山、呉、徳島、高松、佐世保、鹿児島、台北等の市が艦砲爆撃と空襲を受けた。そして広島と長崎に原子爆弾が落とされて、終戦を迎えた。


戦時から平時に移る時には国の実相が現れます。特に敗戦国では政変があり革命があります。日本はコミンテルン決議での目標通りに敗戦を迎えました。

日本はスターリンに、連合国のソ連一国だけに、終戦の仲介を依頼しました。スターリンもソ連も最後の最後まで仲介をする・しないを明言せず、世界大戦は終戦しても世界革命戦争を続けました。

第一次世界大戦では敗戦国のドイツ、オスマン帝国、ルーマニアは革命により政体が変わりました。戦勝国側のロシアでさえ終戦前に疲弊して、社会主義を経て共産主義国家に変わりました。

同盟国のナチス・ドイツとイタリアは終戦前に政府が瓦解（がかい）しました。イタリア王国は革命で瓦解し、新しいイタリア共和国は四三年十一月に連合国と終戦条約を結び、ドイツと日本に宣戦通告をして連合国側で終戦を迎えた程に、その寝返りは見事でした。日本の終戦は全く違いました。

1．終戦工作

日ソ中立条約の破棄

これまでも何度か言及した日ソ中立条約は、四一年四月十三日に締結し、同二五日に発効しました。正式名は『大日本帝國及「ソビエト」社會主義共和國聯邦間中立条約』でした。その有効期間は四六年（昭和二一年）四月十一日までの五年間で、「一年前に本條約の廃棄を通告せざる時は本條約は次の五年間自動的に延長せられたる」と、異議がなければ五年間の自動延長を規定しました。四五年四月五日にソ連外務大臣モロトフは、翌年四月二四日に五年の期限を迎えるその条約を延長せず、破棄する旨を佐藤尚武駐ソ大使に通告しました。四月七日に鈴木貫太郎首相・東郷(茂)外相の新内閣が誕生する直前の、ソ連らしいお祝いでした。

日本は日独伊三国同盟でのソ連に対する参戦カードを使う事もなく、ソ連を加える四国同盟も夢と成り、ソ連は用済みと成った中立条約を破棄するカードを切りました。このソ連が通告した時点では、その意図を推量できませんでした。東郷(茂)を始め、外務省、陸軍省には長年ロシアと関わった専門家が多くいたにもかかわらず。条約破りを重ねたソ連が、何故斯くもご丁寧ご親切に、条文通りの解消通告期限内に、紳士の国の様な振る舞いを見せて大臣自ら言い出した事に、裏の意図を探り、幾つかの日本が取れる対抗策を用意すべきでしたが、ソ連一途でした。

この通告は、ソ連に仲介を依頼して獲物となる自らをみすみすソ連に差し出す誘い水にも成りました。ソ連は巧妙でした。東郷(茂)外相が飛び付きました。

日ソ中立条約締結の七十一日後の六月二二日に、世界大戦を共同で始めたドイツとソ連が戦争を始めました。それから百六十九日後に日米は戦争を始めました。ドイツ軍は電撃的な勢いで進軍して十月からはモスクワの攻防戦が始まりましたが日本は米国と戦争を始めたので、ソ連は二正面攻撃を心配せずにドイツの猛攻を跳ね返せました。四三年二月にはスターリングラード（現在のボルゴグラード）の攻防戦でドイツ軍を壊滅させました。欧州西部戦線は米国の参戦で英米軍の反撃が始まり、七月には米英軍がシチリア島に上陸して東西から挟み撃ちの戦況に成りました。

ソ連は十月のモスクワでの英米ソ外相会議に続いて、十一月にテヘランで初の三国首脳会談を持ち、連合国の一角にいました。独ソ、日米の開戦を招いた中立条約は、連合国側に寝返ったソ連には無用で足枷と成り、その破棄は当然でした。

終戦工作とソ連への仲介依頼

四四年七‐八月に、サイパン、テニアン、グァム等のマリアナ諸島が陥落し、米軍はそこを基地にして、十一月よりＢ２９爆撃機による日本本土の空襲を始めました。攻勢を掛ける米軍は三月にフィリピンをほぼ制圧し、四月一日には沖縄本島に上陸を開始しました。

四選を果たしたルーズベルトは、就任直後の四五年二月にヤルタでスターリン・チャーチルと密議を凝らし、その直後の四月十二日に死亡しました。三十日にはヒトラーが自殺して、世界大戦開戦からの指導者はスターリンだけに成りました。そのスターリン・ソ連が四月五日に、中立条約の一年後の破棄を通告して来ました。

その通告から二日後に再び外務大臣に就いた東郷(茂)の対応は次でした：

「(四五年)四月五日ソ連が突如日ソ中立条約の不延長を通告してきたことは、政府を始め各方面に衝撃を与え」[50]「陸海軍統帥部首脳から、ソ連参戦防止方につき外相の積極的活動を要請した」事もあり、「五月十一日、十二、十四日の三日にわたり開催された最高戦争指導会議構成員会議において六巨頭(鈴木首相、東郷(茂)外相、米内海相、阿南陸相、梅津参謀総長、及川軍令部長‐後に豊田副武大将に交代)のみにて対ソ工作につ

50 西春彦「日本外交史第15巻日ソ国交問題」鹿島平和研究所1970年11月266頁以下同

き密議をこらし、討議の結果、
㈠ソ連の参戦防止
㈡ソ連の好意的中立の獲得
㈢戦争終結につきソ連をして有利なる仲介をなさしめる、という三つの目的をもって対ソ交渉を始める事を決定した。」

彼の考えは、ソ連の日本への侵攻を防ぐ為にソ連が得をする美味しい条件をぶら下げて和平の仲介をさせる、言わば美味しそうな獲物をぶら下げて猛獣を懐柔しようとする作戦でした。

彼がその気持ちを自著に記した当該部分は、大変重要なので、そのまま引用します：

「(最高戦争指導会議構成員会議で) 支那、スイス、スウェーデン、「ヴァチカン」等を仲介とする場合を検討したが、何れも無条件降伏という回答以上に出でざるべしとの予想に一致した。されば米英に対して我が方は相当有利な条件を以って仲介し得るのは「ソ」連以外になかるべしとの話が梅津総長より出でて、阿南陸相も「ソ」連は戦後に於て米国と対峙するに至るべき関係上日本を余り弱化することは好まざるべく相当余裕ある態度に出ることが予想せらる、と述べた。

自分 (東郷(茂)) は之に対し「ソ」連の行動が常に現実的で辛辣であるのでこの点も安心はでき兼ねることを述べたが、鈴木総理は「スターリン」首相の人柄は西郷南洲と似たものがあるようだし、この時は維新の江戸城引渡しのことを想起せられた様だ、悪くはしないような感じがするから和平の仲介もソ連に持ち込むことにしたらいいだろうと云いだした。

自分は之に就いても日本式の考えでは危険なることを述べたが、無条件降伏以上の講和に導き得る外国ありとせば「ソ」連なるべしとの考え方は自分も持って居たのであり、又陸軍の和平に対する気持は「ソ」連を通じてと云う点から誘致せられて居るのであるから、総理の主張に賛成して右の三点を目的として交渉を開始することにするが、右三点の何れから見ても相当の代償を覚悟する必要があり、尚此の点は戦後に於ける極東政策からも考慮する必要あることを述べて代償に関する審議に入った。

其大要は「ポーツマス」条約及日「ソ」基本条約を廃棄して大体日露戦役前の状況に復帰せしむる、其場合猶朝鮮の自治問題は別として之を我方に保留し、南満州は中立地帯とすること等に話し合いが纏ったので、右決定の大要を書き物にして其直後出席者一同の花押を求めて置いた。併し右書き物は五月二十五日空襲の際外務大臣官邸で焼失したので其後更に前者と同一のものを作成したが、花押は総理と自分だけに止めた。」[51]

仲介をソ連に頼もうと言い出したのが梅津美治郎陸軍参謀総長であったとは、意外でした。しかしここに出て来る鈴木首相、阿南陸相、梅津にしても出版時には既に故人だった人達で、亡くなった方達には口なしで確かめ様がありませんが、彼の言い分を基に続けます。

議論は「仲介」から入りました。直接米国と話す案はありませんでした。そして仲介国がソ連以外の他国では無条件降伏に成るので皆で一致して否定して、ソ連一国に決めたとの他人事の言い方には、違和感を覚えます。彼は革命前からのロシア・ソ連を知悉していて、ソ連との共生を推し進めた人でした。その時は外務大臣で、ソ連だけに仲介を頼む案に文句はないはずでした。ソ連の恐ろしさを知らない他の出席者だからこそ彼が、「日本式の考えでは危険なることを述べた」事は当然ですが、この様に奥歯にものが挟まった言い方をしました。躊躇したにも拘わらず、代案、別案等の他の選択肢を用意しませんでした。最初からソ連に仲介を頼む、先に結論ありきだった印象を受けます。

「斡旋（あっせん）」よりは易しい「仲介」は、第三者として当事者の日本と英米が終戦を話す場を設け両当事者

---

51 東郷茂徳『時代の一面』改造社　1952年7月　319頁

が終戦に至る様に仲を取り持つ事でした。ですがソ連は己の利害を第一優先に仲介をする振りをしただけで、何もしないどころかドサクサに紛れて襲ってきました。結果から言うのではなく、ソ連の過去の行状も調べずに、とんでもない最悪の国を仲介国に択びました。ソ連が危険なのは、その六年前にポーランド他の周辺諸国を侵略した事で明らかでした。「虎穴に入らずんば虎子を得ず」の心境だったのに、彼は虎穴にも入らず門前払いどころか逆に襲われたのを傍観するだけでした。

スターリン・ソ連が既に国内では粛清・収容所送り・強制労働を行い、近隣諸国に対しては不可侵条約を結んで侵略する蛮行を働いていた事は、調べなくとも判ったハズなのに、ソ連に、それもソ連一国だけに仲介を託した事は、発案者が誰であろうとも外交政策の大失敗でした。日米交渉での失敗に続く外務省の致命的どころか致命に至った外交失策でした。

この会議の決定を受けて東郷(茂)外相は「広田元首相に対し、マリク（駐日）大使との接触を委嘱し」、広田は六月三日を手始めに会談を重ねても、マリクはのらりくらりと生返事で乗って来ませんでした。それで工作の舞台をモスクワに移し、佐藤駐ソ大使と旧知のモロトフ外相との折衝に頼みを掛け、近衛文麿の特使派遣を七月十日の構成員会議で決定し、佐藤大使にモロトフ外相に会談を申し入れる様に十二日に訓令しました。佐藤は翌日にソ連政府に申し入れました。それは十七日からのポツダムでの英米ソ三ヶ国会談で話の肴に成っただけでした。日本の申し出は具体性がない等とソ連は難癖を付けるばかりで、決定から二ヶ月も時間を無駄にしました。

ソ連はポツダムで英米から参戦と戦後の国際協調での役割分担を求められ、一方で日本からは仲介依頼と、スターリンは欧州戦争での開戦時と同様に終戦でもモテモテでした。既にルーズベルトもヒトラーも亡くなり、チャーチルも舞台を降りる直前で、会議は彼の一人舞台でした。彼は英米の足元を視て懐具合を探り、値踏みしました。新大統領デイビッド・トルーマンは外交初舞台で、原子爆弾が唯一の外交武器でした。

ですからスターリンはどうやってより多くの戦利品と金をせしめるかに腐心していて、日本に構っている暇はありませんでした。欧州、アジア、そして枢軸国の海外領土と賠償額を、現金で払えなければ、現物資産で工場・発電所にある機械や鉄道車両等のインフラ設備での現物賠償や、場合によっては米国自身の間接賠償を求めて、交渉中でした。瀕死（ひんし）の日本への憐憫も武士の情けもなく、仲介によって日本から恵んでもらう積もり等全くなく、毟（むし）り取る事だけを算段していました。そんなソ連に仲介を託しました。直接対峙していた交渉当事者の広田も佐藤も、相手のそんな底意を感じたでしょう。ポツダムには、敗戦寸前の日本から戦利品を漁るハイエナと、戦後の国際体制に取り組んだ理想論者が集まりました。

会議開始から二日後の十九日に、十年振りに行われた英国総選挙で、チャーチル率いる保守党が敗北し、チャーチルは会談途中の二十五日に帰国して翌二十六日に内閣総辞職をし、労働党アトリー内閣が誕生しました。アトリーは会議に次席で最初から参加していたので、そのまま代表と成ったその二十六日に、米英と中華民国名で、日本軍の即時無条件降伏を日本政府に求めたポツダム宣言を発出しました。

宣言は「ソ連」の文字が一切ない、ソ連が介入する余地など全くなかった様に出されました。話し合いでの和平の余地など全くない宣言でした。ソ連のそれまでのつれない対応からして、仲介など全く無駄であった事がこの二十六日の宣言

ポツダムでの英米露トップ
左から：アトリー、トルーマン、スターリン
The National Museum(USA)所蔵

で判明したのに、逆に入っていないから脈ありと見て、東郷(茂)は佐藤大使に、三十日と八月二日にソ連の回答の催促を求める訓令を出しました。ぼろ藁に縋るだけの外交は無残でした。

八日に漸く会えた佐藤大使へのモロトフの回答は、一片の対日宣戦通告でした：

ヒトラー・ドイツの敗北及び降伏後に於ては、日本のみが戦争を継続する唯一の大国たるに至れり。三国即ち米英華の日本軍隊の無条件降伏に関する本年七月二十六日の要求は、日本より拒否されたり。依って極東戦争に関する日本政府の調停方の提案は、全くその基礎を失いたり。

日本の降伏拒否に鑑み、連合国はソ連政府に対し、且つ速やかに、一般的平和に資すべく提議せり。ソ連政府は斯かる同政府の政策が平和を促進し、各国民をこれ以上の犠牲と苦難より救い、日本人をしてドイツがその無条件降伏拒否後嘗めたる危険と破壊を回避せしめ得る唯一の手段なりと思考す。

以上の見地により、ソ連政府は明日即ち八月九日より同政府は日本と戦争状態にあるべきことを宣言する[82]。

ソ連が参戦した理由は、日本が降伏を拒否したのでソ連は日本と戦争する、という全く矛盾した論理でした。日本に非ありと言って自己の不法を尤もらしく正当化する、この文案を作ったのはスターリンでしょう。日本では最も嫌われる弁解の手法でした。ポーランドへの侵攻の際にも使ったこの様な偽善の言辞は、他人を騙す人の常套句だと肝に銘じなさい、と歴史は訓えています。

モロトフ外相は佐藤大使の本国へ伝達する無線を妨害しないとのその場での約束に反して、ソ連は大使館の電源供給を遮断しました。佐藤の電信は日本の外務省に届かず、マリク駐日大使はソ連の侵略後の九日に会見を申し入れ、実現した十日午前十一時過ぎに東郷(茂)外相に宣戦通告をしました。彼は、中立条約が有効で、

82 西春彦「日本外交史第15巻　日ソ国交問題」鹿島平和研究所 1970年11月　283頁

日本が和平の斡旋（あっせん）を求めその回答をしないで宣戦する不都合を責め、そして日本がポツダム宣言を拒否したとする主張を日本に確認もしない不当さを責めたが、マリクは真っ当な回答はしなかった、と自著に記しました。二人だけか、外務次官の松本俊一が同席していなかったのか、その言を今確かめようがありません。

戦後に佐藤は、この期間のソ連への和平斡旋依頼は全く無駄な一ヶ月であった、と回顧しました。

この終戦外交で疑問とする点は：

（1）外交方針の決定

・東郷(茂)外相がソ連だけに仲介を頼む事に同意した理由
・ソ連だけに任せる事がソ連の引き受け条件だったのか
・代案を持たなかった理由
・重光外相時の四月に、スウェーデン王室の仲介話があった。東郷(茂)が続けなかった理由
・抑々、東郷(茂)は誰と相談したのか
　（広田はマリク対策の当事者だったから、相談相手ではなかっただろう。）

（2）決定した方針の遂行

　（マリク駐日大使も、モロトフ外相も脈がなかった事は明らかだった。）

抑々、東郷(茂)自身が確かめず他人任せにした理由

（3）抑々、そんなに頼りにしたソ連は仲介を引き受けたのか（曖昧な言葉で逃げ続けた？）

（4）抑々、日本が求めた終戦は当の米国に公式に伝わったのか、不明です。

米国は佐藤大使との交信を傍受・解読していたので知ってはいましたが、原爆の投下にも関係する大事な点です。

日米交渉だけでなく終戦工作でも日本の重要な意向が伝わったか不明という外交でした。疑問点の中にこう

も「抑々」が度々出て来る位に、仲介依頼は根本的な点で謎だらけです。

ソ連をどうして見限れなかったのか？

五月十四日にソ連一国の仲介を決定しました。それから三週間後に初めてマリク大使と会い、七月十二日にモロトフ外相との会見を佐藤大使に訓令しましたが、その訓令は決定から既に二ヶ月も経っていました。これほどまでに「慎重に」ソ連に固執し、終戦工作が仲介工作に、そしてソ連工作に換わり、最後にソ連の宣戦通告を食らった外交は、ここでも惨憺たる失策でした。

六月の段階でソ連に見込みがなさそうなので、その時点で代案を検討し着手すべきではなかったのか、いや、ソ連が条約を延長しない四月の時点から、そうあるべきでした。東郷(茂)が侵攻の第一報を受けて書いた次の文は、余りにも他所事感（よそごとかん）が一杯の文章でした…

ソ連の対日参戦

然るに翌九日未明に外務省「ラジオ」室からの電話によってソ連が日本に宣戦し、満州を進撃したことを知った。即ち八日午後十一時佐藤大使が「モロトフ」委員に面会した時宣戦の通報を受けたのであるが、その会談、従って宣戦通告の電報は遂に東京には到着しなかったのである。

自分は早朝総理を訪ねて「ソ」連参戦の次第を伝え、急遽戦争終結を断行するの必要あることを述べたが、総理もこれに同意したので、同席して居た迫水書記官長から大至急戦争指導会議構成員を招集することに手筈を定めた。[53]

モスクワの日本大使館は電源を落とされて無線を使えず、佐藤は連絡ができませんでした。外務省はモスク

[53] 東郷茂徳『時代の一面』改造社　1952年7月　343頁

ワ大使館との通信がソ連に止められる事は想定外で、緊急時の対策がありませんでした。

ロシア・ソ連の実態を知っていたハズの東郷(茂)が、ソ連を信託した事はどう考えても非論理的で非常識でした。ソ連に託す決定は、当のソ連が中立条約の廃棄を通告し、四月にはドイツの敗退が目に見え、三十日にはヒトラーが自殺し、五月七日にドイツが無条件降伏をした直後でした。ソ連だけとした構成員会議でのその決定に、ソ連を一番知っている彼が反対もせずに積極的に賛成した点、そしてソ連が参戦する可能性を意図的と思える程に無視した点等、疑問だらけです。ドイツの敗退で欧州に展開していたソ連軍が東へ移動する事は、シベリア鉄道の荷動きを調べれば判るハズでした。

そのシベリア鉄道は日露戦争当時とは違って全線複線化して、見違える程の機動性・高速性と大量輸送力を持っていました。八月九日にソ連軍は東西のモンゴルとハバロフスク、そして中央のザバイカリエの三方から侵攻しました。その百六十万人もの兵站は、現地の大使館・関東軍等の情報が入って来ていたハズです。

もう一つは、日米開戦時と同様に、この終戦時にも東郷(茂)外相の他人任せだった対応です。開戦時には野村大使に、終戦時には広田元首相と佐藤大使に、そして開戦と同じ様に近衛元首相を特使で派遣しようとしました。他人頼みでした。

日米交渉は「交渉」になっていませんでした。同様に終戦工作はソ連工作に変り、終戦したい日本国の国家意思を米国に伝える工作が、伝えたかも不明な「工作」に成りました。

ソ連を唯一の仲介者と決め、元首相という代理から当時のソ連で権限があったとは思えない駐日ソ連大使に意向を伝え、駄目そうだと成ると特使派遣を駐ソ大使に交渉をさせた、絶望的と思える手段に縋ったその日本の姿は、日本が死の旅路を歩かされている様でした。

ソ連駐日大使とも外務大臣とも彼が自ら会っていれば脈はない、別な手段を用意した方が賢明だ、と早い時期―それは五月初旬にでも、判りました。もしかして、そう判明するのが恐ろしくて、意地悪な見方をすれば、最初から無駄な事と分かって時間稼ぎをして、ソ連の欧州戦域の部隊がシベリア鉄道で移動して戦闘準備が整うまで時間稼ぎに協力した、そうさせた力が外務省の中、或いは陸軍の中にあったのでは、と疑います。仲介を頼んだソ連には、日本が終戦工作をした最高機密情報が、合法的に外務省から流れました。ソ連はそれを、恰も鴨（カモ）がネギを背負って来たと、ほくそ笑んで受け取り、ポツダムでも侵攻の時でも有効に活用したでしょう。日米交渉で甲乙両案の機密情報が漏洩（ろうえい）したと同じく、終戦時にもソ連に渡しました。スターリン・ソ連の無法さを判っていながら、唯一ソ連に仲介を託した―日本の運命を託した外交は、謎だらけで理解し難いです。中立条約の延長なしを告げられてから四ヶ月間、ソ連一国への仲介依頼を決めてから三ヶ月間、外務省自身は全く動かず、負の結果だけを生みました。開戦時に次ぐ解体・出直しに値する失策でした。

広島と長崎に原爆を落とされた後のソ連が日本の領土を漁るその姿はハイエナでした。しかし事ここに至らせたソ連を、平和を愛し、諸国との約束を守り、敗色濃厚な日本の為に一肌脱いでくれると思った理由が判りません。結果が出た後からは何とでも言えますが、この様なロシアの偽善で偽計の体質は、清への侵略でも、ポーランドへの侵略でも、観ました。

東郷(茂)外相はソ連の飽くなき侵略性を現場で、例えばノモンハンの結末をポーランド人が知ったら、彼は共犯者ではないかと疑われる位に、侵略を目の当たりにした当事者でした。満州への侵略では、日本人に本当に惨たらしい屠殺に等しい虐殺を行い、投降した兵士を捕虜にして奴隷に等しい苦役を強いました。ポーランドへの侵略でも、同じ事が起きたであろうと想像できます。八月九日は、ロシア人の残忍な本性を記憶する日であり、日本外交の失策を記憶する日です。

ここで萩原延壽の終戦工作の評を引用します。東郷(茂)を擁護する彼でさえも同様な批評でした：

《第三に、ソ連の和平の仲介を依頼するという東郷(茂)の構想は、基本的には国内対策、つまり、これによって軍部の強硬派を押さえこみ、これを終戦の方向に誘導する方策であったと思うが、そこに一脈、駐ソ大使時代の記憶、とくに離任にあたってモロトフからうけた賛辞の記憶が流れていなかったかどうか－これが終戦時の東郷(茂)の対ソ政策に関する筆者の感慨である。

とくにその感をふかくするのは、七月二十六日の「ポツダム宣言」発表以降、ポツダムからモスクワに帰るモロトフを待ち、その意向の打診を佐藤尚武大使に命じる東郷(茂)にたいしてであるが、この疑問、いや、感慨は、依然筆者の中での「未定稿」である。

八月八日、ようやく面会に応じたモロトフが佐藤に告げたのが、日本への宣戦の通告であったことは、いうまでもない。》[54]と。荻原でさえ、ソ連一途だった彼に疑問を超えて呆れました。

では話に出た佐藤尚武大使が、ソ連に対する仲介依頼をどの様にしたのかを述べます。

佐藤は一八八二年生まれで、〇五年に外交官試験に合格して外務省入省、支那、欧州の大使を歴任し、国際連盟での日本の事務局長を務め、三三年の連盟脱退時には松岡洋右首席代表と共に議場を退席しました。硬派ではなく幣原喜重郎の平和協調が主義で、その為に外相時代には「軟弱外交」と軍から非難されました。佐藤は外相東郷(茂)に請われて四一年十一月に五十九歳で外務省顧問に就く程に、外交畑での経験豊かさと見識を買われていました。その佐藤に東郷(茂)はソ連大使の任を懇請しました。彼は最初に話があった時に「東郷さん、それは冗談だろう、と云ってその場をお茶に濁して大臣室を出て終った。」そうで、その後何度か頼まれ、東郷(茂)が勝手とも言える程に話を進めて、乃公出でずんばと成り、引き受けました。

54 東郷茂徳「時代の一面－東郷茂徳外交手記」　原書房　1985年5月

佐藤は東郷(茂)に二ケ月だけ早い同じ歳でしたが、外務省入省は七年先輩でした。四二年三月に決まったソ連大使にはもっと若い人を当てるべきとの意見を持っていて、彼の子分とも言える西外務次官の案もあった中で、それ程に佐藤にこだわった理由を以下で推測します。

当時もソ連大使が大変だった事を佐藤が自著に詳しく書いていますが、日本は米国との戦争に入った直後で、陸軍や重光葵外相が進めたソ連を日本側に抱き込もうとか、中立条約を不可侵新条約への衣替えを目論んだ外交に、疑問を持っていました。

日本にとり四五年に入って戦局は急速に悪化し、日本は制空権・制海権を失って空襲を受け初め、ドイツはレニングラード攻防戦とノルマンディー戦敗退後で、ソ連軍と英米連合軍は夫々東西からドイツ国境に迫り、日本もドイツも敗色濃厚と成り、降伏は時間の問題でした。二月にはヤルタで会談が開かれ、日独の戦後は決定しました。ヤルタ会談での秘密協定に盛り込まれたソ連の対日参戦条項は、ソ連が満州・千島に侵入した時まで日本は知りませんでした。ソ連が四月五日に中立条約の不延長を佐藤に通告した事で、条約は翌四六年四月二四日に五年の期限を迎えての終了が決まりました。

佐藤はその後に、東郷へ親展の電報を二度送りました。最初は六月八日に、ソ連の中立の立場を維持させる以上の事 - 例えば日ソ関係の強化や仲介工作のお願い等は、虫が良すぎる申し出だと：

《万一ソ連にして我の弱り目に付け込み、俄然（がぜん）態度を豹変（ひょうへん）し我に対して武力干渉をさえ辞せずとする如き決意を示すに至らば、我が方としては最早如何とも成し難しというに帰着せざるを得ず。大勝を博したる後の赤軍はすべての点において我に優越すること素人目にも明らかにして、遺憾ながら現在の在満皇軍は到底彼の敵にあらず。加うるに米英空軍もその場合シベリアに基地を進出せしむべきは当然にして、彼我勢力の懸隔は余りにも甚だしく、帝国の前途もはや救うに由なきに至るべし。幸い目下のところにてはソ連の態度に斷くの如き気配見受けられざるも、不幸にして彼に於て積極的干渉に乗り出し来る形勢ともならば、我は逸早く意を決して、彼の懐に飛び込み鉛を飲む思いをもって、全ての犠牲を忍び国体擁護の一途にいずるほかなしと考えおれり。

本電守島公使へ披見相成たし≫、と打電しました。

佐藤の見解と見通しは的確で、その後のソ連の侵略行為をズバリ予想していました。この電報は米国も傍受していてバーンズ国務長官も読んだ事を、佐藤はその著書で明かしました。

しかし当時東郷(茂)は広田‐マリク会談に熱心で、佐藤にはその会談が持たれていた事を知らさずに、会談が不調に成ってから、モロトフと会ってソ連側の回答を催促する訓令を出しました。

佐藤は「この大臣のやり方にたいして非常に不満を感じた」が、職務上モロトフに七月十一日に問い合わせたところ、モロトフは「木で鼻をくくった様な」回答で、マリクから詳細が来てから返事したい、でした。それを報告したら翌十二日には天皇の特使として親書を携えた近衛公を派遣するので、ソ連側のアポ取得の訓令でした。東郷(茂)外相と佐藤駐ソ大使の話は、噛み合っていません。

この訓令に佐藤は、「陛下の思し召しによって平和克服の申し入れをすることになれば、陛下に責任を背負って頂くことになり、その結果如何によっては、不測の禍を招くかも知れない」と考えて、モロトフに取り次ぐ事を躊躇しました。「なぜ政府が自己の責任において平和の申し入れを為さないのかを、不甲斐なく感じた。」のです。十三日にソ連には近衛特使の派遣とそれは天皇陛下の内意に依るものと伝えました。佐藤も同じ様に『東郷(茂)、オマエ自分でやれよ』と言いたかったのです。スターリンとモロトフには会えず、代理に渡しました。二人はソ連占領下のベルリン近郊ポツダムで十七日から英米との会談に臨む為で、それは秘密でした。

そして二十日には二度目の意見電を送りました：（太字には筆者がした）

「**(日独)防共協定以来のわが対外政策は破綻**」し、「今次戦争の将来は絶望的」である。「抵抗を続け居る現状を速やかに終止し、既に互角の立場にあらずして無益に死地につかんとする幾十万の人命をつなぎ、以て国家滅亡の一歩前においてこれを食い止め七千万同胞を塗炭の苦より救い、民族の生存を保存せん事のみを念願す。」と書きました。終戦の道しか選択がない、その道を先ず取って国体の護持を目指せ、とする無条件降伏で条件を掴む策を採れ、とする建言で、「虎穴に入れ」でした。

この後の日本側の対応について佐藤は記していません。東郷(茂)の著書から引用します：

《佐藤大使から話合いによる和平は見込みなしと思うから、直に無条件降伏をなすを可とするとの意見を電報して来た。

しかし政府としては闘うもの及びここ迄困難に堪えた国民の気持ちも考える必要があり、又従来の成り行きをも考えないで直に無条件降伏をなす訳にはゆかない。又無条件降伏をなすとなれば「ソ」連に仲介を依頼する必要もないことであるから、佐藤大使には二十一日に電報して「ソ」連政府に対し我方申し出の趣旨は「ソ」連政府の尽力に依り戦争を速に終結せしむるよう斡旋をもとむるものなること、又近衛公は日「ソ」関係の調整につき交渉を進むると共に戦争終結に関する日本の具体的意図を齎してモスクワに赴くものなることを説明し其理解を得るよう訓令した。

然るにこの電報の配達は甚だしく遅延したので二十五日に至って佐藤大使から「ロゾフスキー」に申し入れたが、同人は熱心且丁重に之を聴取した上政府に伝達し成るべく速に回答すべきと旨を答えたとの電報があった。》(注：ソロモン・ロゾフスキーは外務人民委員で、モロトフ外相の留守中の代理)

「破綻した外交」を取り繕うとする東郷(茂)、佐藤とのやり取りは絶望的に噛み合っていませんでした。国運を左右する一刻を争う大事なこの時に、この様な会話が現場で交わされていた事に驚きます。この現場での実際の出来事を歴史の鏡とする点です。

佐藤はもうソ連に頼れない、交渉しても無駄だ、日ソ間の問題ではなく日本と連合国、特に日米間の問題と言っているのに、東郷(茂)は無条件降伏をする位ならば「ソ」連に仲介を依頼する必要もないから、こうやってソ連に頼るのだ、とする彼の答えは、もう終戦工作ではなくソ連工作でした。その上に東郷(茂)は、仲介でなく更に難しい「斡旋（あっせん）」とまで言い出しました。こうして両者の言い分をそのまま対比して記して置けば、将来いつかは理解可能に成る、と確信します。

又、近衛公が日ソ関係の何を調整するのか、戦争終結に関する具体的な意図とは何か、他にも疑問が多々あります。しかし、この外交の現場で起った事実を記して先に進みます。

ところで東郷(茂)外相は、何故に佐藤をモスクワ大使に任命したのでしょうか。外相経験者で主要国の大使を務め国際機関でも活躍した当時既に六十歳を超えた外務省のOBとも言える方に、重責のソ連大使を自ら三顧の礼を以て迎えた方なのに、終戦工作の大事な時に佐藤の献策を無視し、寧ろその反対の事を訓令しました。果たして二人のどちらが、国益に資する方案だったでしょうか。佐藤は「**無益に死地につかんとする幾十万の人命をつなぐ**」為に、「**死中の活を求めて**」無条件降伏でも先ず終戦を提案しました。一方東郷(茂)は「**ここ迄困難に堪えた国民の気持ちも考える**」と国民をダシに、無条件降伏でない終戦をソ連に縋り、そのソ連は「藁」だと言う佐藤の意見を退け、最後まで「**頑固で意地っ張りで己の主張を何度でも呆れる程繰り返す**」彼の地そのものでした。

佐藤を大使にした事で、大使佐藤は東郷(茂)外相に意見を具申できると同時に、東郷(茂)がそれを無視する権限を与えました。その為に佐藤を大使にしたのではないかとも推測されます。佐藤は顧問か枢密院委員のままであった方が日本の為には良かったでしょう。

日米交渉でも同じで開戦と終戦での最前線での外交はこの様に絶望的でした。日米開戦で指摘した外務省であり日本の弱点が、この終戦工作でも出ました。その弱点とは、ソ連に対する情報の収集・漏洩（ろうえい）対策が絶対的に不足し、ソ連の仲介が思う様に行かなくなった場合の最悪の被害（満州・日本本土侵攻等）を想定した対策が、そしてソ連の他にも仲介の依頼をする多様な選択肢の確保が、要は最悪なケースを想定した代案を考えていませんでした。

2. 開戦時と終戦時の外務大臣　東郷茂徳

東郷(茂)は開戦時と終戦時の外務大臣に就いて、大変な重責を担いました。開戦前のその責は、米国と交渉して日本国をして戦争に至らしめない事であり、終戦前はより有利な条件で米英等の連合国 - 特に米国との交渉で終戦に至らしめる責務でした。「有利な条件」とは優先順位に言えば、国体護持、日本国が自ら統治する事を前提とした連合軍の間接占領、戦争犯罪者の日本政府自らによる処罰、等でした。極めて重責にあった東郷(茂)外相であり外務省は、それ等の責を全く果たせず、結果はどちらも真逆で最悪でした。彼が、強い軍部の中で精一杯に務めたと言った努力の問題ではなく、結果を残せず、寧ろ害をもたらした事実は如何なる弁解も排除します。失敗の「細部に宿る神」を探してみると、それ等の失策は単なる怠慢とか無能だけではなく、もっと大きな問題点を孕み、それは今現在にもつながります。敢えてその様な細部に踏み込んで、問題点を出します。

外交は外務省の専管事項です。それを託されたにもかかわらず、ソ連のポーランド侵攻を傍観して明日は我が身とも露思わず、米国と真面な交渉もできずに戦争に入って終い、終戦では侵略常習国のソ連を唯一の仲介国と頼って日本の運命を託し、そのソ連に侵略される結果を招きました。世界大戦での開戦と終戦で、日本外交はボロボロでした。

原因の一つ目は、外務省に主体性がなかったからです。だから情報の価値が判らず、当事者として必要な情報を持てず、情報の漏洩（ろうえい）を許し、持っても有効に活用できずに他人任せでした。

それで、スターリンの近くにいてドイツ駐在大使よりも情勢を把握できる立場にいた東郷(茂)は、ノモンハン戦争でのソ連の意図、ポーランド侵攻前の独ソの動き、ソ連のポーランド侵攻等で日本へは悉く結果とは反対に成った見通しを報告しました。平沼内閣を潰したその報告者が、一番大事な時に外務大臣に就きました。

日本と米国が戦争へ大きく舵を切ったのは、十一月五日に決定した帝国国策遂行要領、それは所謂甲乙案を含めた国策でしたが、この国策が米国に傍受され暗号が解読されて、その上に「日本は誠意がない」と判断される程に改竄（かいざん）されて、米国の判断を誤らせて終いました。改竄した米国も悪いですが、そんな改竄を許し、それに気付かず、日本には誠意がないと思っている米国に気付かず、そして日本の誠意は必ず伝わると根拠もなく信じて、交渉を進めた外務省の責任は重いです。

問題は、抑々この国策にも内在しました。国策は一度近衛内閣の時に作成されましたが、九月六日の御前会議で取り下げられました。しかし、東条首相が再度出して通しました。その改訂した国策では、十一月末までに日米交渉が決着しない場合には武力発動を決定しました。時限爆弾のスイッチを押したのも同然でした、東郷(茂)は反対せずに、決定の前日には野村にその国策案の内容を電報して、それが米国に傍受されたのでした。

彼はこの極秘であった国策の電報を、何故その為に米国へ赴く来栖に託さなかったのか、そして三国同盟を調印して米国側に白い目で見られていたその来栖を、全権委任大使でその説明の為に米国に派遣したのか、夫々が間違いでした。

筆者は八十・九十年代に何十億円、何百億円ものプラントの入札応札資料とその金額を記した見積書を海外へ持参した経験があります。郵送や電話・テレックス等では途中での漏洩を恐れたし、持参した段ボール数箱の書類を飛行機の貨物室には預けずに、機内に持ち込んで足元に置きました。こうまでして入札会場まで持って行きました。機中での食事・飲食等それこそ生きる為に食べただけで、その入札書類の作成の為に徹夜した後でも、ゆっくり眠れませんでした。

その当時でも盗聴される恐れがある事から電報とか、テレックス（加入電信）での送信文での特に数字は、暗号化して送信した位で、傍受・盗聴・漏洩がある前提でした。

ドイツ大使館からは電報が傍受され解読されていると連絡を受けていたにもかかわらず、その電報の為に特命大使が米国に出張するにもかかわらず、無謀にも電報を打ったのは、信じられない程の機密情報に対する保護意識の欠如でした。

二つ目は国務省に対する日頃からの外交活動が欠如していた事です。ルーズベルト外交の実務を担ったハル国務長官と極東部、その部員のバレンタインに対してのコミュニケーション活動が、ハルの回想録やバレンタインの極東国際軍事裁判所での証言からは読み取れません。その関係の構図は、一方的に日本に対する不信を止めどもなく高めて行く米国と、不誠実で傲慢な米国の態度に呆れる日本、でした。この不信感のスパイラルを感知し、対応を取るべき外務大臣なり幹部は、期限が到来する最後まで交渉の表舞台に立たず、現場の雰囲気も知らずに、米国を説得しろ、交渉の期限は十一月二十五日までだ、できないと大変な事に成る、等の訓令を出すだけでした。

終戦前のソ連を仲介国にした事でも同じ様な対応でした。現場の駐ソ連大使が無理だ、無駄だ、と意見を出しているのにもかかわらず、彼は無理で無駄な訓令を最後まで出し続けました。日本の命運を決した極めて大事な時に、現場では絶望的な会話をしていた事に、驚き呆れるばかりです。

戦後、ノモンハン戦争と世界大戦の開始について彼は回想手記『時代の一面』で、その大戦でのドイツ・ソ連の立場と、ノモンハン戦争での東郷自身の立ち位置を書きました。彼の軽重の付け方が判るので、少し長く成りますがその一連の文章を引用します（太字は筆者による）：

《**第二次世界大戦勃発** 右（独ソ）不可侵条約の締結によって**日独伊三国同盟は一寸姿を隠したが**、欧州では八月初め頃より不穏を加えた「ダンチッヒ」復帰運動が回廊返還問題迄拡大し、英国政府の熱心なる斡旋に拘らず、形成は急転直下悪化の一路を辿るのみであった。遂に独ポーランド国境に於てポーランド兵が独の正規兵に砲火を向けたとの理由で「ヒトラー」が九月一日に早朝ポーランド進撃の命令を下したので第二次世界大戦の序幕は切って下された。

此れにつれて思い出されるのは、その前日「モスコー」郊外に催された園遊会のことである。「モスコー」郊外の日本大使館の別荘は家屋は矮小であるが庭が広く園遊会に適するので、二三週日前から八月三一日を期して在モスクワ外交団の全部を案内して置いた。然るに英仏「ソ」交渉の決裂、独「ソ」不可侵条約の締結、回廊問題の危機化と続き続きに局面の緊張を来し、殊に同日には独ポーランド関係が累卵の危きにあることが刻々在モスクワ関係国大使館に伝わって来るので極度の緊張裡に園遊会が開かれたのである。各国大公使始め官員は家族同伴多数参集したが、何れも一抹の不安を胸に蔵するの模様であった。**独ポーランド大使館よりは殊に多数の来会を見たが双方睨み合いの姿であり、盟邦同士懇談に耽るものがあり、帰去来往もあわただしく、珍しき光景を演じたが、これが第二次世界大戦前に於ける在モスクワ全外交団の会合した最後のものとなった。**

しかし英仏両国とも九月三日ドイツと交戦状態に入ることとなったが、曩に（筆者注：「以前に」の意味）ポーランドに進入したドイツ軍は三週日を出でずして**ポーランド全部を壊滅に陥れた。**

ノモンハン事件処理 此の間満蒙国境にも相当の波乱があった。予て満州国に於ては自己の領域と主張し来った「ノモンハン」地域に「ソ」蒙兵が進入したことにより衝突が惹起（じゃっき）せられ（**ノモンハン事件ノ経緯及交渉ハ前述漁業問題ノ経緯ト**共ニ詳細記述スルコト）**該地域の争奪の目的を以てする戦闘**は逐次規模を大にして飛行機戦車をも使用するに至り、相当大規模の戦闘が行われた。よって東京では関東軍に自重を求むると共に、自分に「ソ」側と交渉して時局を収集すべき旨の訓令を寄越した。自分は双方共大軍を準備して対峙して居るのであるから交渉開始の上萬々一不調となる場合には戦争ともなり兼ねないのであるから、交渉に入る以上之を成功に導く決意あるべきを上申し、電報を往復した結果凡てを自分に一任するとのことであった。依って当時係争中の諸問題の解決方を提議し、先ず「ノモンハン」事件より解決することとなったが、予が日「ソ」双方軍隊は現在の線に於て停戦に入り、而して速やかに国境画定の交渉に入るべきを提議したるに対し、「モロトフ」人民委員は日本軍が蒙古領に侵入せしものなれば、「ノモンハン」地域より直ちに撤去すべきことを主張するので、予は日本軍は満州国領域なるを信じて行動するものなれば国境画定前に退去し得ざるは当然なりと抗議し、先方の反省を求めて議決せず、一時は破裂とさえ思わるゝ程であったが、九月十六日モロトフは予の主張を容れ、現在線に於て停戦に入ること、速やかに国境画定委員会を設置することとし、本件は妥結した。これで日ソ間の国交断絶をも救ったというので東京からの感謝に接したが、予が東京が大いに憂えた日ソ国交断絶を救ったのは前の漁業問題の時と合わせて二回である。

その後問題は現地に移ったが日満「ソ」蒙四国の現地交渉では何らの進展を見ないので、再び本事件の関係の諸事件をモスクワにて自分と「モロトフ」との交渉に移されることとなり、俘虜(ふりょ)交換、「ノモンハン」地域国境の国土確定を了することとなった。「モロトフ」は右地域中日満が最も重要視する「アルジャン」地区は之を満州国の所属とするに異存なしと云うので、他の地域は凡て之を蒙古領とするに同意して本件を決定し、さらに現地にて境界測定をなすこととなった。一九四一年八月之を了えたとの趣で満州国張総理から予の労を大いに感謝する旨の書簡を送って来た。尚関東軍も之によって「ソ」連との戦争に導かんとする意図を有しなかった計りでなく、該地域は真に満州国の一部と考えたことは其の後同軍幹部の所感によって明らかであった。尚本事件の結果関東軍が自重して「ソ」連への手出しを控えたことも事実である。

尚右「ノモンハン」事件の交渉に入る数日前、「シュレンブルグ」ドイツ大使は自分を来訪し、日本が本件に

つきドイツ側の斡旋又は助力を希望せらるゝ場合には喜んでこれに応ずべしとの申し出があったが、予は本件に就ては十分考慮を加えつゝあること、並びに交戦国たるドイツに仲介を求むることは好ましからずとの理由で之を断ったことがある。》[55]

東郷（茂）は、ノモンハンでの出来事は国境での領土紛争で、ドイツだけがポーランドに侵攻、そのドイツからの斡旋の申し出に、ドイツは戦争をしている国だからと断ったと記しました。ドイツが仲介を申し出た事が、ノモンハンが東西の戦域を結んだ接点であった証しです。ソ連の参戦を求めるドイツと、ノモンハン戦争を理由に参戦を渋り、参戦時機を窺っていたソ連でした。

この回想手記は、彼が巣鴨刑務所とその後病気で入院した先で書いたものですが、それはもちろん自身の視点‐「東京裁判」で「平和に対する罪」の起訴に対して、無罪を主張して闘った末に禁固二十年の判決を受けて巣鴨で服役中の身‐で書いたハズです。特に翌日にドイツのポーランドへの侵攻があったパーティの描写は、オカシク、「日本」がどこにもありません。そのポーランドの運命ともドイツの運命とも日本は重なるハズですが、それがなく恰も彼は日本ではなく神の様な、他人事の視点でした。当時の彼は悠長にお酒を飲んでいられる大使ではありませんでした。

ノモンハン戦争の停戦交渉中であったし、ソ独の不可侵条約締結で平沼内閣は三日前の二十八日に瓦解し、前日三十日に阿部信行内閣ができたばかりで、日本の前途にも先が見えない時でした。ましてや二十日に成って独ソ不可侵条約の成立を「突如として発表せられ」た事で、その条約の内容等の情報収集に追われていたハズでした。平沼首相に欧州の情勢を複雑怪奇と言わしめたソ連に関する情報不足の原因の一端は、現地大使東

55 東郷茂徳「時代の一面」改造社　1952年7月　127～130頁

郷(茂)でした。

首相迄もが状況を把握できずについ愚痴って辞任した程に、外務省と現地大使館からの総合的な情報がなかったからで、その現地大使は彼でした。三十一日のこのパーティでは、彼は各国大使等の間を飛び回って情報収集に努めたハズですが、文章にはその意気込みが見えて来ません。

そんな切迫感もないこの文章は本当にオカシイ、です。世界大戦とノモンハン戦争が関係も関連もない、とするこの認識が一般的に成ったのは、現場にいた当人がこの様な情報を発信した事が一因でした。歴史的な現場の証人と成った大使ともあろう方が、それを弁えずに他所事の様に観ていたのは奇妙です。彼は、世界大戦と日米開戦の時に、現場の劈頭にいた第一人者でした。

彼が朝鮮人の出自だから言っているのではありません。そうでなくとも発した疑問です。人でありその上に日本の看板を背負った大使ならば、持つハズの視点であり立場でした。

その「時代の一面」での、米国への開戦通知が遅れた件は、「不愉快なる事件」であり、「東京側の責任はなかった」とする、これ又他人事感一杯の事を書きました。ノモンハン戦争・世界大戦開戦での記述で受けた同様な違和感を覚えます。嶋田(海軍大臣)も違和感を覚えて、「東京裁判」で彼と論争をしました。その事は「東京裁判」の所で詳述します。

「時代の一面」は五十二年に出版され、八十五年に再出版され、その後テレビドラマが彼を取り上げ、彼の故郷に記念館が建ちました。彼を見直すに動きに合わせたかの様に、本はロシアでもソ連が瓦解した直後の一九九六年に出版されました。ロシア近現代史家瀧澤一郎は、ロシアでの出版は、著者とその人物が「自国の国益に裨益するものであり「親ソ・親露的」と判定されていると、見てよい。」と、稀な出版と記しました[56]。

そのロシア語本を紹介するＨＰでは彼を、三〇年代に日ソ関係の正常化に努力し、中立協定の締結を提案し、世界大戦中は平和な関係を提唱した外相と、紹介しています。これまで余り調べられず言及される事も少なかった彼は、昭和史の中で極めて重要な第一線にいました。その彼が何故か日本では忘れられています。調べると、その謎の中に昭和史のツボがありました。彼は昭和史ジグソーパズルの大事な一片でした。彼にはまだまだ謎があり過ぎます。ロシアは彼を学び評価している、日本でも負けずに研究すれば、未だ残る謎から更に先人の訓えを得られます。

Воспоминания
японского дипломата
（一外交官の回想）
（『時代の一面』ロシア語版）

3．世界大戦の黒幕 - スターリン

近現代史の最重要テーマ：「第二次世界大戦」がこれまで定義が曖昧だった原因は、厳密に定義されると戦後に政治・学問の覇権を握っていた人達 - 四五年版史観派 - が困るからです。事実を積み重ねて歴史を検証されると戦勝利得一派は困るので、歴史の真実を求める人を歴史修正主義者 - リビジョニスト - とレッテルを張り、ネオナチス、極右、等と人非人の如く罵って研究を邪魔して来ましたが、研究の進歩は止められません。二十年以上も前のソフトを現在のパソコンでは使えない様に、旧い史観では見通しも利きません。

56 瀧澤一郎『スターリンは西郷南洲？』治安フォーラム　平成25年7月号 立花書房　56頁

第二次世界大戦　各開戦の共通点

三五年のコミンテルン決議から世界各地で統一戦線ができ、スペイン内乱、支那での共産党の策動等に観られた国単位での小さな「燻（くすぶ）り」の中に、独ソ不可侵条約が投じられ、ドイツのポーランド侵入で火の手は一挙に拡大し、ソ連の参戦で欧州全域に拡がり、日米の開戦で世界規模に拡がりました。最初は参戦国が欧州諸国家とソ連だけでしたが、米国と日本が加わった事で資本主義主要国家全てが参戦して、コミンテルン決議が求めた文字通りに世界大戦‐世界中の地域で資本主義国家同士の戦争に成りました。

日米戦争が、欧州戦争とは別個に独立して戦争が始まった様に書く史書がほとんどですが、そうではありません。欧州戦争と支那・アジア・太平洋戦争が関連あった事は、既述の通りです。

欧州で始まった戦争から一年後に日本は独伊と三国同盟を締結しました。成立した時のドイツ大使は来栖三郎で大島ではありませんでした。前年の八月にソ連と不可侵条約を結んだドイツの、日独伊防共協定に違反した政治責任を取った平沼騏一郎内閣の総辞職に関連して、大島の大使辞任が十二月に認められたからです。だが彼とドイツとの縁は深く、親米と言われた後任の来栖では荷が重く、一年後の四十年十二月に再任されました。

ソ連も加えた四ヶ国同盟の話も出ていた中で、日本はその同盟に期待しそれが支那での戦争終了に役立つものと考えて、三国同盟から約半年後に日ソ中立条約を締結しました。スターリンが大喜びした事は書きました。ドイツもソ連との同盟に役立つものと考えて賛成しました。

ドイツとソ連が戦争を始めた際には、日ソ中立条約と三国同盟は矛盾するものと成り、中立条約は同盟に基づく日本の東側からのソ連への攻撃カードと、ドイツへの支援カードを殺す事に成りました。ドイツは同盟に基づき外交筋等を使って日本の参戦を要求してきたし、日本はソ連が負けそうに成れば参戦を、と考えていました。

ソ連からすれば、中立条約は二正面作戦を防げる、或いは心置きなくドイツに侵攻できるから、スターリンは交渉妥結に大喜びして、シベリア鉄道で帰る松岡外相を、酩酊（めいてい）していながら珍しくモスクワ駅まで見送りに行った程でした。日ソ友好の最初にして最後の場面でした。彼が後にも先にもこれほどに嬉しさを表に出し、美酒に酔ってモスクワ駅まで自ら見送りに出た首脳は、他にいませんでした。

ヒトラーは前年四〇年七月に、ソ連侵攻計画の作成を国防軍と陸軍参謀本部に命じました。そして十一月のモロトフとの会談とその後のソ連側の対応から、彼はソ連と対決する事を決しました。日本でも独ソ戦の噂がある事を、ゾルゲは松岡が欧州へ出発する前にソ連へ報告しました。

スターリンにはドイツにいたスパイからも報告があっただろうし、それで日本との条約の締結に大喜びしました。ゾルゲも中立条約が結ばれた報道に大喜びした、と取り調べで供述しました[57]。

松岡が欧州に出張し独伊と三国同盟を確認した時に、独ソが戦争を始める噂を聞いていたはずですが、松岡も中立条約が締結できてスターリンと大喜びしました。松岡は、二ヶ月後にはドイツと戦争を始めたソ連と、日本の選択を縛りソ連だけにメリットがあった条約を結びました。彼を外務大臣に任命したのは近衛でした。

スターリンが世界革命戦争を実行したとする仮説に続く、二つ目の仮説が成り立ちます。それは、日本からの背面攻撃の恐れがなくなったスターリンは、「欧州戦争を拡大させる為にドイツに侵攻するか、侵攻を受けて立つ」事でした。ドイツへの電撃侵攻戦か迎撃消耗戦での対抗でした。その為に自らは首相と成って行政府を先ずドイツのソ連の侵攻を受ける態勢‐抵抗しない態勢にした事です。

57『外事警察概況』龍溪書舎 1980年7月30日 448～449頁

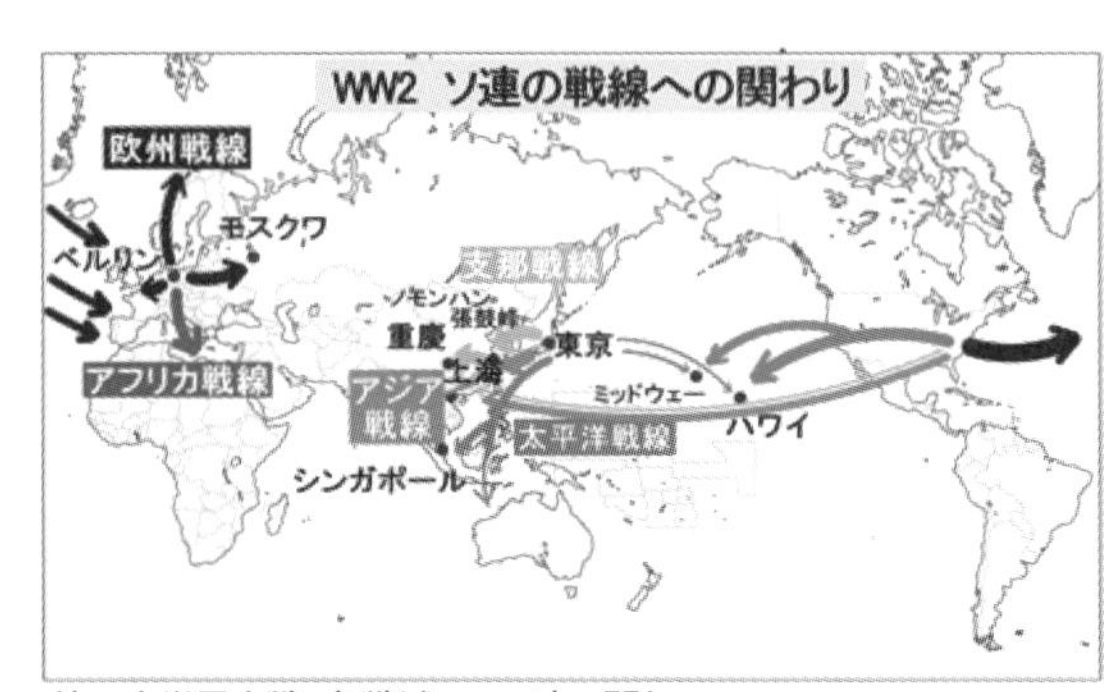

第二次世界大戦　各戦域へのソ連の関与

ドイツがソ連へ侵攻した「動機」は、それに直結する軍事行動で最も大事な「作戦目標」が何であったかの議論があるハズですが、未だ解明されていません。その点で本文の仮説では、スターリンの作戦目標は明確でした。進行中であった英独間の講和交渉を潰し、戦域を一気に欧州全域に拡大させ、ソ連は反ドイツと成って連合国側へ入り、戦争を連合国対枢軸国の世界大戦にしたのですから、彼の目的は達せられたし、仮説は合理的です。

日ソ中立条約は独ソ開戦でのソ連の立場を強め、欧州での戦域の拡大を援け、ソ連の脅威がなくなった日本は南進し易く成り、そうする様に、日本と戦争を始めたい米国やゾルゲ諜報団は促しました。要は日米が対決する可能性を高め、実際に日本は米国と半年後に戦争を始めました。松岡は、日本の首を絞める条約をソ連と結んだ事に成ります。

ドイツがソ連へ攻め込み、消耗戦に切り替えたソ連に対し、ナポレオンの二の舞と成るモスクワ攻撃まで行いました。これまた同様に冬将軍とソ連軍の反攻で総崩れと成り、ドイツの運命を決したと、ドイツのソ連への侵攻が無謀であった様に歴史書は書きます。しかし独ソ開戦の所で述べた様に、歴史は見直しが始まって、今その最中です。

このドイツとソ連の不可解な開戦の経緯を改めて調べると、ノモンハンでも盧溝橋でも、そして真珠湾でも、「戦争が起きた」と、恰も火山の爆発の様にある日突然に勃発した、と説いたこれまでの歴史観を覆す何か法則がありそうな事に、気が付きました。スターリンはドイツにソ連への侵攻を嗾けました。第一次世界大戦はセルビアの一青年による一発の拳銃弾が正に引き金と成って、戦端が開かれましたが、第二次は仕組まれて起るべくして起きました。その象徴が独ソ不可侵条約調印で、署名に使われたその二本のペンが第二次世界大戦を拓きました。

世界革命戦争は、スターリンがコミンテルンの決議で狼煙を上げたのが最初です。支那で戦端の口火を切り、ノモンハンでの衝突を利用して、ドイツにポーランドへの侵攻を誘って欧州戦争の戦端を開かせました。英国がドイツに征服されそうになって、欧州がドイツの征服下に成る恐れが出ると、ドイツをしてソ連との戦争に引き込み、一方東側では米国に日本と戦端を開かせて、それまでの欧州限定戦争を文字通り第二次の世界戦争にしました。コミンテルンが決議した資本主義国家同士の戦争、その為に自らも戦争の種火を世界各地にばらまいた結果が、世界大戦でした。

世界大戦での戦場であった支那戦域、欧州戦争、アジア・太平洋戦争では、日本もその全ての戦争の開戦に関与しましたが、その度合いの強さと主導権を握った行動力の点では、全世界の中枢部にスパイを忍ばせたスターリン・ソ連には敵いませんでした。それを可能にさせたのが機動力・大量輸送力に勝るシベリア鉄道でした。鉄道は四一年七月に全線複線化しました。大量の兵員と武器を一気に高速で輸送できる点では、主役であった船を凌駕（りょうが）しました。捕虜や囚人をシベリアにある収容所へ輸送する事でも活躍しました。世界大戦の主戦場は、欧州であり、支那であり、アジアであって、決して太平洋に浮かぶ島々ではありませんでした。そのユーラシア大陸に跨がったシベリア鉄道沿線での主戦場を、西から東まで操る事が可能で、実際に操った人はスターリン以外にはいませんでした。ヒトラーも、ルーズベルトも、チャーチルも、東条もできませんでした。

ヒトラーはゾルゲに出し抜かれ、ルーズベルトはソ連のスパイだった補佐官達に操られ、日本政府の改竄した傍受電報を使って部下を騙し、東条等の日本の首相はソ連とスターリンに関する情報も米国の情報も取れずに、ゾルゲと電報の傍受で盗られっ放しでした。スターリンは世界主要国の最高機密情報を入手して敵を見つけ、その弱点を見つけて倒す事で、ソ連と己を護りました。前人未踏な人間‐超限的なスターリン‐は、世界大戦を最初から最後まで取り仕切り、戦争で敵を倒すビジネスモデルを確立させた、「天地開闢(かいびゃく)以来の異人」でした。

戦争はしたくない、するべきではない、戦争は人倫に反する、平和に反する、と言った俗論を利用し、戦争でソ連より武器が優れ、工業力がある国家を倒す、或いは革命を起して、その国家を打ち倒す、その様な戦争と革命を使った国家ビジネスモデルを最初に打ち立てた人が、スターリンでした。

ケナンは彼が「与えられた天賦の才は、極めて、単純で、尤もらしい口をきき、一見毒にも薬にもならない、そのような言葉遣いだった。それはあらゆる独創的な意味に於て天地創造以来全く起源を持たなかった」と、言葉遣いが天地開闢以来の独創性を持っていたと評しましたが、それだけではなく、戦争をビジネスのネタとした点でも独創性がありました。超限人の彼を群盲が象を評する様に、何とか述べよう、それも短い言葉でと努力して、この様に書いています。

「平和に対する罪」は誰が犯したか？

世界革命戦争はスターリンの「花咲爺さん」ならぬ「戦争起し名人」によって企画され、コミンテルンで世界中の共産党と共に鬨の声を上げ、盧溝橋での一発の銃声が世界大戦への開始を告げる号砲だった、とする三つ目の仮説を立てました。その仮説を支えるのはコミンテルン決議であり、彼以外にノモンハン戦争から、ポーランド侵攻、独ソ開戦、日米開戦に関与した人はいないからです。三五年の決議から四五年の終戦までで、それ等の出来事は一直線上にありました。

傍証の一つが、スイスにあった国際法を論評する権威ある雑誌が三九年七 - 九月号に掲載した記事[58]です。その記事は、スターリンが独ソ不可侵条約を締結する四日前の八月十九日に、ソ連共産党政治局で行った演説を紹介しました。スターリンはソ連が戦争の決定権を握っている事、ドイツと不可侵条約を結んで世界大戦にする等の、その五年前にコミンテルンが決議した世界革命戦争の戦略をベースにした、当面の方針を述べました。コミンテルンの決議 - 世界革命戦争 - が、五年後の世界大戦直前でも実行されていた証しです。

三つの仮説を纏めると、①スターリンは世界革命戦争を実行した、②スターリンは欧州戦争を拡大させる為にドイツに侵攻するか侵攻を受けて立つ事にした、③世界革命戦争はスターリンによって企画され、コミンテルンで世界中の共産党と共に鬨の声を上げ、盧溝橋での一発の銃声が世界大戦への開始を告げる号砲だった、とするこの三つの仮説は蓋然性が極めて高いです。支那の泥沼から抜け出られない日本は、ソ連との中立条約の「お蔭」で南方へ資源を求めて結局は米国と戦争を始めて、世界大戦に成りました。「東京裁判」の下敷きになった田中上奏文を元にした日本の世界侵略論が、如何に幼稚かが判ります。

次の表は各戦域での日独英米ソ五ヶ国の開戦への関与を示します。

日本とソ連は全てに関与し、ソ連の関与度が一番高く、詰まりソ連が世界大戦を始めましたし、日本が盧溝橋・ノモンハン・真珠湾で利用され、重要な役割を果たした事が判ります。ソ連が「(本心は嬉しいのだが)嫌々そうにして」参戦する上で、日本はスターリンの為に「脇役」を演じました。ソ連のポーランド侵攻では、ドイツと一緒に侵攻しなかったアリバイ作りと、侵攻時機の調整弁役で協力しました。スターリンがドイツと戦争する前には、中立条約を結んで東西挟撃をなくして「差し上げ」、ドイツをじっくり引き込んでも逆転攻

58 ILA(International Law Association), Stalin's speech to the Politburo, Revue de Droit International (International Law Review) P.247-249, No.3 July-Sept.1939

勢ができる様にしてやったからです。結果的にソ連は日本のお蔭でポーランドの領地と欧州東側を支配下に治める事ができましたから、貢献してくれた東郷(茂)と松岡を歓待したのは当然でした。

抑々ソ連と結んだ基本条約（一九二五年一月）、ノモンハン停戦協定（三九年九月十六日）、中立条約（四一年四月）は、全てソ連側だけに有利でした。東郷(茂)が締結に主導的な役割を果たした事は既述の通りです。基本条約締結の際に懸念した共産主義運動家の活動は、ゾルゲの活動で現実と成り、ノモンハン戦争は「東京裁判」で日本の侵略行為だったと罵られ、中立条約は破られ、これほどまでのソ連の違約に対して、その場その場で適宜に日本政府・外務省がその非を指摘したとは聞きません。中立条約締結半年後にゾルゲ事件が発覚し、裏でソ連が暗躍した事が明白に成ったのだから、その基本条約の違約を糾すべきであったのに、それをしたとは聞きません。それどころか当事者の東郷(茂)も松岡も、協定や条約の締結を成果だったと誇りました。歴史に学んでいませんでした。

その上にルーズベルトに騙されて米国と戦争を始めて、スターリンもコミンテルンも望んだ、世界的規模での資本主義国家間の戦争となる世界大戦にして仕舞いました。戦後は日ソ友好が語られ、今又日露友好が語られようとも、スターリンが巧緻に長けていた事を肝に銘じ、日本が彼の陰謀を一番よく知る国である事、そし

第二次世界大戦　各戦争の開戦と当事者・関与者

第二次世界大戦　各戦争の開戦と当事者・関与者

戦争／当事者	出来事	発生 場所	発生 年月	発生 理由	開戦 当事者		開戦への関与 日本	ソ連	独	米国	英国
支那戦争	日中開戦	北京盧溝橋	一九三七・七	中共(?)が日・中軍へ発砲	日中両軍	中共・コミンテルン	◎	◎	×	×	×
	ノモンハン	蒙・満州国境	一九三九・五	(蒙・ソ軍の国境侵犯？	日蒙両軍	ソ連軍	◎	◎	×	×	×
欧州戦争	独・ソ波蘭	独ソポ国境	一九三九・九	独ソ不可侵条波蘭分割	独ソとポ軍		○	◎	◎	×	○
	独ソ開戦	独ソ国境	一九四一・六	独軍の侵攻	独ソ両軍		○	◎	◎	×	○
アジア・太平洋戦争	日米開戦	米真珠湾	一九四一・十二	太平洋艦隊撃破	日米両軍	コミンテルン	◎	○	×	◎	○

てそのソ連は、契約を守らなかった事を踏まえ、その手口を広く世に知らしめなさい、と歴史は訓えています。

世界が大戦へたどった途は、支那で始まり欧州戦争と成り、アジア・太平洋戦争と成って世界的規模の大戦に成りました。これ等の戦域は全て因果で結ばれています。その支那での戦争の始まりは盧溝橋事件の引き金と成ったのが西安事件です。その元は、中共が急速に国民党へ擦り寄って統一戦線、歴史用語で云えば国共合作とした事です。合作の源は、コミンテルン決議の「人民統一戦線」方針でした。もう一度、その決議とコミンテルンが必死に否定した「噂話」を思い起しましょう。コミンテルン決議が、祖国ソ連の「祖父」スターリンの方針・戦略と一致させた事は明らかです。

三五年のコミンテルン第七回大会は、「共産主義国家祖国のソ連の防衛と世界での共産主義国家建設の為に、各国での共産革命への準備と資本主義国家間を戦争に導く大衆運動としての、幅広い統一戦線作り」を決議しました。加えて、「恰も共産主義者が戦争に依る革命を期待して戦争を欲するかの如き中傷的断案を断乎として排撃す。」と、防共陣営の「偽言」を態々(わざわざ)否定する決議にしました。そして四三年五月に「そんな噂が未だあるので、その噂を終りにする為に、コミンテルンを解散する」と、スターリンは自身が記者会見で答えました。コミンテルンは彼が解散させました。

スターリンは、枢軸国のナチス・ドイツと組んでポーランド・バルト三国を得ました。連合国に寝返った後はフィンランドから領土を分捕り、日本からも分捕り、間接的ですがドイツからも分捕り、その上に戦勝国の判事でニュールンベルクと東京での裁判で正義面ができたのですから、彼の成果は、「素晴らしかった」の一言です。戦争をさせて、闘いが終った戦場で戦利品を漁り、負けて困窮した国に集(たか)り・乗っ取る、究極の戦争漁り屋の戦争ビジネスモデルを確立しました。世界大戦は日本の終戦宣言で終りましたが、彼は戦争中毒なので世界革命戦争を止められませんでした。戦争なしには生きて行けないから、死ぬまで求め、核兵器を保有した途端に再開したのが、最後と成った朝鮮戦争でした。家族よりも、祖国よりも、人民よりも、何よりも彼が愛して起した一連の戦争が、「スターリンの世界革命戦争」です。

スターリンは、一九二四年にレーニンから政権を引き継いだ直後は「韜光養晦」(とうこうようかい)[8]に徹し、隣国ポーランド、フィンランド、バルト三国とは三一年に不可侵条約を結んで、猫被りをしていました。中華民国、日本とも結び、それ等全てに違約しました。彼はその違約を恥じるどころか、罪を逃れ、罪は他人に被せ、その他人を自ら裁いた、彼のその手口は「至高の芸術作品」でした。

ソ連‐スターリンの人倫にも悖(もと)る行いは、その戦争捕虜軍人と侵攻地の住民の扱いにも表れていました。ドイツ、ポーランド、バルト三国、フィンランド、満州、樺太・千島で敵軍の将兵と住民は、捕虜と成って奴隷同然の苛酷な労働を強いられ、或いは移住を強いられました。

その軍人と住民等民間人の大凡の人数は、日本軍人六十万人、ドイツ軍人三百万人、ポーランドが軍民合わせて五十万人等、その他を入れた合計は五百万人位でした。スターリンはそれ程多くの人をシベリア鉄道で収容所に送り、タダ同然のコストで労働させて施設や製品を作らせました。それはスターリンの戦争ビジネスの一環でした。

スターリンもルーズベルトと同様に「賊喊捉賊」で、二人は戦争を起したい同じ思いを持った同志でした。戦後はその賊が裁判官にまで出世して他人に罪を擦り付けた点でも、彼は古人の智慧や諺を超えた人でした。スターリンは一九三〇‐五〇年代に既に則と法と常識を遥かに超えた戦い‐超限戦を実践していました。戦争

(8) 中国の対外政策を形容する言葉で、意図を隠してその目的の為に密かに爪を研いで時機を待つ戦術を言う

をしたくない、犠牲者は少なく、人民・国民の兵士は大切に等の人倫は持たず、戦争を起し、人間と相手国家を消耗させる為に、自国の軍隊でも国民でも消費財の如くその消耗を厭いませんでした。

そんな事は、民主主義であり言論の自由が保証される国家では不可能です。だからルーズベルトもそこまではできず、だからソ連は「満州・支那盗り」で米国に勝てました。その米国が彼の次に倒す対象でした。人民の生命財産を顧慮せずに、社会財産の発電所、堤防、橋、等を破壊できるソ連共産主義独裁国家のみが可能であったし、今もその体制を持つ国家だけができる事です。超限戦は彼が創成し確立し、中国はそれを今様の孫子の兵法風にリメーク（作り直し）して使っています。

未だ高校生だった筆者に父は夜行列車の中で、「スリだ！と叫んだ奴がスリだ」と教えました。経験からの智慧で、当時は理解できませんでしたが、この事でした。

スターリンは権力を掌握した二四年から亡くなる五三年までは、自ら作った「敵」との戦いに明け暮れました。自己の権力を脅かすトロッキー等の政敵の粛清に始まり、人民の敵・革命の敵を次々と収容所に送って、強制労働で消耗品の如く酷使し、共産国でなく或いは友好国でなければ敵国として、国境を接する日本、米国、中華民国等の全ての国と、戦争をしました。

スターリンは独裁と戦争を両輪に政治を推し進め、それを「平和的な共存」「平和を固守」「ソ連共産党の平和愛好の努力」[60]等の美辞で隠して、日本を、そして世界を、騙しました。ノーベル平和賞の受賞者を決定する委員会までも騙しました。委員会は「第二次世界大戦を終了させた尽力」で四五年にハルに授与しました。戦争を起した人に平和賞を与えた悪い冗談でしたが、スターリンも同年と四八年の受賞候補者の一人でした。

---

(60)スターリン著　スターリン全集刊行会訳　『平和的共存』　国民文庫社　1955（国会図書館所蔵）より

もしもスターリンに授与していたら、本当に悪い冗談でした。それだけスターリンは人知超えの超限人でした。レーニンが「彼は余りにも粗暴だ。スターリンを党書記長職から他に移し、より優れ、忠実で、思いやりのある人物を任命するべきだ」と遺書に書いたのも、悪い冗談でした。一九二三年に、人民を弾圧した事で有名なＧＰＵ（秘密警察）長官等の悪仲間との酒席で、スターリンが漏らした本音でしょうが、それも恐ろしい冗談でした：「わしの人生最大の楽しみは、敵を暴き、十分に準備して復讐し、それから安心して寝ることだ。」[61]と。レーニンは無責任でした。生前はスターリンを使いたいだけ使ってクビにしませんでした。その遺言が無責任な冗談と思ったら、スターリンはその通りに凶暴でした。レーニンにこき使われたお返しに、彼はレーニンの遺体から著書まで独り占めにして好い様に使い尽くしました。スターリンのその恐ろしい言葉は、大口叩きの冗談かと思ったら、現実と成り日本も日露戦争の復讐をされました。

スターリンは安心して寝ました。レーニンの意向に沿わず、そして酷使しても呪われなかったのでしょう、安心して寝ました。レーニンとスターリンの悪い冗談は、どれも心から笑えないロシア風冗談でした。

スターリンは、敵を作って復讐する楽しみの為に、世界的な規模で敵を創り戦争をしました。彼－スターリン－は間違いなく「近現代にこれ以上の策士」はいないと云う事で、想像を超える人－「超限人」で、彼こそが、世界の平和を唱えながら戦争を起し、世界と平和を破壊した人でした。

世界革命戦争と四五年版史観

世界大戦とは連合国と枢軸国との戦いに正義の連合国が悪の日本とドイツに勝利して終った大戦、とする終戦後に生まれた歴史観が、「四五年版史観」です。それは、ファシズムとの戦い史観、「東京裁判」史観、日本

61 産経新聞・斎藤勉『スターリン秘録』産経新聞ニュース・サービス　2001年3月、原典はロバート・タッカー『スターリン、権力への道』

残虐史観、十五年戦争史観等の変形バージョンを持ちますが、基本は変わりなく、それはスターリンの一連の「多大な実績・策謀」を隠した史観でもあります。

世界大戦が終っても彼は戦争を続けましたから、欧州では冷戦に、アジアでは熱戦に成りました。四五年版史観では、「鉄のカーテンが下りた」と、自動詞での抒情詩的な表現でしかできない事態でした。旧い史観に替わる、世界大戦の実相を捉え、近現代史が判り、先を読める史観が必要です。

日本の敗戦は、日本が築いたソ連と共産主義への防共堤が崩れ、その波が満州から朝鮮半島と支那へ侵入して、支那での国民党と中共の闘い（国共内戦）が一九四九年十月に中共の勝利と成り、朝鮮半島では五〇年六月に北朝鮮が南へ侵攻して、朝鮮戦争に成りました。

米国は北朝鮮軍の補給源であった満州の爆撃や満州進攻まで考えました。マッカーサーがそれを主張し、トルーマンはそれ故に彼を解任しました。もしも米軍が満州に入ろうものなら、米国は間違いなくドイツ、日本に次ぐ、三匹目のドジョウに成りました。その頃には米国は少し真面に成りましたが、日本の進出にあれ程反対した仏印であったベトナムでも、同じ失敗を重ねる事に成りました。

日本が戦前に防ソ・防共の最前線として闘い護った満州・朝鮮半島、南北仏印は、何方も熱戦の最前線と成り、米国はそこで膨大な戦費と人命を失った上に、共産国家を誕生させて終いました。

日本が築いた防共堤を壊した途端に自身が共産主義の波に直接に対峙する羽目に成って、戦争に巻き込まれて犠牲者を出し、共産国家を誕生させた訳です。

朝鮮戦争での国連軍派遣を決めた安全保障理事会での決議に、当然拒否権を発動すると思われたソ連が欠席して派遣を間接的に認めた事は、当時から謎でした。四五年版史観では解けません。スターリンは、出席して反対したら国連軍派遣はなくなる、賛成したら国連軍として北朝鮮軍と闘う事に成る、で、欠席して国連軍を派遣させれば戦争を更に拡大できる、と考えました。争いを起して燃え上がらせてこそ、「戦争起し名人」でした。

が、その名人も五三年三月五日に亡くなりました。享年七十四歳、死因は脳溢血でした。四ヶ月後の七月二七日に朝鮮戦争が休戦に入ったのは当然で、三五年八月から始まって十八年間の長きに亘って続いたスターリンの世界革命戦争は、漸く終りました。遺志と成った世界革命戦争はソ連が瓦解するまで続きました。日本は負けませんでした。「戦争起し名人」の結果－彼の業績－が次の表です：

コミンテルン決議からの「スターリンの世界革命戦争」

出来事	年月	ソ連の目的
コミンテルン決議	35年8月	ソ連防衛、統一戦線 世界革命戦争の狼煙
西安事件	36年12月12日	国共合作
盧溝橋事件	37年7月7日	日支戦争誘発
張鼓峯侵攻	38年7月11日	日支戦争での支那への支援と日本軍陽動
ノモンハン侵攻	39年5月11日	
（独ソ不可侵条約）	39年8月23日	欧州での戦争誘発
第二次世界大戦	39年9月1日	欧州戦線が出来た
ポーランド侵攻	39年9月17日	欧州戦線の拡大
バルト三国侵攻	39年9〜10月	欧州戦線の拡大
フィンランド侵攻	39年11月30日	欧州戦線の拡大
（日ソ中立条約）	41年4月13日	日本は欧州戦線中立
ドイツと戦争	41年6月22日	欧州全面戦線へ拡大
日米開戦	41年12月8日	世界大戦へ拡大
日本侵攻	45年8月9日	日本侵略
朝鮮戦争	50年6月25日	米国に戦争負担
（スターリン死亡）	53年3月5日	

「スターリンの世界革命戦争」の定義は以下です：「一九三五年八月のコミンテルン世界大会の決議からスターリンの死直後の五十三年七月の朝鮮戦争休戦までの、スターリンが世界共産化による世界制覇を目指した戦争。最初にドイツと日本がその標的に成った。支那での盧溝橋事件やノモンハン戦争等の地域的な紛争を経て、世界中の主要大国を巻き込んだ世界規模の戦争（第二次世界大戦：三九年八月にソ連とドイツが条約を締結して九月からの両国のポーランド侵攻から始まり、日米が開戦して文字通り世界規模の大戦に成った、ユーラシア大陸の東西と太平洋を主戦場に、日本が敗戦した一九四五年八月迄続いた戦争）を含む。スターリン・ソ連は結果的に領土の拡張と、東欧・バルト三国・支那・満州・モンゴル・朝鮮半島北部・インドシナ半島の一部を新たな勢力下にした。そして自身の

侵略の責任をニュールンベルクと東京で裁判と称して、ドイツと日本に被せた。日本は、そのスターリン・ソ連の攻勢に国家を分断もされず、衛星国にもならずに、負けなかった。」

世界大戦は、スターリンの世界革命戦争の一環でした。その定義は：「〈第二次世界大戦〉スターリン・ソ連が共産主義を世界に拡大させる為に戦争で疲弊させて革命を引き起す戦争（世界革命戦争）の一環の戦争。三九年八月にソ連とドイツが条約を締結して九月からの両国によるポーランド侵攻から始まり、その後の独ソ戦とルーズベルトが起した日米の闘いに他の主要国も加わってユーラシア大陸の東西と太平洋を主戦場とし文字通り世界的規模の大戦と成った。四五年五月のドイツの降伏に続き、八月に日本への原子爆弾の投下とソ連の侵攻によって日本がポツダム宣言を受け容れて降伏した四五年九月迄続いた。ソ連スターリンと米国のルーズベルトが始めて、スターリンが締め括った世界的規模の大戦。全ての主戦場で闘った日本は大戦を一番良く知る国家です。」、です。

日本は支那戦域では盧溝橋で、支那・欧州戦争ではノモンハンで、太平洋戦域では真珠湾で、スターリンとルーズベルトに挑発され、世界大戦への途を開く準主役を演じる羽目に成りました。日本はスターリンが世界制覇を目論んだ戦争に、知らずに協力して終いました。日本よりも強大な国に戦争を挑発された場合に、どの様に対処すれば良かったのか、その課題に取り組みなさい、と訓えます。

既に現実に同様な問題が存在します。尖閣諸島で挑発を繰り返し、台湾への侵攻を窺う中国です。盧溝橋の、ノモンハンの、真珠湾の訓えが、そこ尖閣と台湾で生かせます。

日本より強大な仮想敵国との情報戦に負けず、対抗できる同盟を組み、情報を集め、その得た情報で状況を総合的に分析・理解し、交渉する際には取れる選択肢をできるだけ多く持って、相手の真意を掴んで事態の打開を図る様に努める、事です。

更には、挑発しても乗らない日本に対して、どんな手段に出るかも想定し、選択肢のある対抗策を用意して置き、そして決して「諸国民の公正と信義を」を信じず、頼らない事です。挑発する相手のその次の手を読んで、その対処を想定して対応する事です。

＊＊＊＊＊＊＊＊＊＊＊＊＊＊

第二次世界大戦での日本外交の有様をまとめて

第四章から六章の「第二次世界大戦と外交」で、世界大戦の開戦から終戦までの日本外交を診て来ました。三五年八月のコミンテルン大会で決議した世界革命戦争の狼煙に抗して、三六年十一月にドイツと防共協定を結んだ迄は時代と世界の流れに沿っていましたが、その後は失策続きでした。先ず、支那での三六年十二月の西安事件からの国共合作と中華民国とソ連の接近を掴んでいなかったからです。スターリン・中共による盧溝橋事件から続く「戦争起し」も掴めませんでした。張鼓峰とノモンハン戦争でのソ連の作戦目標を、独ソ不可侵条約でのスターリンの意図等を、米国が機密公電を解読できた事も、国家遂行要綱を解読される恐れのある電報で送付して改竄を許した事も、日本の国策要綱甲乙案を米国側に正しく伝えてない事も、掴めませんでした。日米交渉はその為にハル・ノートを出されて決裂し、米英仏蘭露支等の大国を相手にした多正面戦争を始めて終いました。米国への宣戦通告遅れ、ソ連に終戦の仲介を頼んだ事、ソ連が仲介する意思がない事を覚らなかった事、そしてソ連の満州侵攻を予想もしなかった等の、国家の重大な局面で失策は続きました。

これ等失策の中で、その集大成は二正面戦争に至った日米交渉の失敗でした。その原因は日本の国策を米国に伝えられなかった外交の失策に尽きます。その失策はハル・ノートを出させて終った外交でした。米国側交渉相手と日頃の信頼関係を築けず、改竄電報を上回る正しい甲乙案を米国側に伝達できない程に、言語伝達能力の弱い外交でした。これ等の失策を当人は己の責任とは思わず、これ迄は原因を究めないままでしたから、誰もそれ等の失策の責任を取っていません。

東郷(茂)は、張鼓峰・ノモンハン戦争の際にはソ連駐在大使でソ連側と停戦交渉を行い、独ソ不可侵条約締結と世界大戦欧州戦争開戦の際には、状況を把握し本国に正確な情報を送るべき当事者の駐ソ連大使でした。又日米開戦と終戦と「東京裁判」の際には、外務大臣と裁判での被告でした。これ等大事な局面に第一線にいた当事者でした。これまで述べて来た様に、彼が発信した情報は全てと言っても良い程に、現実と違いました し、為した事・判断した事も間違いました。その間違いに大切な歴史の訓えがありました。何故か彼は歴史書に取り上げられません。特にその失策が取り上げられず、意味不明な「悲劇の外相」で取り上げられた位です。

彼には多くの疑問があります。駐ソ連大使の時には、ノモンハンと欧州戦争の開戦との関連を気が付かなかった事、幾度か会ったスターリンを書き記さなかった事です。そして外務大臣の時には、極秘の国策要綱を出張する来栖に託さずに漏洩(ろうえい)の恐れがある電報で送った事、宣戦通告を、東京でグルー大使に手渡せば済むのに、ハルへの手渡しにこだわった事、それと終戦の際に最後までソ連の仲介に日本の運命を託した事です。日米交渉・ソ連への仲介のどちらにも、何故彼が自ら現場に出向かず他人任せにしたのか、等も疑問です。研究する価値は大いにあります。

終戦時内閣の鈴木首相が、ソ連に仲介を依頼するかを議論した閣議で、スターリンを「西郷南洲と似て、悪くはしない感じがするから、和平の仲介もソ連に頼もう」と評価した時に、ケナンが持ったスターリン評を持って止めていたら、終戦の形は全く違いました。最高学府を出たエリートの彼が愚鈍であったとは思えません。理由が他にあるハズです。

終戦の間際に成っても「戦争を起し名人」を政府の要人は気付きませんでしたが、ゾルゲに利用されたから か近衛文麿（と天皇陛下への上奏文の文案を書いたと云われる吉田茂）は気付いていたので、それには救われます。その上奏文は彼が陛下から最近の情勢を問われ、四五年二月に出しました。今直ぐ終戦すべき、コミンテルンの第七回大会からソ連は世界赤化政策を推し進めていて、敗戦後の共産革命が一番の危険だ、ソ連は占領国で親ソ容共政権を樹立させている、日本は軍に親ソ的な一派が勢力を持っているので今直ぐその一派を一掃すべき、との趣旨でした。その部分を引用します（太字は筆者が加筆した）：

　敗戦は遺憾ながら最早必至なりと存候、以下此前提の下に申述べ候。

　敗戦は我が国体の瑕瑾たるべきも、英米の世論は今日までの所国体の変更と迄は進み居らず（勿論一部には過激論あり、又将来いかに変化するやは測知し難し）随って敗戦だけならば国体上は、さまで憂える要なしと存候国体護持の建前より最も憂ふべきは敗戦よりも敗戦に伴ふて起ることあるべき共産革命に御候。

　つらつら思ふに我国内外の情勢は今や共産革命に向って急速度に進行しつつありと存候即國外に於ては蘇連の異常なる進出に御座候。**我國民は蘇連の意図は的確に把握し居らず、かの一九三五年人民戦線戦術即二段革命戦術採用以来殊に最近コミンテルン解散以来、赤化の危険を軽視する傾向顕著なるが、これは皮相且安易なる見方と存じ候ソ連は究極に於て世界赤化政策を捨てざる事は最近欧州諸国に対する露骨なる策動により明瞭となりつゝある次第に御座候**

　ソ連は欧州に於て其周辺諸国にはソヴィエット的政権を爾余の諸國には少くとも親ソ容共政権を樹立せんとし、着々其工作を進め、現に大部分成功を見つゝある現状に有之候。（途中略）

　戦局の前途に付き何等か一縷でも打開の望ありと言ふならば格別なれど、敗戦必至の前提の下に論ずれば勝利の見込なき戦争を之以上継続するは、全く共産党の手に乗るものと存候。随て国体護持の立場よりすれば、一日も速に戦争終結の方途を講ずべきものなりと確信仕候。

戦争終結に対する最大の障害は満洲事変以来今日の事態にまで時局を推進し来たりし軍部内のかの一味の存在なりと存候。彼等は已に戦争遂行の自信を失い居るも、今迄の面目上、飽くまで抵抗可致者と存ぜられ候。（結論は：）此の一味を一掃し軍部の建て直しを実行する事は、共産革命より日本を救ふ前提先決條件なれば、（天皇陛下の）非常の御勇斷をこそ望ましく奉存候。⑫

日本はスターリンに利用され、戦争も仕掛けられ、侵略国の汚名を被されました。失策の原因は、情報戦に負けた事です。情報を得られず、こちらの情報は盗られっ放しで、発信が下手でした。

情報の取得で言えば、コミンテルン第七回大会の決議は外事警察報で入っていましたが、それが実際に生かされていませんでした。近衛文麿は政権を退いてから知った様でした。そしてスターリンに関する情報が、特に彼が「戦争起し屋」であった事を匂わす情報が政府幹部に入った様には見えません。これまでの研究では出て来ませんでした。張鼓峰・ノモンハン戦争でのソ連の作戦目標も掴めませんでした。同様にルーズベルトに関しても、ハルに関しても、掴んでいませんでした。

情報戦は益々重要に成ります。そこが弱かった、と昭和史は語っています。

⑫近衛文麿　上奏文（国立国会図書館　近衛文麿関係文書マイクロフィルムより）

戦艦プリンス・オブ・ウエールズ号と巡洋戦艦レパルスの運命

日本は、十二月八日に英国にも宣戦通告し、マレー半島北からシンガポールを攻略した。マレーシア北部タイ領の南支那海に面したソンクラに上陸する日本軍を阻止する為に、英国は海軍で二番目に重要だった戦艦プリンス・オブ・ウエールズ号と巡洋戦艦レパルスを投入した。

十日にマレー沖合で海戦と成り、日本海軍は真珠湾と同様に空と潜水艦からの魚雷攻撃で、同戦艦と巡洋戦艦を撃沈して英国東洋艦隊を壊滅させ、その後にシンガポールの制圧に成功した。

プリンス・オブ・ウエールズは一九三七年に建造を始め、一九四一年一月に竣工した。戦艦は大戦中にできた最新鋭艦であったが、就航直後にドイツ海軍との海戦で被弾した。修理後の八月にチャーチルを乗せて、カナダニューファンドランド島沖でのルーズベルトと大西洋憲章を生んだ会談の場所と成り、そして十月にアジアに派遣された。英国の二番艦が戦闘中の欧州戦域を離れ、アジアに回航されたのだ。米海軍のマッカラムが策定した八項目挑発条項に従った、日本挑発作戦の一環であった。その二番艦が開戦直後に撃沈されて、チャーチルと英国民は衝撃を受けた。

筆者は一九九〇年代初めに、このレパルスを建造した会社に、製品の売り込みで随分と通った。会議室にはプリンス・オブ・ウエールズとレパルスの写真が飾ってあって、幹部の方が、「これを、沈められた」と無念そうに語った事を思い出す。大英帝国が誇った戦艦を撃沈された事を口に出す位に、当時でも対日感情は複雑だったが、その会社は注文を出してくれたし、意地悪もされなかった。

それがジョンブル魂と理解した。

六．戦後、占領

敗戦での終戦、占領された日本、兎に角明るく生きようと歌ってもどこか寂しい「リンゴの唄」が流行った。

日本は到頭（とうとう）負けました。天皇陛下は四五年八月十五日に終戦を宣言しました。九月二日に東京湾に停泊した米艦ミズーリ号の艦上で日本は「降伏文書」に署名して降伏が確定し、世界大戦は終り、日本は連合国軍の占領下に入りました。敗戦の衝撃と物資の欠乏故に、コミンテルン決議が求めた敗戦革命の条件は整いました。それに輪を掛けたのが同時に始まった指導者の追放と、彼等を犯罪人にする「裁判」でした。指導者がいなく成れば新しい指導者が必要に成り、マッカーサーがそのトップを演じ、日本共産党（日共）も指導者もどきを演じました。こうして終戦直後は本当に革命前夜の様相に成りました。スターリンが求めた事態で、通説で言う平和は訪れず、革命と内戦と無秩序の危機に直面しました。ソ連は平和を騙って戦争を続け、米国は戦勝の正当性を求めました。高校生用教科書[63]には占領軍は民主化を進めたと記されますが、民主化と称されたその実態は名ばかりの真逆な、マッカーサーの独裁による三権分立も言論の自由もなかった統治でした。

そのマッカーサーも米国政府も、嬉々として読んでいた日本政府の機密電信が原文と違った文に変更されていた事を、「東京裁判」で自国の弁護人に指摘されるまでは知っていませんでした。当の米国政府とマッカーサーは、日本が誠意なき日米交渉を行って不法な戦争を始めた事を明かして、勝利の正当化に自信満々でした。

63 『歴史総合　近代から現代へ』岸本美緒　鈴木淳他　山川出版社　2023年3月発行

1．米国の戦勝正当化と四五年版史観の誕生

世界大戦の勝者米国とソ連は、勝利の正当性にこだわりそれを求めました。米国は原爆投下に、ソ連は日本への侵攻に、両国にはその正当性がない為で、日本とドイツを悪者にする点で一致し、ニュールンベルクと東京の裁判で協力しました。四五年版史観が誕生した時でした。特に米国は終戦直後から必死でした。広島・長崎への原爆投下を、真珠湾攻撃等の日本軍の不法と残虐な行為を宣伝する事で、正当化を試みました。

占領から二週間も経たない四五年（昭和二十）九月十五日に朝日新聞は、日本自由党総裁鳩山一郎の寄稿文を掲載しました。その文は「〝正義は力なり〟を標榜する米国である以上、原子爆弾の使用や無辜の国民殺傷が病院船攻撃や毒ガス使用以上の国際法違反、戦争犯罪であることを否むことは出来ぬであらう」と、米国の戦争犯罪を質しました。正論で勝てないＧＨＱは、即刻朝日新聞を二日間の業務停止処分にしました。それは四五年版史観の宣布と、戦前を遥かに凌ぐ厳格な検閲と洗脳工作－ＷＧＩＰ（「アジア・太平洋戦争での罪悪史観扶植計画」）を開始した時でした。

鳩山寄稿文の新聞掲載から僅か四日後の九月十九日に、「日本に対するプレスコード」[64]を発出して、新聞・ラジオ・雑誌・映画等の検閲を始めました。この公開された指令は一見真面な内容でしたが、これを基に実施面ではなり振り構わない厳格な細則を内部で定めて、検閲で「言論の自由」を制限するどころか抹殺しました。もちろん原爆投下等の米国に不都合な真実を遮断しました。その細則は、日本政府・本国米国政府に通知されない内部文書で、その闇文書の秘密指定が七四年に解除され、国会図書館がマイクロフィルム化し、我々は今

64 連合国最高司令官三十三号指令

それを閲覧する事ができます。

その闇指令の一つが、「マッカーサー検閲規則」（四五年十一月十日発行）[65]で、もう一つが前述した江藤淳が明らかにした[66]、三十項目に分類した「検閲指針」（四六年十一月二十五日発行）でした。

その検閲規則では、天皇陛下とトルーマン大統領への批判は許すが、マッカーサーへの一切の批判を禁止し、三十項目の検閲指針では、マッカーサー司令部（ＧＨＱ／ＳＣＡＰ[67]）に対する批判、「東京裁判」への批判、憲法の起草と成立にＳＣＡＰが関与した報道、検閲自体を直接・間接的に報道する、等を封じました。規則は極めて具体的で広範囲でした。マッカーサーは現憲法を民主的憲法と自賛した一方で、非民主的・独裁的な検閲によって言論を封殺した事は、正に偽善そのものでした。

ＷＧＩＰの代表例は、四五年十二月より全国の新聞に掲載させた「太平洋戦争史」で、日本軍・軍人を悪者にした戦史を、批評も反論もなしに報道の名の下に宣伝しました。又ＮＨＫラジオ放送でこの「太平洋戦争史」に基づいたドラマ：「真相はかうだ」を放送し、それを「眞相箱」、「質問箱」と名前を変えて、四八年まで放送しました。

日本人は検閲で「目隠し・耳塞ぎ・口封じ」を、ＷＧＩＰで「洗脳」を、占領期間中の八十ヶ月の長きに亘って受けました。その影響は占領終了後も長く残りました。特に戦後に生まれてその教育を受けた団塊世代には未だ残ります。だが彼等が求めた正義を得られなかったのは当然でした。

---

65 細谷　清『知られざるもう一つのGHQ「検閲」』正論平成27年6月号　産経新聞社

66 「閉された言語空間」203頁（文末の参考文献参照）

67 ＳＣＡＰは連合国軍最高司令官の略称だが、その麾下の総司令部ＧＨＱ／ＳＣＡＰを併せて使った場合もある。本論で引用する以外にＳＣＡＰと言う場合は、マッカーサーと総司令部も含めた意味で使い、総司令部だけの場合はＧＨＱと言う

四五年版史観の骨幹は、
（1）日本とドイツが世界制覇の為に侵略をした（日本とドイツが世界の平和を破壊した）
（2）その侵略で日独は東京とニュールンベルクでの裁判で断罪された
（3）日本とドイツは戦争犯罪国家だった
とする三点です。
その、四五年九月二日にミズーリ号艦上で誕生し、占領が、スターリン戦争が、冷戦が終っても、生き続けた四五年版史観の嘘と偽善を本書は正します。本書が「四五年版史観」の葬送文です。

2. マッカーサーとその政策

日本占領軍のトップ - マッカーサーは、悪くも（少しは）良くも独裁者でした。開戦でのルーズベルトの陰謀を当然知らないマッカーサーは、戦勝の正当化を図るだけではなく、戦勝者らしい振る舞いに努めました。彼はその役割にぴったりの名役者でした。「東京裁判」、検閲、そして新憲法制定の三点セットを優先課題に、四五年八月三十日から五年八ヶ月の長きに亙り君臨し、その間は検閲で戦勝に不都合な情報の流通は禁止しました。

彼がボスだと日本人への誇示が必要と考え、占領軍最高司令官は日本に向かう飛行機の中で部下に「東京裁判」に取り掛かる事を指示し、到着したその夜には対敵諜報部隊長のエリオット・ソープ准将に、真珠湾攻撃時に首相だった東条英機をＧＨＱ自らの手での逮捕を命じました。

マッカーサーが「ボス」に固執した事は、九月十一日の東条逮捕、十九日の検閲指令発出、二十七日に陛下を彼の「公邸」に迎えた事からも、明らかでした。東条の逮捕に十日も掛かったのは、日本側と東条に覚られずに自分達‐ＧＨＱで拘束した為でした。東条逮捕での定番の写真は、自殺未遂に終った東条と傍にいた警備の米兵です。死なせずに裁判に掛ける、との彼の強い意志でした。マッカーサーは東条を裁けば、大統領選で勝利につながる真珠湾攻撃に対する復讐に成る、と考えました。

ＧＨＱが陛下のご訪問を日本側へ求めた切っ掛けは、九月三日に重光葵外相に同行した岡崎勝男外務省調査局長へのＧＨＱからの示唆でした：陛下がマッカーサー元帥を個人的に訪問すれば元帥が喜ぶ、と。その日は、ＧＨＱによる日本の直接統治と米軍票の法定通貨化を重光がＧＨＱと直談判して取り止めさせた時でした。訪問との交換、或いは誘い水でした。

陛下との会見は私的な形を取って、マッカーサーが住む米国大使館の公邸で行い、彼は妻と子に会見の盗み見を許し、会見を新聞に公表した程に、彼は「マッカーサー帝王」でした。

そして四六年一月早々には「東京裁判」の条例を公布し、五月三日にはもう極東国際軍事裁判所を開廷しました。既存支配指導層を公職から追放して無力化し、検閲で新憲法が定めた報道の自由を封殺して言論を封じ込み、軍隊保持を禁じた新憲法は、彼が日本で唯一武力を持つ独裁者である事を保証しました。ボスを誇り、力‐軍隊を日本で唯一保持して、現職米国大統領トルーマンと天皇陛下の批判は許しても、己への批判を一切禁じた彼は、名実共に独裁者でした。その後に米国大統領への目もなくなったマッカーサーは、独裁者の地位に溺れ、永遠に日本で君臨する積りでいました。しかし自身が定めた日本国憲法では想定していない「平和を愛しない諸国民」の侵略‐朝鮮戦争が、夢を砕きました。戦争は、自身の政策の欺瞞性・偽善性を弥縫（びほう）位では取り繕い難くしました。それで支離滅裂な政策を本国政府に強要するまでに成り、運良く解任されて米国に帰国できました。解任されなければ、彼はずっと日本にいたでしょう。

マッカーサーを礼賛する人、非難する人、等々で、彼は今でさえも評価が極端に分かれます。ここでは彼が言った事よりは為した事 - 事実 - を元にして書きます。

彼は生粋の軍人というよりは、向こう受けする演技とセリフが上手な役者でした。軍服姿で海辺から歩いてフィリピンに再上陸して見せたり、コーンパイプを咥えて日本に最初に降り立ったり、「老兵は死なず」と米国議会で啖呵を切って見せたりと、確かにカッコは良いのですが、それだけで、中身はありませんでした。

彼の言葉には別な政治的な意図が含まれていないか、身振りは演出であり演技ではないか、と観る目が必要です。彼は有名な片言隻句を山ほど持ち、それがしばしば歴史書にも引用されていますが、それ等を時系列で並べると、矛盾が現れます。

彼が為した事は、新憲法制定、「東京裁判」、検閲に尽きます。農地解放、女性参政権付与、等の功績は時代の流れであり政策に採用した点は認めても、彼が力を注いだ国の骨幹：「マッカーサー憲法」の制定、無軍備（軍を持たない丸腰国家）、指導者層の入れ替え、厳格な言論の自由を規制 - 検閲等は、「マッカーサー革命」でした。四五年版史観は、「敗戦革命」によって現憲法が生まれたと説明しています。憲法を作った人を冠してこそ正しい由来が判ります。独裁者マッカーサーを頂点にして日本を支配した影の組織：ＧＨＱは、現在の中華人民共和国が中共という一党に支配されているのと同じく、軍事独裁戦争革命政府でした。そうです、スターリンが目指した形で、「共産」が欠けているだけでした。マッカーサーとその組織は敗戦に乗じて日本を支配し、米国政府と連合国の名前で権力を使い分けて、日本を無軍備化、非工業国家化、非自立化、弱体化 - 二流国家にして、二度と米国に歯向かわない国家への転換を目論み、実行しました。それは革命でしたが、不幸中の幸いにも共産革命ではありませんでした。

「東京裁判」でオランダ（蘭国）を代表して判事を務めたベルト・レーリンクは、印度のパル判事と共に極東国際軍事裁判所の判決では異なる意見を提出した判事で、その意見書でマッカーサーに関しては、「裁判所が最高司令官に使われる道具に成ってはならない」、とまで記しました。又彼の日記には赴任の挨拶をした時にあれ程興奮した「偉大な男」が、二年半後の帰国の際に、「マッカーサーに挨拶に行き、四十五分位話した。というより彼が四十五分間話し続けた。私は話を聞きながら、空っぽだが有能な男を見ていた。」(88)と評価が逆転した事を記しました。判事レーリンクはその時四十一歳、四十五分間も独演したマッカーサーは六十八歳、彼は息子の様なレーリンクに冷たく観察され批判される事を恐れた独裁者は、彼に喋らせませんでした。

彼の人柄は、マッカーサー記念館にも示されています。二〇一五年に同館を訪問した時に、フィリピン時代に部下だったアイゼンハワー元大統領の決して高評価とは言えない - 寧ろ低評価の彼のコメント付き査定簿を見た時に、これが彼の性格：オンリーミーの人と会得しました。仮にそうであったとしても大統領に成った元部下にする事ではありません。そこでは吉田茂をも oddman と紹介、風変わりな男、奇妙な男、と観察した彼には、吉田の諧謔（かいぎゃく）性が分からなかった様です。

次の表はマッカーサーが推し進めた主な占領行政です。憲法制定、「東京裁判」、検閲夫々で、彼が為した事です。彼はマイルールとして自身は遵守しない日本国憲法を制定して押し付けました。彼はオンリーミーとして己の地位を脅かす有力指導者達を裁判に掛け「平和を乱した罪」で軍人達を絞首刑に処しました。その他でも言う事を聞かなければ戦争犯罪人として逮捕や追放で脅して、独裁を確立しました。彼は検閲で占領政策と己の批判を封印しました。日本人が戦争犯罪人だったとする四五年版史観を刷り込む、ＷＧＩＰでのＧＨＱによる組織的な情報宣伝工作によって、彼は己の正当化、「東京裁判」の正当化をしました。これ等が彼の組織

(88)三井美奈「東京裁判日記オランダ判事レーリンクが見た戦後」第9回　雑誌『正論』2020年4月号　産経新聞社

的・計画的な占領統治でした。彼が「自衛戦争」と評価したその自衛を国策で進めた指導者達へは、その一片の考慮もありませんでした。

言論の自由の保障、民主化、戦争犯罪人のみの処罰、を謳ったポツダム宣言・降伏文書を無視し、ハーグ条約等の戦争条約に違反し、又言論の自由と検閲の禁止を謳った、米国合衆国憲法と自身が起草したと言える日本国の憲法にも、違反しました。

「法治と民主主義」の美名の下に実行されたそれ等違反行為下での占領は、四八年春頃から綻び始めて、朝鮮戦争でその失敗は明白に成りました。戦争の始りは、マッカ—サーの偽善を剥がし倒し。そして米国が日本を倒し斥け排除して進めたアジア政策の、前年の中共政権誕生に続く破綻でした。

彼と日共との関係も戦争前後から変わり、ケナンの来日以降と憲法の草案を作ったチャールズ・ルイス・ケーディス民生局次長が四八年五月に辞任して帰国して、GHQは親共産主義的な傾向から転換しました。GHQと統一戦線戦を組んでいると勘違いしていた日共は反発し、占領軍への批判と攻撃に転じ、戦争前の五〇年五月にはGHQ傍の皇居前広場で騒乱を起しました。それでGHQは五年も経ってから漸く共産党員を公職か

マッカーサー・GHQが日本で行った主な事

年	月	憲法制定	東京裁判	検閲
四五年	九月		東条逮捕	規制発令
	十月	マ:新憲法を示唆		←
	十一月			検閲規則・三十項目検閲指針の発令
四六年	一月		裁判所条例公布	
	二月	GHQ:憲法案提示	裁判長名等を発表	
	四月	改正憲法案」公表	起訴状公布	
	五月		開廷、起訴状朗読	
	十月	国会改正憲法承認		←
	十一月	新憲法公布		
四七年	二月		弁護側反証	
	五月	新憲法施行		←
四八年	三月		・裁判終了宣言 ・最終弁論	
	十一月		判決	
	十二月		死刑判決執行	←
五二年	四月	占領終了		

ら追放し、赤旗を発行停止にしました。

もしもマッカーサーが共産主義者とか容共的でしたら共産化は間違いなかったでしょうがもう一つイフがあります。日本に敵対心を持ったルーズベルトが任期を全うして一九四九年一月迄大統領であったら、或いは、彼が亡くなった時に副大統領がトルーマンではなくヘンリー・ウォレスだったら、日本は間違いなく共産化されました。ウォレスはルーズベルト政権第一・二期で農務長官を、第三期では副大統領を務め、四期目でもトルーマンと副大統領候補を争いましたが、親ソ連だったルーズベルトに似過ぎた為に、中道・保守のトルーマンが択ばれました。彼は戦後に米国共産党の支持で大統領選に立候補した程に容共でした。

実質的に米国のみの占領、マッカーサーの統治、トルーマン大統領だったから、日本はあの程度の共産化・弱体化で済みました。そして戦前の治安維持法、ルーズベルトの死・トルーマンの大統領昇格、日共がGHQ・マッカーサーを解放軍の同志と勘違いした事、そしてマッカーサーの性格が、共産革命や暴動を防ぎました。

3．革命を目指した日本共産党

終戦後にコミンテルンの決議通りに、日本共産党‐日共は、敗戦革命を目指しました。共産主義の信奉者にとり、治安維持法は彼等を「弾圧した」根拠であり、戦後は悪法の代名詞の様に言われますが、法が実際に適用されたのは、ゾルゲ諜報団事件と終戦前の横浜事件位でした。抑止効果があったから目の敵にされた訳で、国体と私有財産を護ろうとした人達には良法でした。

その法律が終戦直後まで存在していたからこそ、日本では第一次世界大戦中のロシアの様に、或いは第一次・第二次大戦での敗戦国ドイツの様に、終戦間際にも敗戦後にも革命を起されなかった点では、先人の用意周到さのお蔭でした。ソ連は避けられない隣人であり、その点で国交を回復しながら日ソ友好などの風潮に惑わされず、「土留め」の治安維持法を制定したのは先人の智慧でした。こうした戦前の用心が、日本が東アジアで唯一共産主義国家にならなかった一因です。

ところが終戦前に、共産主義・ソ連に対する対応が分かれました。

天皇陛下が重臣に日本の方策を訊きたいとのご下問に応え、近衛文麿は共産革命への備えを説いたご意見書‐近衛上奏文‐を、四五年二月十四日に奉呈しました。一方で鈴木貫太郎内閣の東郷茂徳外務大臣は、ソ連に終戦の仲介を求めました。大正時代最後の智慧であったソ連との棲み分けと治安維持法の平衡性が、この時点でソ連との共存と協力に換わりました。

そして米国とＧＨＱが未だ共産主義の危険性に気付いていなかった占領初期‐一九四五年‐四七年は、共産主義との天下分け目の敗戦革命戦争に成りました。

終戦直後の十月に獄中にあった共産党幹部が解き放たれ、その機関紙「赤旗」は、復刊第一号の巻頭で、天皇制の廃止を訴えました。敗戦から二ヶ月余で、発行の為のインクや印刷用紙の入手は難しかった時期に、そして極めて高い販売価格でしたが、それでも購入する人・団体がおりました。

復刊号は全十四頁で、週一回発行の週刊誌で、値段は一部二円五十銭、送料五銭、印刷所は東京都下谷区北稲荷町でした。赤旗は無料のフリーペーパーではなく後払いの高額週刊誌でした。終戦前での白米中級品の値段は十kg当たり三‐四円で、それは現在価格では四千円前後ですから、この週刊赤旗は現在の価格では三千円位でした。相当値が張る週刊誌だった訳で、それが後払いで送られて来て、共産党員たる人達は、その高価な週刊誌代を払った訳で、大変だったでしょう。

巻頭の「人民に訴ふ」は、「日本共産党出獄同志 徳田球一、志賀義雄他一同」の名前で、「**革命の端緒が開かれた、米英連合国の平和政策を支持し、天皇制打倒を目標とする**」、と訴えました。発刊日はその徳田等が獄にあった府中刑務所から「解放」された十月十日でした。連合軍とも協力した統一戦線で天皇制を打倒し革命への途を拓こうとの訴えは、コミンテルン決議通りでした。

敗戦直後はこの日共が占領軍を「解放軍」と大歓迎したので、GHQの天下でした。幣原首相が内閣を賭けて反対したGHQが出した共産主義者出獄指令は、結局十月十日に実施されました。府中刑務所等にいた政治犯に限らず共産党員の全ての犯罪者が釈放され、それを祝うデモ隊一行は、皇居前のGHQが入ったビルの前で、「万歳」を連呼しました。GHQであり米国でありマッカーサーを褒め讃えた日共とGHQの協力関係でしたが、「逆コース」と朝鮮戦争で革命もそれも一炊の夢でした。

4. マッカーサーによる検閲

マッカーサー直属の部下では珍しく彼を冷静に観察したアイケル・バーガー中将（米国陸軍第八軍司令官で横浜に駐屯）は、「マッカーサー元帥はひどく官僚的性癖の持ち主であり、上級者の指令には忠実である。と同時に上級者の意図をさらに拡大して自身の主張に変容させる能力を持っている。

戦争が終わり、世界も米国政府も平和を求めている。元帥は、この世界と本国の意図を劇的かつ広大に実現する手段として日本に武装を放棄させ、それを世界に自身の日本占領の業績の「記念碑」として誇示したかっ

赤旗戦後復刊第一号

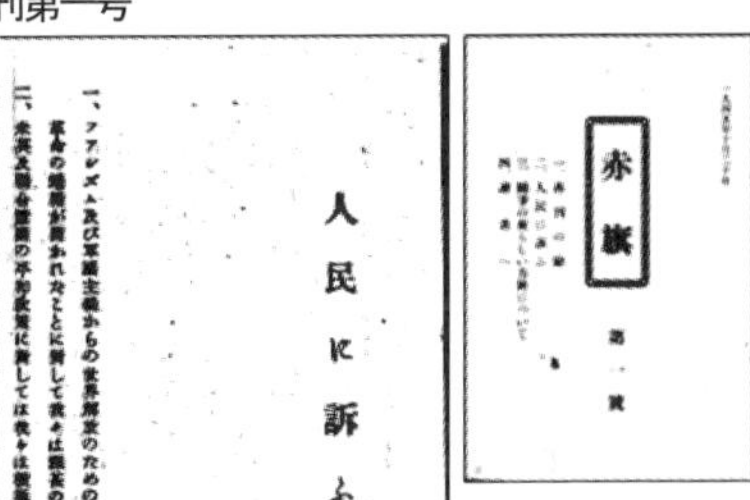

人民に訴ふ

日本共産党出獄同志

徳田球一

志賀義雄

外一同

たのだ」[69]と、マッカーサーと現憲法を評しました。全くその通りで、変容させた「自身の主張」が大統領に成る事で、その為の検閲でした。

その「記念碑」を死守して己の業績を誇る為に、「上級者の指令に一見忠実に見せながら」、自身を神の如き独裁者に仕立て上げる手段に、マッカーサーは検閲を利用しました。

彼は検閲に関して三つの主な指示を出しました。

一つは一九四五年九月二日の降伏文書調印式直後の十九日に発出した「日本に対するプレスコード」[70]で、新聞・ラジオ・雑誌・映画等の報道の検閲を始めました。この指令は連合国軍最高司令官番号が付された「上級者」米国政府も認める正式な指令でした。

指令そのものは、報道は事実と真実を伝え、治安を害さない、意見と事実は分ける等と、極真っ当な内容でした。しかしそんな建前では、原爆投下も「東京裁判」も正当化をできないので、実施段階では「変容」した要項を内部で定めました。それが検閲の「規則」と「指針」で、二つの文書は日本政府・本国米国政府に通知されない内部文書で、その闇文書を含めたＧＨＱの文書が米国で一九七四年に秘密指定を解除され、国会図書館がマイクロフィルム化し、今我々は目にできます。

---

(69) 児島襄 1987年8月10日「日本占領(1)、(2)、(3)」文藝春秋
(70) 連合国最高司令官三十三号指令

「マッカーサー検閲規則」[71]（以下「検閲規則」と称する）は、一九四五年十一月十日に発行されました。一方の「指針」は、江藤淳が明かした[72]三十項目に分類された「検閲指針」で、「規則」から一年後の十一月二十五日に発行されました。

　検閲指針は、ＣＩＳ（民間情報局）・ＣＣＤ（民間検閲支隊）・（最大部であった）ＰＰＢ（新聞映画放送部）連名で、Ｊ．Ｊ．Ｃ．[73]とのイニシャルだけが付けられたメモとして、全国のＰＰＢ事務所に出された通達[74]で、同月からの月次報告書はこの指針が適用されました。

　プレスコードは検閲規則と指針に具体化され、ＧＨＱ内部で都合良く解釈され細部の実施規則となる程に、極めて恣意的に運用されました。

　その指針では、本音とも言えるＧＨＱの報道統制が前面に出されました。マッカーサーとその司令部（ＧＨＱ）に対する批判を封じ（第①項）、「東京裁判」への批判を封じ（②）、憲法の起草と成立にＧＨＱが関与した報道を一切封じた（③）等があります。

指針は、発行される約二週間前に公布された現憲法への批判を封じる事も目的にしていました。

　ＧＨＱが起草しその成立に関わった現憲法を、恰も日本政府が作成したかの如くに繕い、半年後の施行を無事に行わせる必要があったからこそ、出されました。マッカーサーの検閲は、検閲自体の報道も封じる（④）-

---

71 米国国立公文書館所蔵 Box8568,CIS07287 同複写文書を国会図書
72 「閉された言語空間」203頁（文末の参考文献参照）
73 PPB部長の John.J.Costello 氏と思われる
74 米国国立公文書館所蔵 Box8568,CIS07287 同複写文書を国会図書館が保管

検閲の存在自体も隠した事で、厳格さでは戦前の検閲を遥かに凌ぎました。プレスコードと検閲規則と指針の三本柱の検閲で、建前とは裏腹に事細かに現場で運用された厳しい検閲によって、日本国に流入し国外へ流出する言わば情報の出入迄をも規制するもので、当時の日本人は完璧なまでに目と耳と口を塞がれた状態でした。

検閲規則は、検閲が極めて機密を要するのでミスを最少にする為に、連合国報道陣との記者会見は二人だけに限定し、特に海外からのニュースは、次の四つの原則を定めていました：

①マッカーサーの占領政策に対する米国及び他の外国から発信された批判は、
　もし治安を乱す恐れが十分にあると見なされるのであれば許可しない
②連合国同士の批判は許可される
③中華民国に対する他国又は国内の共産主義者による批判は許可される
④連合国統治権下にある人民（訳者注：日本国民だけでなく朝鮮・台湾人等も含む）による
　皇室・天皇・政府に対する批判は許可される

そして日本人が海外へ発信できる批判例に、次の三つを示しました（項目４ｈ）：
(一)トルーマン大統領の米国での政策に関する記事
(二)新聞記者自らが書いた、原子爆弾問題の解決の為の提言記事
(三)日本人が書いた、占領下のドイツにおける占領軍の政策に関する記事

この検閲規則の重点は、日本の元首：天皇陛下と米国の最高位：トルーマン大統領に対しての批判報道は許されるが、マッカーサーに対する批判は一切許さない、とする点です。三十項目の検閲実施規準でも真っ先にマッカーサーに対する批判の不許可を掲げていたので、当時の日本人は、マッカーサーについて書いたり話したりして批判する事も彼の批判を聞く事も、世界中からも完璧に遮断されていた事に成ります。

これ程事細かに検閲した天皇陛下も米国大統領をも凌ぐ彼マッカーサーを、独裁者と呼ばずして何と言えるでしょうか。

この検閲規則にはもう一つ注目する点があります。それは、４Ｃ(3)にある、中華民国を見放したとも取れる親共産主義と親中共の姿勢です。だからでしょう、文書が出される一ヶ月前に共産主義者を刑務所から放免したし、その十日後に赤旗の復刊を許可しました。一方支那では国民党の蒋介石と中共の毛沢東が会談を持ち、この動きに合わせたかの様に中共が国民党を批判する事は許したのに、共産主義や中共への批判には言及していません。

マッカーサーは言われる様なバリバリの反共主義者ではありませんでした。

5．マッカーサーの実像：老兵は消え去ったか？

ではその戦後の日本に多大な影響を与えたダグラス・マッカーサーの実像を得ようと試みます。

彼は、厚木に降り立った時や天皇陛下と最初に会見した写真、「マッカーサー[75]」「日本人は十二歳」、「老兵は死なず　只消え去るのみ」等での、写真や片言隻語での印象（イメージ）で観られ、語られています。又これまでの研究は、天皇陛下との関係とか、朝鮮戦争でのトルーマン大統領との角逐とかが定番で語られますが、これもまた一面的です。

彼の母親、陛下との会見、検閲での余話、トルーマンによる解任等の連続した脈の中から、その実像を掴みます。引用するマッカーサーが死の直前の一九六四年に出版した回想記[76]は、関連する検閲機密文書が一九七

---

[75] ダグラス・D．マッカーサー　1880年1月26日生、1964年4月5日没84歳

[76] Douglas Macarthur Reminiscences, McGraw Hill Jan. 1964、「マッカーサー回想記」（津島一夫訳）1964年10月25日　朝日新聞社）

四年に解除される事を想定しなかったであろう事も考慮して、読みました。回想記を出版した当時は、GHQの機密文書が公開される事は想定外であったと思われます。

マッカーサーは母親の希望を一身に受けて育ちました。それは夫を凌ぐ立身出世であり、ナンバーワンであり、米国大統領でした。彼は出世し米国大統領を目指しましたが、叶いませんでした。

5-1．母ピンキーの期待

母親のメアリー・ピンクニー・ハーディ（通称ピンキー）は、マッカーサーが丈夫に育つ様にと幼少は女装で育て、ウエストポイントの陸軍士官学校時代には学校傍のホテルに住んで面倒を見た程で、死ぬまでずっと息子と一緒でした。息子は故郷ノーフォークの地で寄り添う様に眠りました。

マッカーサーは南北戦争で武勇を挙げた将軍を父に持ち、兄と弟が早世した事もあり、母の期待の星で、彼はそれに応えました。陸軍士官学校を開校以来最高の成績で入学し、そのまま首席で卒業し、最年少で陸軍参謀総長に成り、父親と同じくフィリピンの軍事顧問と成り、母が亡くなった後は日本に君臨する連合国軍最高司令官に成り、又大統領の椅子を狙う程に出世しました。

そんな母親べったりの彼が最初に選んだ結婚相手は、母とは全く違って社交界の花形で実家が大金持ちの、既に二児の母でした。彼はその時四十二歳で、母校ウエストポイントの校長でした。ピンキーは怒って結婚式にも出ませんでした。そんなこれやで、二人は五年で離婚しました。

二番目の女性イサベル・ロサリオ・クーパーとは、マニラ勤務中の出会でした。これ又、母とは全く違う自称十五歳の芸能界志望のフィリピンとスコットランドの混血で、その時彼は四十九歳でした。母に隠れて結婚式を挙げたとも云われ、これも米国に帰国してから破局しました。離婚裁判沙汰を母に知られない様に、彼は慰謝料を払って収めました。

三番目が今ノーフォークで一緒に眠るジーン・マリー・フェアクロス（通称ジーナ）で、彼女とは、母を同道してフィリピンに赴任する船上での劇的な出会いでした。彼は五十五歳、ジーナは三十六歳で、ジーナは前の二人とは全く違って母親似で、母は入れ替わる様に一ヶ月後にマニラで亡くなりました。二人は二年後に結婚し、翌年に生まれた一人っ子アーサーを溺愛しました。

5-2．検閲余話その一　天皇陛下との会見

マッカーサーと言えば、先ず思い浮かぶのが天皇陛下と会見した写真です。私的な会合で内密にするハズだったその会見内容を、回想記[77]でこう記して公表しました：

「天皇は落ち着きがなく、それまでの幾月かの緊張を、はっきりとおもてに現していた。」、「私が米国製のタバコを差し出すと、天皇は礼をいって受け取られた。そのタバコに火をつけてさしあげた時、私は天皇の手がふるえているのに気がついた」、「（陛下が自身を顧みずに国民を思う）勇気に満ちた態度」に揺り動かされ、「（陛下は）日本の最上の紳士である事を感じ取った」と。

米国製のタバコを差し出し、そのタバコに火を点けて陛下の気分を楽にする事に努めた程に、彼は余裕を持ち、一方で手が震えた程の陛下の態度に感銘を受けたと言うのです。七十年前の状況を確認する術はありませんが、その後の展開からは、マッカーサーが余裕綽々だったとは思えません。

会見後に彼は陛下への尊敬の念が見えない次の行動をしたからです：

㈠会見直後に天皇制打倒を公言していた日本共産党（日共）幹部の釈放と「赤旗」の復刊を許可

77 「マッカーサー回想記」下巻 141～142頁

㈡日共の天皇陛下の批判を黙認し、己への批判を封じ陛下への批判を許した検閲規則を発行

当時日本の最高権力者であった彼が、姑息（こそく）とも言える検閲等で自己を防護し、陛下への攻撃を嗾けたと思える事を為したのか、その理由を以下で述べます。

会見翌日の二十八日朝刊に新聞社が会見の写真を載せなかった事を知るや、ＧＨＱは即座に命令を出して、仕事着のマッカーサーとのあの有名な写真を、二十九日朝刊に各社一斉に掲載させました。

そして会見一週間後の十月四日には、東久邇宮内閣が辞して迄も反対した治安維持法を廃止させ、十日には傷害致死等の政治的犯罪以外で獄にあった人でも共産党員と言うだけで釈放させ、二十日には天皇制廃止を謳う日共の機関紙「赤旗」の復刊を止めませんでした。紙もインクも払底していた終戦直後に、ＧＨＱの援助なしにはこの様に手際良く復刊はできません。

その復刊第一号巻頭の「人民に訴ふ」には、マッカーサーが期待した言葉と天皇批判が溢れていました。「連合国軍隊の日本進駐によって日本民主主義革命の端緒が開かれたことに対して我々は深甚の感謝を表し」、「**米英及聯合諸国の平和政策に對して我々は積極的に之を支持する**」とのＧＨＱへの礼賛でした。もう一方で、「我々の目標は天皇制を打倒して、人民の総意に基づく人民共和政府の樹立にある」、「我々の多年に亘る敵だった天皇制」と、天皇陛下への批判を許しました。

マッカーサーが日本を統治した六十七ヶ月間で、日共の活動は朝鮮戦争直前までの五十六ヶ月間を許可しました。何と在任中の八割以上で共産主義者の活動を許しました。それは部下の所為にはできません。反共主義者で、「赤狩り」で有名な米国上院議員ジョセフ・マッカーシーとの連帯を誇った彼が、この様に共産主義者を釈放し活動を許可し、彼等の皇室と陛下への批判を黙認したのです。

そして彼が「日本の最上の紳士」の名誉を保護しなかったその理由が揮っています。

「(検閲規則と三十項目の検閲指針が実行されていた時に)新憲法の採択後に天皇を批判した日本人がいたが検事総長は起訴しなかった。」「私はその機会に米国の大統領も英国の国王も特別な法の保護を受けていない事を指摘した。」「(そしてこの起訴しない処置は)全ての人間は法の前に平等であり、日本では誰も、たとえ天皇であろうとも、普通の市民に与えられない法的な保護を受けてはならないという基本的な観念を、見事に実行したのである。」と、回想記[78]で語りました。

これは偽善です。「新憲法はマッカーサーが押し付けた」と批判しても、「マッカーサーは立派な平和憲法を作って下さった」と称賛しても、発行停止処分でその新聞社を存続の危機に陥らせる程に、彼は検閲で睨みを利かせました。その彼が、「全ての人間は法の前に平等で」、「たとえ天皇でも、法的な保護を受けてはならない」と宣ったのです。彼は、「全ての人間」の上に立つ「神」でした。

では何故そんな「神の如き」彼が、陛下の名誉毀損を嗾(けしか)けたのでしょうか。それが彼です。陛下に畏怖した己を隠し、最高権力と最高の権威とも並び立たせない事が、独裁だからです。

その独裁者は権力‐命令で二人が並んだ写真を公開させ、約束を破ってまで会見内容を公表しました。前述した会見での「震える手」は、ライターを差し出した彼の手でした。陛下に畏怖を感じ、位負けが公表されて自身の日本での最高権威が失墜する事を恐れたからこそ、会見の写真を強引に報道させ、日共に陛下の批判をさせて彼は権力を誇示し、一方検閲で「神の如き」己を演出しました。

検閲余話その二　マッカーサー独裁に風穴を開けた記者

このマッカーサー検閲規則によって、独裁者に関する新聞記事は礼賛一色でした。例えば憲法施行一年後の

---

[78] 回想記下巻188-189頁

四八年五月三日付け朝日新聞朝刊の記事が、その一端を示します。

記事はマッカーサーが節目で出した声明を一面トップに飾り、「憲法施行一周年 日本の国民へ」「強く守れ・この大憲章　東亜に不落の民主主義」等の、彼が理念とする文字が躍っていました。

それでもこんなマッカーサーによる「独裁民主主義」に異を唱える気骨ある記者がいました。日本生まれで、日本語にも堪能な英国人コンプトン・パケナムです。四六年六月にニューズウェーク紙東京支局長で日本での記者活動を開始し、ＧＨＱの占領行政に批判的な記事を米国に送り始めました。

「公職追放の裏で―占領軍内部の暗躍」（四七年一月二十七日号）では、経済界指導者の公職追放が日本経済を混乱させ共産主義が付け込む機会と成る、それは資本主義米国のやる事かと書きました。又天皇以上に祭り上げられているマッカーサーが容共の部下に仕事を任せていると、彼の占領行政を真っ向から批判しました。当時の日本人の中にもマッカーサーの占領施策に異を唱える人達がいて協力したから、これだけの内容の記事を書けたのです。もちろんですが、これ等の記事は当時日本で印刷発行された日本版には掲載されませんでした。記事が的を射ていたからマッカーサーは激怒して、パケナムをファシストと迄呼ぶ程に忌み嫌ったと云われます。

四七年八月に米国に一時帰国したパケナムに対して、ＧＨＱは十二月に日本での記者活動の不許可－再入国不許可を発表しました。ニューズウィーク社は抗議し、それを英国議会でも取り上げた程に、政治・外交問題化しました。最終的には陸軍長官が許可命令を出して、パケナムは四九年四月に漸く日本へ戻って、一年八ヶ月振りに活動を再開しました[③]。

---

③新潮社「昭和天皇とワシントンを結んだ男」青木冨貴子　2011年5月発行

マッカーサーが出した周到で狡猾な声明

この陸軍長官の許可にはトルーマン大統領も関係したらしく、マッカーサーは万事休すでした。騒動の渦中－四八年三月に、ＧＨＱ渉外局長エコルスは次の声明を発表しました：（傍点は筆者が加えた）

「私（エコルス）が、マッカーサー元帥に対して米国からの元帥に対する政治的批判が日本の新聞に掲載されなかった原因について注意を喚起したところ、元帥は直ちにこのことは中止すべきであり、日本の新聞は元帥に対するあらゆる政治的批判をも掲載する事を許すべきである旨指示した。これはこのことが元帥の注意を喚起した最初の事である。」⑳と。

エルコスはこの声明を出した理由を述べていませんが、パケナム記者の記事と再入国不許可が原因な事は、発表された時期とその内容からして明らかでした。

マッカーサーが十分に推敲したであろうこの声明が用意周到なのは、「(部下のエルコス局長が）初めて（マッカーサーに）報告した」と部下に言わせて、マッカーサーは初めて聞いた振りをした事です。それで「高潔な最高司令官」風に、彼は「そんな事は良くないので直ちに止めなさい」と、その指令を部下に声明として日本文でも新聞に発表させた事です。

更に狡猾なのは、発表した声明の日本文と英文の内容が違う事でした。日本文では傍点を付けた「原因」と「この事」が何を意味するのかは判然としませんが、英文ではその「原因」と「この事」が、「検閲されていた事」を指し示していました。米国向け英文では、「(部下達が勝手に）やっていた検閲を直ちに止める」と発表し、日本向けには、「批判記事をこれからは載せる」と検閲の事を言わずに－検閲をやっている事も、その検

⑳朝日新聞四八年三月十五日付け朝刊

閲がマッカーサーに対する一切の批判記事を許さない程厳しい事も、曖(おくび)にも出さずに発表した事です。この声明は犯罪的な詐欺でした。

マッカーサーが犯した罪

声明通りには、マッカーサーはそれ以後も己への批判報道を許可しませんでした。マッカーサー検閲規則を取り消した書類は見つかりませんでしたが、検閲の継続を示す書類はありました。ＧＨＱ－Ｇ２（参謀第二部）内部文書[81]がそれで、四八年十月時点でも検閲していました。それはマッカーサーが当時一政治家に過ぎなかった吉田茂との会談で彼の首相就任に反対しない旨を表明した、としたロイターロンドン発の記事でした。ＧＨＱの内部文書はこの記事を検閲し、問題ない－発行を許可した－事を示します。この記事はＰＰＢ部（新聞映画放送部）も同様に検閲して許可していました。

この様に廃止を言明した検閲規則は生き延びて、検閲は厳格に続けられていました。マッカーサーが「米国・米国人からの政治的批判をも掲載する事を許すべき旨指示した」にもかかわらず、検閲が続行されたのは、部下が命令に背いたからではありません。「俺（マッカーサー）は検閲をやっているなんて初めて聞いた。即刻止めさせる」との声明を新聞にまで発表させた彼－独裁者の意向を無視して、部下が続けたのではありません。マッカーサーが部下に「検閲は止めろ」「俺に対する批判は何でも載せろ」とは指示をしなかったからこそ、部下は独裁者の意向を付度して、検閲を続けたのです。マッカーサーは、米国を欺き、日本を欺き、独裁の為に神までも欺いた、罪深き司令官でした。

---

[81] G2 Inter-Office Memorandum CIS/CCD/CBS/JJC/gl　四八年十月十二日付け

５－３．トルーマンに解任されたマッカーサー

マッカーサーはその回想記に、自身が都合の悪い件は突然起きた様に書きました。本国から真珠湾攻撃の一報を受けていたにもかかわらず、その直後に防衛するマニラを「急襲されて」、為す術なく敗走し、朝鮮戦争では「寝室の電話のベルが突然鳴って北朝鮮軍の侵攻を告げられた」し、自らの解任は「昼食後にラジオ放送で知った」、とあります。それ等は陸軍士官学校首席卒業生らしからぬ、想定外の出来事の様に書きました。彼の回想記は、解任から－日本を離れてから十三年後の、亡くなる直前に出版されました。記憶違いもあり、彼が実施した親共的な政策や天皇陛下への無礼も隠したいだろうし、相当に割り引いて読む必要があります。解任について言えばそれは意図的にトルーマンにそうさせたのではないか、一国それも大国米国の頭領が部下にあれ程までに露骨に反抗されたら、特に米国人ならそんな部下は即刻クビにするのは、当然でした。

彼は大統領の椅子を狙っている事を公言しませんでしたが、常に強い役を演じた彼に、その野望は当然ありました。共和党候補の指名を獲得し、競争相手と成る民主党現職のトルーマンに挑戦する為に最適の帰国時期を探っていましたが、中々彼が望む機会がありませんでした。当時彼に残った手柄は日本との講和でしたが、一九五〇年五月にジョン・ダレス国務省顧問がその担当に任命されて、その目はなくなりました。

占領五年近くも経ったその頃には、彼の占領施策に批判が出ていました。特に国務省と対立した点は、日本が自ら安全保障をする再軍備でした。彼は日本を東洋のスイス－永世中立にと主張し、早期の講和にも反対して、本国政府の方針とは反対の主張に固執していました。部下のアイケル・バーガーには、「**無期限に(居心地の良い)日本に居座る積もりでもある**」とも語りました。忠実だった吉田茂首相も見限り始めていました。

当時の米国がアジアでの共産主義勢力の伸張に漸く危機感を覚え、国策は日本の再興・強化[82]と同盟国化と早期講和[83]へと、対日政策の舵を大きく切り替えました。駐留占領軍と検閲の下で独裁的権力者であったマッカーサー・ＧＨＱ「独裁王朝」が取った日本弱体化政策は、共産主義勢力の伸張で時代遅れどころか本国政府の障害に成ったのです。彼は時代に取り残され、自身が検閲の毒に侵された事も知らない、丸裸の王様でした。

そんな閉塞感があった時―五〇年六月での朝鮮戦争は、逆にマッカーサーには僥倖（ぎょうこう）でした。戦争で彼は生き返ったと側近は記しています。再び訪れた凱旋将軍のチャンスを梃子に、大統領の椅子も夢ではなくなったからです。だから戦局が膠着すると彼は危険な賭けに出て、原爆を使用する勝利を公然と主張し、又相手中国を直接挑発しました。第三次世界大戦を恐れて停戦を模索していたトルーマンにとって、彼が取った行動は、無責任であり明らかに大統領と国家に対する反抗でした。警告をも無視するマッカーサーに側近は彼の召喚を進言しましたが、トルーマンは「役者が上だ、ワシントンに来ると彼の演技に掻き回されて却って混乱するだけだ」と言って、五一年四月十一日に解任しました。それでもそのお蔭で彼は凱旋将軍に等しい帰国歓迎を受け、一方のトルーマンは権限を嵩に有能な将軍を首切った田舎政治家と批判され、三選辞退を表向きの理由に大統領選への出馬を断念しました。マッカーサーが勝った様でしたがそれは一時的で、共和党指名候補選挙では惨敗でした。確かに役者ではマッカーサーが上でしたが、政治家としてはトルーマンが上でした。

---

82 NSC13/2　U.S. Policy Toward Japan（日本占領政策）NSC13：1948年6月2日,13/2：1948年10月7日承認

83 NSC60/1 Japanese Peace Treaty(日本との講和条約)NSC60：1949年12月27日 60/1：1950年9月8日承認

共和党大統領選挙指名選挙に出馬

マッカーサーは解任直後の四月十五日早朝に帰国の途に就き、ハワイ、サンフランシスコ、ワシントン、ニューヨーク等各地で熱狂的な歓迎を受けました。十九日には国賓並みに上下両院合同会議で退任の演説をし、良く知られている「老兵は只消え去るのみ」と締めて、名役者振りを発揮し、その時が彼の人気絶頂期でした。

五月三日の上院軍事・外交合同委員会では、朝鮮戦争の政策に関して聴聞を受けましたが、独裁者で批判に晒されなかった彼にとって、自由な母国での質問には不慣れで、彼は牧師の如く一般的な高説を垂れるだけの、武力も検閲の権力もない裸の元将軍でした。

「消え去るのみ」と言ったのは彼らしいレトリックのパラドックスであり、挑戦状でした。彼は将軍としては消え去りましたが、政治家として全国を遊説して大統領を目指しました。

五二年七月のシカゴでの共和党大統領選挙候補を指名する全国大会で、彼は基調演説をする栄誉を与えられました。演説[84]は、反共と自己弁解と既に不出馬を表明していたトルーマンの社会主義的政策を批判するばかりで、具体的な提言はなく、それは彼の生涯最悪の演説と云われました。十五年振りに帰国した彼は、説教好きな浦島太郎で、米国民もそんな彼に倦(う)んできました。共和党指名投票では一%以下の得票で、元部下で彼が評価しなかったアイゼンハワーが指名されて、無残で皮肉な結果でした。「神の如き」彼は、政治家での名セリフもなく黙って「消え去りました」。

戦後・占領、そしてマッカーサーの実像

マッカーサーが日本に残した足跡は、広く大きくそして極めて重いものです。現憲法の起草、検閲、日本共

84「GENERAL MACARTHUR Speeches and Reports」1908-1964 compiled by Edward T. Imparato Col USAF (Ret)

産党をはじめとする社会主義系政党の育成と社会主義的施策の実施、昭和天皇との関係等、多々あります。が、「偽善」で以て逆説-パラドックスを事も無げに実践した手法を日本に持ち込んだ事が、一番重大です。彼が誇った「民主化」の実態は、全ての法律を超越した占領軍が検閲を使った独裁軍政であり、武装した占領軍が日本に武装放棄をさせた「平和憲法」の第九条が、そのパラドックスの最たる例です。

米国では今でも英雄の彼 - マッカーサー - を、前提も先入観もなく公平に観ました。彼は、トルーマンとアイケル・バーガーが看破した様に、優れた役者であり、建前と実際の乖離を見事なまでに調和させ、そこに自己の都合を潜り込ませる、逆説調和の天才だった実像が現れて来ました。そんな彼を我々は、勧善懲悪の英雄に見立てる間違いを犯しました。原因は、ＧＨＱの検閲と宣伝だけでなく、母の期待に応えるべく一生懸命「神の如き」「強い子」を演じた名役者の名演技でした。

ですから、彼の評価は彼の断片的な言説やイメージではなく、彼の行動とその結果での連続した文脈の中で判断すべきです。そうしたのがここでの実像です。

彼が凱旋後の米国議会で「(日本が) 戦争に入った動機は、自らの安全保障の為であった」とした証言を、従来の解釈 (日本の侵略を否定した) だけではない、別の解釈ができます。それは、逆説調和の天才で自ら闘って勝利を手にした英雄で名役者でさえも、己と祖国の戦争を正当化できなかった、(大統領選挙の為に) そんな戦争を起したルーズベルトの民主党政権を非難した、等とする解釈です。そうして彼の片言隻句を当てにせず、マッカーサーの実像を知って、判り難い戦後史を解く手助けにして、自虐史観や現憲法や憲法第九条と言った彼の呪縛から解放する方が大事です。

随分とマッカーサー統治のマイナス面を述べましたが、敗戦国日本が共産化されなかった理由は、マッカーサーが共産主義者でない独裁者で、そんなマッカーサーが共産党の共産革命とは違った「マッカーサー革命」を先に実行したからでした。他の要因は、ルーズベルトが終戦前に亡くなり、ドイツが先に敗れて東欧で共産主義の危険性が先に現出し、ケナンが日本での危険性を察知して早期に米国政府の占領方針を変更させた事、そして治安維持法が終戦まであって共産主義活動が抑えられていた事が、挙げられます。

その意味で、マッカーサーは勝者での振る舞いは及第でしたが、戦勝の正当化での目玉だった「東京裁判」は「大失敗」でした。次章でその「大失敗」を述べます。

七．戦勝の正当化に失敗した「東京裁判」

「東京裁判」が始まった四六年には「歩くうた」が、翌年には「朝だ元気で」が流行った。歌は負けまいとする健康な意気に満ち溢れていた。

勝利の正当性を求めた米国とソ連にとって、裁判は名分も立ち見世物としても格好の手段でした。米ソ英仏を中心とした連合国は、平和を破壊した罪で日独の指導者を裁く為に、終戦後早速にドイツのニュールンベルク市と日本の東京市ヶ谷で法廷を開きました。東京では日本は悪い国であったとしたいソ連と特に米国は国を挙げて取り組みました。

1．問われた「東京裁判」の正当性

ドイツと日本での法廷は、片や「国家社会主義ドイツ労働者党」（通称ナチス党）の党大会が開かれた建物でした。「ナチス」は国家社会主義の略称で、名前からしてもソ連とは同志でした。一方の市ヶ谷は陸軍士官学校大講堂でした。ドイツはナチス党の、日本は陸軍の、夫々の象徴であった場所を法廷に選定しました。ニュールンベルク裁判は、ドイツが降伏した四五年五月八日から半年後の十一月二十日に始まり、十ヶ月後の十月一日に閉じました。「東京裁判」は、終戦から十一ヶ月後の四六年五月三日に開廷し、三十一ヶ月後の四八年十一月十二日に閉じました。掛けた時間だけでもその意気込みが見えて来ます。

ニュールンベルク裁判は米英仏ソ主要連合国による一応は合議での裁判でしたが、「東京裁判」はＧＨＱが全てを取り仕切りました。世の書は「裁判が行われて、判決が下された」と恰も正当な裁判で正当な判決が下ったかの如くに記します。「東京裁判」での弁護団は、法廷に対して根本的な三点でその正当性を問いました。裁判所・裁判そのものの正当性、起訴した理由‐訴因の正当性、そして米国は「止むを得ず戦争を始めた」とする米国が戦争をした正当性です。

裁判所・裁判の正当性

戦勝で喜び勇んだ米国を中心とした連合国とマッカーサー・ＧＨＱは、世界侵略を企て、平和を破壊し、真珠湾攻撃で殺人を犯した、邪悪な日本を世界の前で裁いて、戦勝の正当性を証明しようと意気込みました。「東京裁判」と呼ばれた裁判は、ポツダム宣言と降伏文書に基づいて四六年一月十九日にマッカーサーが宣言した、次の三条が根拠でした[8]：

（１）平和に対する罪等を裁く為に極東国際軍事裁判所を設置する

（２）裁判は同じ日に制定した極東国際軍事裁判所条例に従って行う

（３）本裁判所の裁判は、連合国による他の如何なる裁判も妨げない

この僅か三条文により、ＧＨＱ占領下で裁判の形を繕って裁いたのが、「東京裁判」でした。ＧＨＱが作った条例で、ＧＨＱに所属した検察陣と事務部門が運営し、マッカーサーが指名した裁判長と、連合国より出された判事候補から彼が任命した判事十一名が裁いた「裁判」でした。簡単に言うと、マッカーサーがボスのＧＨＱが、裁判所設置を宣言し、その為の条例を制定し、裁判のスタッフ等々を自ら全部準備し、裁判を行い、判決を執行しました。大統領への野心を持ったマッカーサーの、マッカーサーによる、マッカーサーの為の裁判でした。これは「裁判」ではありません。世の中一般にはこれを、組織的な私刑‐リンチと呼

8 新田満夫『極東国際軍事裁判速記録』極東国際軍事裁判所設置に関する特別宣言　第10巻　815頁第1段

びます。ですからこの一連の行為の内容に合った呼び名は、「連合国東京リンチ裁判」でした。抑々「裁判」は立法・行政から独立して行われてこそ正当性を持ちます。マッカーサーが三権を独占した占領下で、全て彼がお膳立てして行った通称「東京裁判」を、本書ではカッコ付きで表現します。

この様な枠組みの「東京裁判」ですから、公判の冒頭から立ち往生しました。抑々（そもそも）この裁判所は裁判をする権限がないとする裁判管轄権に関する論戦が、起訴状の朗読直後から始まりました。清瀬一郎弁護人が裁判の冒頭で裁判所の正当性を問う、次の四点を質しました：

・極東国際軍事裁判所が裁判を行う根拠としたポツダム宣言・降伏文書では、平和・人道に対する罪を裁く事は規定していない（規定しているのは捕虜に対する虐待を意味する戦争犯罪）
・戦争犯罪には戦争を始めた事を犯罪とする国際条約も慣習も存在していない
・ポツダム宣言発出当時になかった犯罪で裁く事 - 事後法の適用は遵法の精神に悖る
・ドイツに対するニュールンベルク裁判例を単純に日本に適用する事は間違っている

米国人弁護士ブレクニーも別の観点から同様に裁判所の正当性に疑義を呈し、舌鋒鋭く異議を申し立てて追及しました。その詳細は本章後段で詳述します。

弁護人によるこれ等の異議申し立ては、四六年五月三日の開廷、その後の起訴状朗読、三日目の罪状認否の後の第四・五日目に出されました。申し立ては検事側が起訴状に挙げた五十五訴因の内の第一分類：「平和に対する罪」の三十六の訴因と、第二分類：「殺人」での十六の訴因、合計五十二の訴因を否定する、裁判所・GHQ・マッカーサーにとっては「暴論」でした。ほとんどの訴因でありマッカーサーの「目玉」を否定するので、「裁判」が成り立たなくなる異議でした。

そして六日目には訴えられた全員も、裁判所が裁判を行う権限を持っていないとする意見書を提出しました。起訴事由だけではなく裁判所そのものの存在意義を否定するものでした。その異議は法廷を開いた連合国軍最高司令官マッカーサーの顔に泥を塗るもので、「誇り高く、大統領を窺う」彼マッカーサーは、絶対に斥けなければならない事態に陥りました。

マッカーサーは如何にも彼らしいやり方で逃げて繕いました。一日休廷して二日後の七日目五月十七日金曜日の十時五分に再開した法廷で、ウェッブ裁判長は、「(米国弁護士他等の申し立ては) 総て却下されました。その理由は将来に宣告いたします、弁護人側において何等かの申し立てはおありでしょうか……それならば起訴状はそのままにして置きます。それでは審判はこれにて休廷し、そうして開廷の時間は追って申し渡します。」と宣言して、この間僅か五分でその日の法廷を慌ただしく閉じました。これは敗戦宣言でした。この裁判長の宣言で、「東京裁判」の勝負は決しました。マッカーサーとウェッブの試みは失敗しました。以後は勝者の体裁を繕っただけでした。「将来に宣告する理由」は、二年半後の判決文にお粗末な理由を記しました。

ウェッブは敗戦宣言後に十六日間も法廷を閉じ、翌六月三日に八日目の法廷を再開しました。この休廷の間に将来の何時に宣告するかを決めたのでしょう。その申し立て - 動議を拒否した理由を二年半後の十一月四日から始まった判決文朗読の最初で述べました。

その動議を拒否した理由は、次の詭弁とも言える論理でした：

一九二九年七月に発効となった国際条約の「戦争ノ抛棄ニ関スル条約」※によって、ニュールンベルグ裁判所は「国家的政策の手段として戦争に訴える国は、どの国でも、この条約に違反するのである。本裁判所での意見では、国家的政策の手段としての戦争を厳重に放棄したことは、必然的に次の命題を含蓄するものである。その命題というものは、戦争は国際法上で不法であると云うこと、避けることの出来ない、恐ろしい結果を伴うところの、このような戦争を計画し、遂行する者は、それをすることにおいて犯罪を行いつつあるのだということである。」とした判決での意見に、東京国際軍事裁判所は「完全に同意する」として、弁護側の強調した初めの四つにたいして完全な答えを表すものである。(引用はここまで)

これは他人の褌を借りた言い訳でした。それも二年以上も前の褌とは、何とも嘆かわしいです。弁護側が五月に出した動議に対して、その年の十月にニュールンベルク裁判所が出した判決文の一部を使って、二年後の極東国際軍事裁判所の動議を否定したのです。東京とは全く異質なニュールンベルクでの判決文の一部を継ぎはぎしたのは、困るに困った結果でした。

安直でいい加減な点がもう一つ、戦争を放棄した合意の「パリ不戦協定」は、条約 (treaty) ではなく協定 (pact) でした。その協定は「戦争をしない国際的な取り極め」であり簡単な約束宣言で、戦争そのものを違反にするとか、罰則の規定はありません。弁護人高柳賢三は、「日本の行動は自衛戦争であった」と主張しました。戦争を起した事で個人の罪は問えないとする動議に対しては、正に法匪らしくヤクザの言い掛りにも等しい安っぽい屁理屈を並べました。「裁判所条例に個人を処罰すると明記し」、「侵略戦争は、ポツダム宣言の当時よりずっと前から戦争犯罪であったのであって」、だから個人の犯罪は処罰できるし、「木戸の日記にも」天皇

※会議場所からパリ不戦協定、或いは提唱者の両外務大臣名でケロッグ・ブリアン協定とも呼ぶ

陛下が「戦争責任者の処罰を思うと」と八月十日に言っているのだから、処罰を認識していた、と。裁判所条例は事後法だし、「自衛戦争」と主張しているのにもかかわらず「侵略戦争」と根拠もなく一方的に断罪し、他人の日記から都合の良い言葉をつまみ食いして、処罰を覚悟していた、との言い草と論理は詭弁でした。パル判事は別な意見を出した事が頷けます。

ニュールンベルク裁判判決文の一部を切り貼りし、裁判所の正当性を問う動議に対して二年半も掛けてもこの様な陳腐な反論は、「東京裁判」そのものが全く正当性のない事を明らかにしました。

「東京裁判」を「勝者の裁判」と頭から否定する主張に抗して、国際法的に再評価するに値すると主張する本が手元にあります。何れの手法であれアプローチであれ、私も再評価をする事に賛成します。この本が再評価そのものです。例えば日本と支那が開戦する端緒と成った盧溝橋での日支両軍衝突事件も、ノモンハン戦争も、日米開戦も、その記録を検証し再評価する価値は十分にあります。

では、本書で問題とした、裁判管轄権、事後法、「平和に対する罪」、をその本はどの様に評価しているか、該当部分を読んでみましたが、拙論で違反とした何れの三点でも、違反でない或いは適法だとの何方の見解もありませんでした。例えば裁判所の管轄権についてその本は、裁判所は最後まで見解を出さなかった、と言っているだけですから、それだけでも今もって管轄権があったとする論は立っていません。この点から、現時点でも「東京裁判」の「裁判所」とそこが行った「裁判」の正当性は、未だに立証できていません。当時、正当性がないとした難しい「ない」証明をしたし、本書でもしたその証明は今もって有効です。「東京裁判」の「裁判所」とその「裁判・判決」には今もって正当性がない、と結論できます。

訴因の正当性

裁判所は、ポツダム宣言の第十項に書かれた「吾等の俘虜を虐待せる者を含む一切の戦争犯罪人に対しては厳重なる処罰加えらるべし」に基づいて、戦争関連の国際条約に違反した「戦争犯罪人」を処罰するハズでした。それだけでしたら数個の訴因で十分でした。しかしマッカーサーは裁判所条例で何と五十五もの訴因を創り出して、裁判に臨みました。

その五十五の訴因は三つに分類されます。第一類は他国へ侵略した「平和に対する罪」で訴因数は三十六、第二類は刑法で云う「殺人」で訴因数は十六、第三類は「通例の戦争犯罪及び人道に対する罪」で訴因数は三つでした。それ等の訴因で先ず二十八名の日本人指導者を起訴しました。第一と二類が条例で追加した罪で、詰まりマッカーサーが作った罪がほとんどで、彼の裁判に賭けた意気込みが窺えます。その第一類は、一九二八年から終戦の四五年迄の侵略戦争を為した共同謀議により平和を乱した行為を罰し、第二類は米国の場合ですと、宣戦通告前の真珠湾攻撃を殺人で罰するものでした。裁判が日本の侵略と「騙し討ち」の真珠湾攻撃の処罰を目的とした事は明らかで、本来の戦争犯罪は付け足しでした

その意気込んだ「平和に対する罪」ですが、こじつけた根拠と思われるのは、ポツダム宣言の第六項：「吾等（連合国）は無責任なる軍国主義が世界より駆逐せらるるに至る迄は平和、安全及正義の新秩序が生じ得ざることを主張するものを以て日本国国民を欺瞞し之をして世界征服の挙に出ずるの過誤を犯さしめたる者の権力及勢力は永久に除去せられざるべからず」[87]です。

---

[87] 国会図書館ＨＰ「日本国憲法の誕生　ポツダム宣言」第6項の文言 https://www.ndl.go.jp/constitution/etc/j06.html

これは公職追放の根拠にもした文言で、それを「罪」とこじつけて援用し、世界征服をしようとした人達の「除去」を「死刑」で処したのですから、それこそが裁判に名の借りた殺人でした。その責任は、これを根拠に裁判所条例を作り起訴状を作成したＧＨＱとボスのマッカーサーにありました。

米国は日本が「世界征服の挙に出ずる」為に米国を騙して戦争を始めたと信じていました。日本も随分と恐れられていた訳で、起訴状には「世界の他の部分の支配」を目的とした、と記しました。戦前の日本に世界征服を夢想した指導者がいたと米国人は思い、後述する田中上奏文を信じました。

怪しい裁判管轄権で、事後法で根拠もあやふやな「平和に対する罪」の訴因で、軍法会議もどきの矛盾一杯の「東京裁判」を、マッカーサー・ＧＨＱは始めました。

三分類で目玉の訴因数が最も多い「平和に対する罪」の核心部分が次です：

《（被告達はアジア・太平洋において）一九二八年〈昭和三年〉一月一日より一九四五年九月二日に至るまでの期間において、一個の共通の計画又は共同謀議の立案又は実行に、指導者、教唆者又は共犯者として参画したるものにして、斯かる計画の実行につき本人自身により為されたると他の何人により為されたるとを問わず、一切の行為に対し責任を有す。》

ここに書かれた二八年一月一日から実行した国策とは、その前年の四月二〇日に総理大臣に成った田中儀一の名前で特に支那で流布した、所謂「田中上奏文」です。日本の目指した世界制覇の原点だと、その上奏文が実在する事を前提に起訴状を書きました。

ところが裁判ではその上奏文の信憑性を証明できなかった事から証拠と認められず、詰まるところ偽物であった訳で、それは二八年からの計画・共同謀議、実行が証明されなかった訳ですから、疑わしきは罰しないどころか、疑いがなかったのだから、真面な裁判なら訴因は却下されました。起訴状に「田中上奏文」を記さなかったから誤魔化せた訳で、検事はその怪しさを知っていたのでしょう。

裁判の目玉が潰され、法廷に引き出した「被告達」を見せしめに重罪に処せなくなる、と困った検察陣は、代わりに一民間人の大川周明の唱道と広田内閣が二・二六事件直後の三六年八月に策定した「国策の基準」[88]を使って、二十五名中の二十三名に対してこの訴因で有罪としました。大川は二八年の一月一日を期して世界侵略を唱え始めたとは、笑い話です。それで松井岩根と重光葵の二人は関係がないのでこの訴因では有罪にできませんでした。訴因の「一九二八年から」を修正せずに罰しました。非軍人で唯一死刑と成った広田は、「国策の基準」を策定した時の首相だった事で責任を取らされました。「東京裁判」の目玉の罪状を維持する為、マッカーサーとウェッブ裁判長とキーナン首席検事のメンツの為に、広田は人身御供（ひとみごくう）に成りました。合掌。

改竄電報で戦端を開き、偽の田中上奏文を元に「東京裁判」を起して国策を進めた米国人の指導者は、「騙す天才」とこの様に「騙され易い天才」が共存していました。

戦勝国の為の「東京裁判」は、日米の弁護人の熱心な弁論のお蔭もあって、判決に採用された訴因数は十訴因のみで、例えれば検察側は圧倒的なホームグランドで五十五戦して十勝四十五敗でした。

その認められた中の八つがいい加減な「平和に対する罪」で、残り二つが第三分類の戦争犯罪でした。その八つが以下です：①田中上奏文を基にしたアジアの侵略、②満州事変からの支那の侵略、③十二月八日からの米国への戦争（真珠湾攻撃）、④同英国植民地への戦争、⑤同オランダ植民地への戦争、⑥同フランス植民地への戦争、⑦張鼓峰戦争、⑧ノモンハン戦争。

---

88 国会図書館ＨＰに依る：https://rnavi.ndl.go.jp/politics/entry/bib00118.php

本書はこの八つの訴因で日本の指導者を罪にできない - 無罪だと証しました。それを纏めたのが以下の表です。

日本の世界制覇の根拠と成った田中上奏文は、「東京裁判」当時でも証拠としての価値がないもの - 偽物だったし、真珠湾攻撃に関連した戦争は国際法に則った行為だったし、張鼓峰（ちょうこほう）とノモンハンでの戦争はソ連の国境侵犯でした。残るのは三一年の満州事変だけで、これが侵攻だったか議論が分かれます。抑々盗賊が跋扈した満州が平和と言えたのかも含めて、侵略であったのか治安維持であったのか等で議論する点です。そうは言っても他の点で日本の侵略がなかったことを述べました。仮に満州事変が日本の侵略であったとしても、それだけでは日本が世界の平和を破ったとは糾弾できません。残る二つは戦争犯罪での捕虜虐待で、間接的な管理責任での有罪でした。例えれば、本社の役員が現場で起きた事故の責任を問われた事です。

ですから死刑を含めた判決は、米国・中華民国・英国・蘭国・仏国・ソ連各判事国のメンツの為だけでした。第二分類での起訴は全滅で、それは後述するブレクニー弁護人の「戦争下での殺人は合法であり犯罪ではない」とする主張が利きました。検察陣は開戦時の通告遅れで裁こうと、傍受電報までも証拠にして持ち出しても反論されて藪蛇と成り、こっそりと訴えを取り下げました。

「東京裁判」で認定した第一分類：「平和に対する罪」での訴因

「平和に対する罪」での有罪とした訴因

番号	訴因番号	内容	根拠	開始年	日本の侵略
1	一	アジア・太平洋の侵略計画	・田中上奏文 ・大川周明の唱道 ・広田の国策の基準	一九二八	×
2	二七	支那の侵略	満州事変	一九三一	?
3	二九	米国の侵略	真珠湾攻撃	一九四一	×
4	三一	英国植民地の侵略	シンガポール攻撃	一九四一	×
5	三二	蘭国植民地の侵略	インドネシア攻撃	一九四一	×
6	三三	仏国植民地の侵略	インドシナ攻撃	一九四一	×
7	三五	張鼓峰の侵略	張鼓峰攻撃	一九三八	×
8	三六	ノモンハンの侵略	ノモンハン攻撃	一九三九	×

訴因第五の「日本による世界制覇」、第二類に属する訴因第三十七の「卑怯な真珠湾攻撃」と訴因第四十五の「南京虐殺」等の日本を戦争犯罪国家と断じる訴えは、この裁判所でさえも取り上げませんでした。その理由の「証拠不十分」は、証拠が全くなかった意味でした。「卑怯な真珠湾攻撃」での法廷でのやり取りでは、米国が改竄電報でそうさせただけはなく、日本が軍事的な行動を起す事を傍受解読電報で事前に知っていた、とのバレンタインの証言を引き出しました。

四六年十一月二〇日の法廷は、バレンタインに対してのブレクニーの反対尋問でした。その最後は日本の開戦通知でした。日本外務省の開戦通知電報は十四部から成り、十三部迄はワシントン時間で五日（金）の夜に傍受して六日の朝には翻訳文ができていただろうから、それを読むだけでも日本の攻撃は予想できたのではないかとの厳しい質問でした。のらりくらりと返答していたバレンタインは、最後の十四番目の電報は七日の朝受信し、その電文は野村大使が十三時にハル長官に手交する様に訓令されていたが、日本は真珠湾攻撃後にハル国務長官に手渡した、と証言しました。ルーズベルトからハルとバレンタインへの情報伝達ルートで、バレンタインは日本が戦争を開始する事を、真珠湾攻撃以前に、野村大使が通告する前に、知っていた事が明らかに成りました。

ハルは回顧録で十二月七日の模様を、こう述べました：

《一九四一年十二月七日は日曜日だったが、私は朝から登庁した。私は一九三三年国務省に入って以来大抵日曜日もかかさず登庁していた。午前中私は長い傍受電報を受け取ったが、これは東郷(茂)外相から野村、来栖にあてた十四部からなる長文の電報だった。これは十一月二十六日のわれわれの提案に対する回答だった。このほかに両大使あての短い電報があり、それはその日の午後一時にこれを米国政府に、出来れば私に渡すように指示していた。これが行動開始の時刻だ。》

ハルは、この様に午前中に（バレンタインからであろう）最後の電報を受け取って、日本が十三時以降に行動を開始する事を知っていた、とバレンタインと同じ事を述べました。ハルとバレンタインが日本の攻撃開始を事前に察知していたし、ルーズベルトも別途に電報は配達されたハズで当然知っていました。こうして逆に「卑怯な米国」が明らかに成った訴因でした。

死刑判決を受けた七人の方は、陸軍軍人六名、首相・外交官一名は広田引毅でした。先に述べた「国策の基準」を、広田が二・二六事件後の首相の時に策定した事が死刑に成った理由でした。その国策の基準には世界を侵略するとか、それを匂わす言葉さえもありません。

海軍は誰一人も死刑者がいなかった点から、うまくやったとする批判は、的外れです。ＧＨＱ国際検察局も裁判所も、幾ら強引にやっても、根拠がなくてこじつける事もできなかっただけです。

次の受難者とその正当性がない訴因と判決を纏めた次頁の表が、彼等の敗戦を物語ります。

第一類の平和に対する罪は、三十六の訴因の内で何とか屁理屈を付けて有罪にできた八つは、一民間人の唱道を取り上げたり、偽文書を根拠にしていたり、ルーズベルトが陰謀で起した戦争を日本の責任に転嫁したり、今となって日本を断罪する根拠は全くありませんが、裁判当時でも疑問は出ていました。第二類の殺人は真珠湾攻撃も南京事件も含めて十六の訴因が全滅、最後の戦争犯罪は関係性をこじつけて二つの訴因で有罪としました。松井岩根は自身の第三類の監督責任だけで死刑でした。表は判決の不釣り合いを示します。

「東京裁判」受難者の起訴と有罪判定の訴因数

「東京裁判」起訴と有罪判定の訴因数（第一類：平和の破壊、第二類：殺人　第三類：戦争犯罪）

受難者	出身	起訴した訴因の数 第一類	起訴した訴因の数 第二類	起訴した訴因の数 第三類	有罪と判定した訴因の数 第一類	有罪と判定した訴因の数 第二類	有罪と判定した訴因の数 第三類	判決
東条英機	陸軍	訴追⑦	検察は訴追せず（起訴の訴因から取下げ）	訴追②	有罪⑥	判定対象に、ならず	有罪①	絞首刑
土肥原賢二	陸軍	訴追⑧		訴追②	有罪⑦		有罪①	絞首刑
板垣征四郎	陸軍	訴追⑧		訴追②	有罪⑦		有罪①	絞首刑
木村兵太郎	陸軍	訴追⑤		訴追②	有罪⑤		有罪②	絞首刑
松井石根	陸軍	訴追⑦		訴追②	無罪		有罪①	絞首刑
武藤章	陸軍	訴追⑦		訴追②	有罪⑤		有罪②	絞首刑
広田弘毅	外務官僚	訴追⑦		訴追②	有罪②		有罪①	絞首刑
荒木貞夫	陸軍	訴追⑦		訴追②	有罪①		無罪	終身禁固刑
橋本欽五郎	陸軍	訴追⑤		訴追②	有罪②		無罪	終身禁固刑
畑俊六	陸軍	訴追⑦		訴追②	有罪⑤		有罪①	終身禁固刑
小磯国昭	陸軍	訴追⑥		訴追②	有罪⑤		有罪①	終身禁固刑
南次郎	陸軍	訴追⑤		訴追②	有罪②		無罪	終身禁固刑
大島浩	陸軍	訴追⑤		訴追②	有罪①		無罪	終身禁固刑
佐藤賢了	陸軍	訴追⑤		訴追②	有罪⑤		無罪	終身禁固刑
梅津美治郎	陸軍	訴追⑥		訴追②	有罪⑤		無罪	終身禁固刑
岡敬純	海軍	訴追⑤		訴追②	有罪⑤		無罪	終身禁固刑
嶋田繁太郎	海軍	訴追⑤		訴追②	有罪⑤		無罪	終身禁固刑
平沼騏一郎	枢密院	訴追⑧		訴追②	有罪⑥		無罪	終身禁固刑
星野直樹	企画院	訴追⑦		訴追②	有罪⑤		無罪	終身禁固刑
鈴木貞一	企画院	訴追⑦		訴追②	有罪⑤		無罪	終身禁固刑
賀屋興宣	大蔵官僚	訴追⑤		訴追②	有罪④		無罪	終身禁固刑
木戸幸一	内務官僚	訴追⑧		訴追②	有罪⑤		無罪	終身禁固刑
白鳥敏夫	外務官僚	訴追⑤		訴追②	有罪①		無罪	終身禁固刑
東郷茂徳	外務官僚	訴追⑥		訴追②	有罪⑤		無罪	禁固二十年
重光葵	外務官僚	訴追⑦		訴追②	有罪⑤		有罪①	禁固七年

典拠：極東国際軍事裁判判決速記録　昭和23年11月4日794～806頁 国立国会図書館 令和5年10月細谷作成

米国が日本と戦争を始めた正当性

以下の表は「東京裁判」と改竄された機密電報に関連する事柄を、時系列で示します。裁判でも改竄機密電報は影の主役でした。もう一つの影の主役は、米国人弁護人のブレクニー少佐でした。ブレクニーは裁判冒頭で裁判の正当性を真っ向から否定し、四六年十一月には傍受解読した日本の最高機密電報が改竄されていた事に、国務省が無知であった事を証しました。そして四八年三月の最終弁論では、改竄電報を元に日本が受け容れ不可能なハル・ノートを出した米国には、米国が止むを得ず日本と戦争に入ったとする主張は成り立たないと断じて、その主張を崩しました。そして、米国人なので控え目にでもはっきりと、米国が非妥協的・頑なな態度で寧ろ日本を開戦に追い込んだと、結論を下しました[88]。

「東京裁判」と改竄機密電報の経緯

年	月	出来事
四一年	十一月	26日　ハルノート出状
		29日　スターリン対独反攻決断
	十二月	5日　ソ連軍対独反攻開始
		8日　日本宣戦　真珠湾攻撃
第二次世界大戦		
四五年	八月	15日　日本終戦宣言
	九月	2日　日本の降伏
四六年	五月	3日　「東京裁判」開廷
		14日　清瀬・ブレイクニーの冒頭弁論：裁判の正当性
	十一月	20日　バレンタイン：（改竄された事を知らずに）日本の誠意を疑った、と法廷で証言
四八年	一月	1日　「ハル回顧録」出版
	三月	15日　ブレクニーの最終弁論：改竄電報で誠意なき日本に受け容れ不可能なハル・ノートを出した米国
四八年	十一月	12日　判決を宣告、閉廷
	十二月	23日　死刑執行

判決は米国の態度を次の様に記しました：（傍線と太字は筆者が加えた）

《米国政府は、米国の情報機関が傍受し、**解読した日本側の通信の中にあった情報にかんがみて、**また南部仏印から引き揚げられる軍隊は、一日か二日で再び送り返す事ので

[88]同『極東国際軍事裁判速記録』昭和23年3月15日ブレクニーの最終弁論　結論第82章393頁

きる北部仏印と海南島に維持されることになっていたという事実にかんがみて、**乙案は誠意のないものという結論に達した。**》

「米国側が傍受電報を読んで日本側の提案に誠意がないと結論した」と、戦勝国の判事で構成された裁判所でさえ、(改竄を知らずに改竄された）乙案を読んだら、日本に誠意がないとする米国の判断は合理的と認めました。だからです、米国の「東京裁判」の不当性と、米国が主張した「止むを得ずの日本との戦争と戦勝の正当性」を否定したブレクニーの弁論は、今日まで隠されてきました。

2. ブレクニー弁護人の弁論と証人尋問

国際公法の専門家で、梅津美治郎と東郷茂徳の弁護人を務めたペン・ブレクニー弁護人が、裁判の正当性を問い質した弁論と、改竄されたとは知らずに日本政府の電報を読んだ国務省が、日本政府に誠意なしと判断した証言を引き出した証人尋問は、見事でした。その弁論は抹殺され、証人尋問も史実にならず、抹殺されています。極めて重要なこの二点を取り上げます。弁護士資格を持つ米国人が、英語で、「東京裁判」の正当性を完璧に打ち砕いたから、速記録に残しませんでした。マッカーサーもその後に情報公開法ができて裁判記録が公開される事を想定していなかったから、逆に今こうしてその記録を見る事ができます。

2 - 1. 裁判の正当性

ブレクニー弁護士の裁判所の正当性と訴因に対して異議申し立てた弁論は、開廷後の五日目でした。それは出版された法廷速記録には掲載されていません。ここで度々引用する日本語速記録の『極東国際軍事裁判速記録』には、彼が弁じた冒頭部分 - それは全体の一割以下です - を掲載して「以下通訳なし」と、彼の弁論が「通訳なしで行われたので掲載はせず」と取れる記述があって、その後は次の弁護人の弁論が続いていて、彼の続き部分の記載はありません。

英米で一九八〇年に出版された英語版速記録[90]は、彼のその弁論を一切掲載しませんでした。その不掲載は徹底的な隠蔽でした。その誤魔化し方が如何にも尤もらしいのです。その英文速記録の前日五月十三日の最終頁には、事実でない「明日の開廷は午後二時半から」と記し、十四日はその通りに午後からの速記録を掲載しました。速記録は開廷してから各頁に通し番号が打たれていたので、それでは省いた部分の頁番号が欠けて終います。欠けた部分‐ブレクニーの弁論部分‐には別の法定証拠を載せて、ブレクニーの弁論があった午前中の頁を穴埋めしました。実際には十四日は九時半から開廷して、件のブレクニーの弁論があったから、省いたブレクニーの弁論をこの速記録はこの様に手の込んだ隠蔽をして、彼の弁論がこの世に存在しなかった事にする徹底振りでした。裁判の速記録と謳った本をそれ程までに改竄しても、ブレクニーの弁論を載せたくなかった‐読ませたくなかったからです。

幸いな事に検事陣が属したGHQ国際検察局は英文の速記録を残し、それは米国の国立図書館：NARAに保管され、一九七四年に制定された法律で公開され、国会図書館で読める様に成りました。この様に検察陣が必死で「隠蔽」を試みたその論の要旨が以下で、全訳文は巻末に掲載します。日本語全文での出版公開は本邦初です。

この時にブレクニーは弱冠三十七歳、戦勝国の判事・検事を前にして、戦勝国米国人の彼は、法廷の正当性を真っ向から問うて、真正面から正論を弁じました。それは弁護人清瀬一郎と高柳賢三が法廷は裁判を行う権

---

[90] Library of Congress, Vol.18, The complete Transcript of the Proceeding in Open Session, the Tokyo War Crimes Trial-Tokyo, General publishing Inc. 1981

限がないとする裁判所の管轄権を否定したのに続く二の矢で、ブレクニーは加えて次の五点を主張して、法廷には正当性までもがない、訴因も正当性がないと論じました。

彼の主張点は：

1．戦争は犯罪ではない
2．「平和に対する罪」を犯罪とする法は存在しない
3．戦争は国家の行為、個人ではない
4．戦争で人を殺す事は殺人に非ず
5．戦争犯罪は既存の法で裁かれるべき

夫々の理由は：

・戦争に関する法が存在する
・国際公法は「平和に対する罪」等を犯罪と認めていない
・個人で戦争を起せない
・戦争下と非戦争下では適用する法が異なる
・戦争犯罪は既存の国際公法で裁ける、罰則もある

ブレクニーの主張そのものが刺激的な上に、その説明に強烈な言葉を使って法廷を凍らせました：

「人類の歴史においてこの方、戦争の計画と遂行が法廷によって犯罪として裁かれた事は一度もありません」、『起訴状での第一分類の「平和に対する罪」の一から三十六番に記載されている訴因は、法律として知られている、或いは定義されているどの犯罪の咎めも構成しない」と。この主張は真正面から裁判所の正当性に疑義を投げ掛けました。

そして名指しこそはしませんでしたが判事の一角を占めるソ連を示唆して、法廷の偽善性を質しました：「何時に、告発国の間で - 当法廷を代表する国家間で、起訴状に書かれた一定の期間中においてそれ自身がアジアとヨーロッパで武力侵略を行い、有罪との判断を下され、その罪によって現在検察が頼りとしているその国際連盟の規約を基に正にその連盟から追放された、その一国を見つけ出すのですか?」と。又、戦争で人を殺す事は殺人ではないと主張した上で、その点に関連して真珠湾攻撃と広島の原爆投下に言及して、「真珠湾爆撃によるキッド提督の殺害が殺人であるならば、我々は広島へ原爆を投下したその当人の名前を承知しています。我々はその行為を計画した参謀総長を知り、行為の責任を負う国家の最高責任者を承知しています。殺人は彼等行為者の本心ですか?きっとそうではなかったと思います。武力紛争での出来事はその言い分を正当とし、敵の言い分を不当と宣言したからではなく、その行為が殺人ではない理由から、きっとそう認識していなかったと思います。」と、勝者の正義を質しました。

そして戦争犯罪は既存の法で裁かれるべきとする主張では、「この法廷は独特です。看板が示すような軍事なのか、成員の性格と裁判官の衣装が暗示するような民事なのか」判らない法廷が、既存の法で裁く権限も持たない、と断じました。そして最後に法廷侮辱罪に問われかねない、「起訴状のこの文書によって呼び出し状が差し出されるのは、この残虐行為のその裁判所です。」と、当裁判所こそ殺人罪で裁かれるべきと断言しました。実際に判決で死刑に処しました。

ブレクニーの弁論は、戦争に関する国際公法が世の中に存在する以上は、戦争が法の下にあり合法である、とする正論でした。彼はその論理でこう主張しました：戦争を犯罪とは認めていない、そして戦争は個人が起せるものではなく国家だけができる事だ、個人に責任を負わせる事はできない、平時の法律を戦時には適用できない、戦時では人を殺す事は栄誉の対象だ、戦時下での国際戦争公法に反する暴力行為は現在の法律で対応できる、と。これで判事も通訳官までもが凍って終いました。

ウェッブ裁判長は、このブレクニーの弁論の日本語訳を出さず、反論は「後（あと）」でと言い残して、結局は二年半後に頓珍漢な答えをしました。その回答は前に述べた様に、反論にもならない代物でしたし、ブレクニーの弁論の日本語訳は最後まで出しませんでした。

正確に言えば「戦争で人を殺す事は殺人ではない」に対してのウェッブの二年半後の回答は、他の回答にもならない四点と違って、「弁護側の第六の主張（交戦中の殺害行為は、交戦法規または戦争の法規慣例の違反を構成する場合を除いて、戦争に通常伴うもので、殺人ではない。）、すなわち、（訴えられた人は）殺人をしていないとする主張は、後に論じる事にする。」[91]と、その四点とは一緒に答えない程に気掛かりでした。

ではウェッブは判決文の後の方で答えたでしょうか。判決文での該当しそうな所は、日本軍の捕虜・現地住民に対する虐待を延々と列挙した部分で、それが「後で」の回答と思われます。都合が悪くなると「後で」を連発したウェッブは、後でも真面な回答はできませんでした。原爆投下は、日本軍の戦争犯罪行為の結果だった様な苦し紛れな事を言って彼は逃げました。

とある老婦人が、毎朝に奉仕で公園を掃除する人に言ったお礼の言葉を思い出しました。その老婦人は、「ご苦労様、後で良いのは箒だけね」と。これこそ智慧であり訓えです。それは「後で」と言って怠けないで今直ぐやりなさい、との訓えでした。既に鬼籍に入ったウェッブに日本の智慧を是非とも伝えたいので、天国でしようか、そこへ行けば会えるでしょうか。

---

91 新田満夫『極東国際軍事裁判速記録』第10巻 591頁第2段

ブレクニーは裁判終了後に、米国連邦最高裁に極東国際軍事裁判所の判決は米国憲法に違反したので支持すべきではない、とする訴えを同じ闘ったジョージ・ファーネス弁護人と出しました。それは真実でしたが、最高裁は門前払いでした。米国に正義がなかったからではなく、準拠法がマッカーサーでしたから無駄でした。

彼はその後には東京大学で英法を講義し、弁護士事務所を開いて活動し、又亡くなった東郷(茂)の『時代の一面』を部分的に翻訳して、米国でThe Cause of Japanのタイトルで出版しました。残念ながら本は評判になりませんでした。

六三年三月四日に自身がセスナ機を操縦して沖縄での仕事に向かう途中で、伊豆半島の天城山に衝突して亡くなりました。享年五四歳でした。裁判で共闘した清瀬博士は、嘗ての敵国人ながら、あらぬ罪状で訴えられた日本人の為に弁護して奮闘したブレクニーに叙勲を申し出て、勲二等が授与されました。

彼が生きていれば、「東京裁判」が自国米国の過ちでありその問題点を知った人として、日米関係の交流・発展に大いに貢献したでしょう、大変に惜しまれる死でした。

ブレクニーは、「東京裁判」の不当性を訴え、第二分類の「殺人」の訴えを取り下げさせた論を展開し、真珠湾攻撃における米国の錯誤を指摘しそれを証明して、開戦責任は米国にあった事を裁判で明かして、米国の一方的な被害者像を打ち破った、米国人弁護人でした。

彼の弁護活動は、印度のパル判事よりもっと実践的で、公正な法の適用と正義の為の弁護士としての純粋な精神から出た行動でした。その為に、結果的に祖国を非難し昨日迄の敵国を有利にして、周囲からの批判も激しかったでしょう。

四六年五月十四日にブレクニーは渾身(こんしん)の弁論を行いました。感謝と尊崇の念を込めて、その全文の日本語拙訳文を巻末に掲載します。

2―2．裁判後のハルとバレンタイン

改竄された日本政府の傍受解読電報を読んで、電報が改竄されていたとも知らずに、ハルもバレンタインも日本政府に誠意なしと判断したと著書と法廷で証言しました。そしてハルは日本政府に出したノートが開戦の引き金に成った事も、第五章２．「ハル・ノートを出させた傍受改竄電報」で、詳しく述べました。ブレクニーがその証言を引き出しました。

裁判が始まった時点では、改竄された電報がハル・ノートの出状に繋がったとは、日本と米国での関係者は誰も知りませんでした。ルーズベルトが生きていれば、改竄電報を法廷に証拠として出すようなへまは、しませんでした。

国務省とＧＨＱは、日本が世界侵略を企んで謀議をしていた、日本政府は交渉する振りをして騙して真珠湾攻撃をして米国軍人他を不当に「殺した」、と本当に信じ込み、真面目にそれを「東京裁判」で証明しようとした意気込みが、この解読した傍受電報を証拠とした提出でした。検事団の意気込みは、十二月七日に野村・来栖両大使がハル国務長官へ宣戦通告を手渡す際に立ち会った国務省極東部長補佐ジョセフ・バレンタインを、裁判の顧問に迎えた事でも明らかでした。彼は裁判時には特別補佐官に昇格していました。傍受した電文-国家最高機密を公表した米国の本意は、「悪巧みをした謀議の証拠は握っている、正直に白状せよ」と自信満々に、傍受解読電報の証拠とバレンタインの証人を法廷に出して、日本政府が米国政府を騙して交渉する振りをして真珠湾攻撃で米国軍人他を不当に「殺した」と、訴えました。

ところが、「東京裁判」で傍受電報が改竄されていた事を指摘され、ハル・ノートは大統領に騙さて出した事を知ったに違いない両人は、その後は沈黙するしかありませんでした。ハルは四五年にノーベル平和賞を受け、その後の亡くなるまでの十年間は病気治療で過ごしました。開戦の切っ掛けを作った当人が平和賞を受け、

他方が「平和に対する罪」で死刑に成った事に、彼の見解を聞きたいです。手元に両人が亡くなった時のニューヨークタイムズの記事があります。ハルの一面大記事でのタイトルは、「ハルは国際親善、互恵貿易条約の働きによって記録される」があっても、ハル・ノートには一切言及がありませんでした。バレンタインも同様で、開戦に関する記事も日米戦争も「卑怯な日本との戦争」云々の記事もありませんでした。ハルもバレンタインもその棺が閉じられた時まで、ハルは騙されてノートを出した等とする議論を起さずに、両人は又「東京裁判」でのブレクニーの最終弁論に反論もせずに、進退谷まったから沈黙を通しました。平和賞は口止め料に成りました。

他の国務省幹部等も内心苦い思いをして、自分達がルーズベルトには騙された事を悟ったでしょう。改竄電報を本物と信じた人達は黙り、裁判ではこっそりと引き出しに仕舞われ、ハルとバレンタインは誰が騙したかを知って、その後は沈黙を通しました。マッカラムも黙りました。米国が参戦する為に結果としてマッカラムは海軍の多くの仲間と上長を真珠湾攻撃で生贄同然にした訳で、海軍としても個人としても諸般の事情は彼に八項目を達成した自慢話を許しませんでした。皆が沈黙したからルーズベルトはこれまで英雄でしたが、本書の出版以降は部下までも騙した詐欺師大統領です。国民と忠実な部下を騙し、相手国迄騙して戦争を起し、死して七十五年以上も嘘が隠されて英雄と崇められたそんな大統領を二度と出さない為に、真実とその訓え伝えるべきです。

騙されて自身のノートで戦争を引き起して交渉相手を死に至らしめた彼を、神は天国と地獄の何れかの地に召されたでしょうか。そしてあの世でお二人 - ハルとルーズベルトはどんなお付き合いをしているでしょうか。

3．宣戦通告の遅れ、法廷でのバトル

米国への宣戦通告遅れは、痛恨の失策で、その責任は偏に外務省にありました。事前通告を主張して海軍を説得してそうさせた当の外務大臣東郷(茂)は、責任の所在を明らかにせず、責任は東京にないから自分には責任がない、とまで公言しました。

彼は米国真珠湾基地への攻撃で、訴因第三十九号の殺人罪で起訴され、その追及を免れる為に自身の宣誓口供書[92]では、「余（東郷(茂)）は同（開戦の米国への）通告を指定時刻に手交し得る様に早目に電送さるよう、外務所関係者に命じ尚在米大使に対し後に指定する時間に手交し得る様予め必要な準備を成し置くべき旨の訓令を発送せしめた。この問題並びに如何にして通告が遅れたかと云う点に就いては既に充分証拠が提出されて居るから余は茲には唯右証拠が通告の手交に**必要な措置は東京に於て充分とられた事並びに其の遅延は東京に於ける余乃至は如何なる人の故意又は懈怠**（けたい）**に依り起こったものでない事を述ぶるに止める。**」[93]と記しました。

裁判ですし、あらぬ罪から逃れたい、軽くしたい心理を斟酌（しんしゃく）しても、その為に他人にその罪を被せる人には疑問を持ちます。問題は、太字で示した「自分も含めた東京側に落ち度はない」とする主張でした。海外の大使に訓令できる大臣は、東京も米国も関係なく、全責任を負います。彼は法廷でも他人に罪を擦り付ける主張をして、開戦時に内閣の閣僚同士であった海軍大臣の嶋田と開戦通告を巡って一戦を交えました。

嶋田は四七年十二月八日の法廷で、海軍は国際法の遵守を伝統としており、開戦前に通知する事で外務省に

92 新田満夫『極東国際軍事裁判速記録』第8巻　雄松堂　1968年1月第336号（1946年11月20日）86頁
93 新田満夫『極東国際軍事裁判速記録』第8巻　雄松堂　1968年1月　第337号（1946年11月20日）100頁

伝えた、開戦通知は外務省の仕事であった、と証言しました。これに対して同月十九日の法廷で彼は、事前通告なしでの奇襲攻撃を主張する海軍を自分は説得した、「嶋田、永野両提督はそれでも無警告の攻撃を希望していて、その事についてはいかなる場所でも言わないでくれ、と拘置所の中で二人から口止めの脅かしを受けた」と法廷で証言しました。それでこの議論は検察・判事迄加わって熱を帯びました。「海軍の血祭り」を求めていた検察は飛び付きました。永野はこの年一月に病気で亡くなったので、これも又死人に口なしでした。死刑を避けたい為とは云え、通告遅れの責任逃れを試みたとしか思えない東郷(茂)の言い訳は、「みっともない」の一言に尽きます。通告の手交に関する尋問の中で、海軍が宣戦を事前に通告しない事を主張した、とも言い出して、責任を海軍であり嶋田繁太郎海軍大臣に向けたので、内輪喧嘩の醜態を法廷で晒しました。

嶋田は海軍の名誉の為に反論しました。特別だった二度目の証言を申請し、東郷(茂)の証言に関わる部分だけの訊問と回答を許され、嶋田は翌四八年一月九日に再度証言台に立ちました：

「われわれは東郷が、われわれの注意によって、まさかああいうばかばかしいことを言おうとは思っておりません。まことに言いにくいのでありますが、彼は外交的手段を使った、すなわち、イカの墨を出して逃げる方法を使った、すなわち、言葉を換えれば、非常に困って、いよいよ自分の抜け道を探すために、とんでもない、普通使えないような脅迫という言葉を使って逃げた」と、嶋田は怒りました。嶋田のイカを引用した下りは、「賊喊捉賊(ぞくかんそくぞく)」に通じます。

東郷(茂)の主張通りに事前通告が決まっていた事を裁判でひっくり返す様な言い草は、ある意味で罪を逃れたい一心で出た人間の弱さであり、マッカーサーの言い掛りに等しい殺人の罪を認め、その罪を他人に被せる無責任な事を、外務大臣までも務めた人がするのか、と驚きます。公の場でこの様な事をするのは恥ですが、彼は厭いませんでした。

東郷(茂)が、「海軍は無通告の奇襲攻撃を主張した」と証言した後の彼への証人尋問は、十二月十五日（月）から二十六日（金）の土日を除く十日間にも亘って行われました。開戦の所ではこの通知遅れだけに時間が取られて、傍受改竄電報を元にした米国側の責任は審理されませんでした。それは「平和に対する罪」に関連し、ブレクニー弁護人も準備ができていたと推測しますが、為されなかったのは、戦争での犯罪を検証する点からも大変惜しまれます。

その十九日の証人尋問で、東郷(茂)に対する他の弁護人の見方を示す訊問記録がありました。嶋田の弁護人を務めたジョン・ブラナン弁護人は、他に永野、木戸幸一、岡敬純も弁護をした人で、彼が開戦前事前通知を国際法から主張して海軍を説得した点と、抑々論の宣戦通告の方法を彼に訊いたやり取りが以下です：

ブラウン弁護人：さて通告を事前に与えるかどうかと云うことについて海軍側と争ったという事は別といたしまして、結局においてかかる筋道をとり、そして通告するというその行き方に対して、あなたは承服あるいは満足であったと云うことになるのではありませんか。

東郷証人：攻撃前に通告を出す事については、意見が一致したわけであります。

東郷(茂)は、海軍と開戦前に米国にその通知を出す方法は一致していたと証言しました。開戦前に法廷で証言した様な齟齬（そご）は両者間にはなかった、と彼は矛盾した証言しました。

そしてブラナン弁護人は更に訊問を続けました：

ブラナン弁護人：しかし統帥部がこう云う件に関して、あなたの意見をよく容れたのでありますからして、**それではこの件に関してハル国務長官に通告を発すると同時に、東京においても駐日米国大使に通告すると云うことは、可能であったのではありませんか。**

東郷証人：外交上の慣例としましては、そういう場合はあるところの通告は正式なものとし、他の場所においての通告は参考のためということにするのが、外交上の慣例であります。

ブラナン弁護人：**もしあなたが攻撃開始以前にこの通告が相手に到達することについて、絶対的確信をもちたいという気持ちであったならば、東京においては米国大使、また同時にワシントンにおいては国務長官というこの両人に手交した方が、よりいいやり方であったのではありませんでしょうか。**

東郷証人：**外交上の慣例はそれに反します。**

東郷(茂)は、「外交上の慣例に反する」という如何様にも解釈ができる言葉を使って、自己の発言の矛盾を取り繕って逃げました。彼のダブルスタンダードが明らかに成りました。

ブラナンは更に詰めました：

ブラナン弁護人：あなたは真珠湾攻撃に関して、**海軍と少しでも協力したことはありますか。**

東郷証人：**協力する機会を持ちませんでした。**94

陸軍に抗する為に海軍との協力を自慢していた彼は、この矛盾した発言で裁判官の信用も失いました。真珠湾攻撃で「殺人を犯した海軍」から少しでも距離を置きたい東郷(茂)、そこを突いた米国人弁護士は、彼の何たるかを見抜きました。裁判官も同じでそれは判決文に記されました。

イカ墨論争 - 米国への開戦通告遅れ論争は、その訴因三十九号が判定されなかった事で、判決文で論争は言及されませんでしたが、彼に対する判決文にはイカ墨論争の関連部分がありました：

《東郷が特に主張したことは、**合衆国との交渉を成立させるために、**あらゆる努力を払うであろうという保証のもとに、**東条内閣に加わった**ということである、さらに、就任した日から陸軍に反対し、かれが交渉を持続

---

94 新田満夫『極東国際軍事裁判速記録』第8巻　雄松堂　1968年1月　第338号（1946年11月20日）120頁

するに必要な譲歩を陸軍から得たと彼は述べている。しかし交渉が失敗に終わり戦争が避けられなくなった時に、彼は反対して辞職しようとせず、むしろそのまま職に留まって、その戦争を支持した。それ以外のことをする事は卑怯だと彼は言った。しかし彼のその後の行動は、この抗弁をまったく無効にするものである。一九四二年九月に占領諸国の取扱いについて起った閣内の紛争の為に、彼は辞職した。我々は、彼の行動と誠意とを判断するにあたって、一つの場合についても、他の場合についても同じ考慮に従う積もりである。》

一方の嶋田はついては特に非難された点はなく、捕虜虐待でも罪にならず、死刑にもならず、法廷での「イカ墨」論争は嶋田を不利にしませんでした。寧ろ東郷(茂)はこの様に、判事に戦争を反対しなかった事と、自身は抵抗したと主張している矛盾を突かれ、彼の「誠意」までも疑われました。

傍受して「日本に誠意がない」様に改竄したその言葉：「誠意」が、国・文化が違っても大事な事が判ります。日本側には他に隙がなかったので、判事・検察にとっては憂さ晴らしに成り、誠意を疑われた点で日本人全体の印象を悪くしました。

4.「東京裁判」は大失敗だった

三十一ヶ月を掛けた裁判は、惨憺たる結果に終りました。マッカーサーが目論んだ、米国が成した戦争の正当性、その戦勝の正当性、その正当性の世界への宣伝、そして一番の目論見だったと思われる大統領選挙に向けた自身の売り込み、全てが外れました。裁判に関する点でも裁判所自身は、裁判所・裁判の正当性、訴因の正当性、米国が日本と戦争を始めた正当性、米国が日本を断罪する正当性までをも、正当化できませんでした。

逆に(本書の改竄電報の発見に結び付いた)傍受解読した日本政府の機密電報が違う内容に改竄されそれが翻訳されていた為に米国の対応が間違った事、真珠湾攻撃を事前に知っていた事、原爆投下等の米国側の不当性を公にされる事に成りました。

「東京裁判」は勝者の裁きだとも云われますが、勝者は法廷で反論を食らい尻尾を巻き、それでも権限だけは持っていたので何とか取り繕って、すごすごと法廷を閉じたのが実情でした。

この様にマッカーサー・ＧＨＱが見世物として華々しく開いた「東京裁判」劇場は、法衣を纏った鬼‐法匪と目立ちたがり屋が演じる安物のお芝居に成り下がりました。

「裁判」の受難者と成った二十五名への死刑判決は当時でも不法でした。米国との戦争の原因が日本による真珠湾攻撃が発端ではなく、日米交渉でのルーズベルト大統領の陰謀だった事が判明した今、二十五名の方が着せられた「平和に対する罪」は、謀ったルーズベルトとその協力者にあります。二十五名の皆さんには法的に加えて道義的にも全く罪がありません。冤罪（えんざい）を被った受難者の皆様と、ブレクニー弁護士、ブラナン弁護士、その他の彼等の弁護に尽くした日米九十九名の弁護人を、次頁に記します。

「東京裁判」を一言で短く纏めます。複雑ですので少し長い説明なります‥

マッカーサー・ＧＨＱが作った法で設立された極東国際軍事裁判所が行った裁判（通称「東京裁判」）は、抑々裁判所が裁判を開催する資格も、訴えられた日本の指導者を審理する資格も、そして彼等を裁く資格もありませんでした。弁護側から資格がない事を指摘されたにもかかわらず強行した裁判は、加えて訴えた罪‐訴因にも正当性がない事を指摘され、何とか屁理屈をこねて有罪と認定できたのは五十五訴因の内で僅か十のみでした。その八つは裁判の主目的とした「平和に対する罪」で、その中心は日本の真珠湾攻撃が世界の平和を破壊する世界侵略の一環であったとする論理でした。起訴状での日本による世界侵略は「田中上奏文」を元にしましたが、審理で偽物と否定されたにもかかわらず、アジア侵略に替え判決した程に極めていい加減な「裁

「東京裁判」の受難者と日米の弁護人

25名の受難者	陸軍14 海軍2	絞首刑7人	14人の米国人弁護人	85人の日本人弁護人
東条英機	陸軍	絞首刑	ジョージ・ブルーエット	清瀬一郎、内山弘、河北健次郎
土肥原賢二	陸軍	絞首刑	フランクリン・ワーレン	太田金次郎、加藤隆久、木村重治、北郷為雄
板垣征四郎	陸軍	絞首刑	フロイド・J・マタイス	山田半蔵、佐々川知治、阪埜淳吉、大越兼二、金内良輔
木村兵太郎	陸軍	絞首刑	ジョウゼフ・C・ハワード	鹽原時三郎、是恒達見、安部明
松井石根	陸軍	絞首刑	(兼)フロイド・J・マタイス	伊藤清、上代琢禪
武藤章	陸軍	絞首刑	ロジャー・F・コール	岡本尚一、佐伯千仭、原清治
広田弘毅	外務官僚	絞首刑	ジョージ・A・ファーネス	花井忠、瀧澤信一、廣田正雄
荒木貞夫	陸軍	終身禁固刑	ローレンス・P・マックマナース	菅原裕、蓮岡高明。徳岡二郎
橋本欽五郎	陸軍	終身禁固刑	E・R・ハリス	林逸郎、奥山八郎、金瀬薫二、岩間幸平
畑俊六	陸軍	終身禁固刑	ジェームス・N・フリーマン	神崎正義、國分友治、今成泰太郎
小磯国昭	陸軍	終身禁固刑	アルフレッド・W・ブルックス	三文字正平、高木一也、小林恭一、松坂時彦、斎藤誠一
南次郎	陸軍	終身禁固刑	(兼)アルフレッド・W・ブルックス	岡本敏男、松澤龍雄、近藤儀一、小田安馬
大島浩	陸軍	終身禁固刑	オウエン・カニンガム	島内龍起、内田藤雄、牛馬信彦
佐藤賢了	陸軍	終身禁固刑	(兼)ジェームス・N・フリーマン	草野豹一郎、數馬伊三郎
梅津美治郎	陸軍	終身禁固刑	ペン・B・ブレクニー少佐	宮田光雄、小野喜作、池田純久、梅津美一
岡敬純	海軍	終身禁固刑	(兼)ジョン・G・ブラナン	宗宮信次、小野清一郎、榎木重治
嶋田繁太郎	海軍	終身禁固刑	(兼)ジョン・G・ブラナン	高橋義次、滝川政次郎、祝島男、安田重雄、奥山八郎、鈴木勇
平沼騏一郎	枢密院	終身禁固刑	(兼)フランクリン・ワーレン	宇佐美六郎、澤邦夫、毛利與一
星野直樹	企画院	終身禁固刑	(兼)ジョウゼフ・C・ハワード	藤井五一郎、右田政夫、松田令輔
鈴木貞一	企画院	終身禁固刑	(兼)フロイド・J・マタイス	高柳賢三、戒能通孝、加藤一平、福島壽
賀屋興宣	大蔵官僚	終身禁固刑	(兼)E・R・ハリス	高野弦雄、田中康道、藤原謙治、山際正道
木戸幸一	内務官僚	終身禁固刑	ジョン・G・ブラナン	穂積重威、木戸高彦
白鳥敏夫	外務官僚	終身禁固刑	チャールス・B・コードル	成富信夫、佐久間信、廣田洋二
東郷茂徳	外務官僚	禁固二十年	(兼)ペン・B・ブレクニー少佐	西春彦、加藤傳次郎、七田基玄
重光葵	外務官僚	禁固七年	(兼)ジョージ・A・ファーネス	柳井恒夫、金井静雄、三浦和一

典拠：極東国際軍事裁判判決速記録　昭和23年11月4日1～2頁　国立国会図書館　令和5年10月細谷編集

判」でした。マッカーサーが目玉にしたかったと思われる「卑怯な日本の真珠湾攻撃」は、米国側が日本を唆し騙して開戦：真珠湾攻撃に追い込んだとまで弁じられた。「東京裁判」は一九四六年五月三日に開廷し、こんな「裁判」でしたが四八年十一月十二日に二十五名の指導者に絞首刑七人を含む判決を下して閉じました。

マッカーサーが「東京裁判は失敗だった」と言ったらしい事を基にした議論があります。もし彼がそう言ったなら、それは米国・連合国・ＧＨＱにとっても、そして彼自身にとっても、目的を達成できずに返り討ちを浴びた、それで大失敗だった、と言っただけです。マッカーサーは決してもっと高尚な、「裁判によって再び戦争を起させない事」や、「日本人が勝者の裁きと受け取られない事」での失敗を悔やんだのではなく、「卑怯な真珠湾攻撃をした日本に鉄槌を下して」、大統領選挙キャンペーンで何時もの大受けする一場面を失ったから、悔やんだだけです。マッカーサーが「東京裁判は失敗だった」、と言った典拠は見つかりませんでした。その源は占領期間中の新聞記事でしょうし、それは、ＧＨＱにとって都合が悪い記事を検閲で通すはずがなく、記事には彼とＧＨＱの裏の意図があった、と観るべきです。

でも、彼がそう言ったから失敗だったのではなく、彼が何と言おうとも、裁判は大失敗でした。

マッカーサーは「東京裁判」のやり方に不満を持ち、判決を受けてそれを実行するだけの権限しかなかった、と自著で愚痴りました。それ程に判決に不満だったのであれば、死刑に成った元首相・将軍の方々への同じ武士として惻隠の情を持って、減刑するなり名誉ある方法で刑を執行させる事や他日の執行を、独裁者の彼はできました。が、彼は皇嗣皇太子の誕生日を択び、銃殺でなく絞首刑で執行し、その遺体と遺骨と遺灰とも遺族に渡さずに海に撒かせました。彼の心根が見えます。

判決も「詭弁」だったと断言します。それは誇張ではありません。木戸日記やニュールンベルク裁判の見解の夫々一部を切り貼りし、事後に自らが制定した裁判所条例で、裁判所と起訴状の正当化は詭弁です。それは、裁判所の正当性を主張して判決文に認めた次の論理です：

> パリ不戦協定で戦争の放棄を約束しその協定に調印した日本が、戦争をしたら不法行為であり当然罰せられるし、不法行為をした人は国家主権免除の適用を受けず犯罪人として罰せられるべきであり、その犯罪を規定する法がないとして、弁護側が主張した「法なければ犯罪なし」の「法律格言」は、犯罪行為を罰する権限を制限するものではない[95]、とした点です。

違反・罰則条項もないパリ協定は、その名の通り約束でした。それを日本はその約束を破って戦争を始めたのだから罰則規定がなかろうが違反には法的な罰を受ける、その違反をした個人が処罰を受ける、国家主権免除は適用されない、それは当然だ、とする主張を展開しました。それは法の原則である「法なければ犯罪なし」にも反し、その原則を「格言」と言い替えた言い草は正に「詭弁」でした。それではヤクザの因縁と同じです。例えれば、他人と飲む約束をしたが都合が悪くて行けなくなったら、それは約束違反だから罰を受ける、罰金十万円を払え、のヤクザの因縁を連想させる訴えを認めたのが「東京裁判」でした。要は、こんな苦し紛れの論理しか展開できませんでした。

裁判所やそれを支持する人達・組織－ＧＨＱ、検察陣、戦勝国等は、裁判所の正当性を尋ねた弁護人のその弁論を、裁判速記録から省きました。裁判所の正当性を争点から外しました。そんな事が「東京裁判」で起きたなんて信じられませんが、冗談でなく現実でした。

---

95 新田満夫『極東国際軍事裁判速記録』第10巻　判決速記録6頁4段

彼等が隠したかったのは、勝者 - 連合国にとっての不都合な真実と、判決を下した大多数の判事が法服を纏った山賊・海賊の類いの法律専門家 - 法匪であった事です。しかしマッカーサーらしく「なり」は整えたので、これまでその実態が明らかにされていませんでした。

判決時の判事は次の十一名でした（順序は判決文に依る）：

・ウィリアム・F・ウェッブ卿（オーストラリア）裁判長
・E・スチュワート・マクドゥガル（カナダ）
・梅汝璈（中華民国）
・アンリー・ベルナール（フランス）
・バーナード・ヴィクター・A・ローリング※（蘭国）
・エリマ・ハーベー・ノースクロフト（ニュージーランド）
・I・M・ザリヤノフ（ソビエト）
・ウィリアム・ドナルド・パトリック卿（英国）
・マイロン・C・クレーマー（米国）
・ラーダ・ビード・パル（印度）
・ジャラニラ（フィリピン）

判決書には以下の判事の意見が付され、それ等意見書の存在だけは裁判長によって読み上げられました：

本官（ウェッブ裁判長）が朗読した判決は、裁判所条例に基づき、本裁判所の判決である。

11人の判事

（米国NARA所蔵）

※「速記録の記載通りに「ローリング」としたが、本書の他の部分では一般的な「レーリンク」を使う

印度代表判事は多数意見による判決に反対し、この反対に対する意見書を提出した。

フランス及びオランダ代表判事は、多数意見による判決の一部だけについて反対し、この反対に対する理由書を提出した。

フィリピン代表判事は、多数意見に同意して、別個の意見書を提出した。

（裁判長ウェッブは）大体において事実については、本官は多数と意見をともにする。しかし反対意見を表明することなく、裁判所条例と本裁判所の管轄権を支持する理由と、刑を決定するにあたって本官に影響を与えたいくらかの一般的な考慮とを簡単に述べたものを提出した。

これらの文書を記録に止め、また最高司令官、弁護人、その他の関係者に配布される。弁護人はこれらの別個の意見を法定で朗読することを申請した。しかし裁判所はこの問題をすでに考慮し、法廷では朗読しないことを決定していた。

本裁判所はこの決定を変更しない。

被告は被告席から退席し、それから起訴状の表題に出ている名前の順序で、刑の宣告を受けるために一人々々再び入廷する。

病気のため本日出廷していない三人の被告は、出廷している被告の刑の宣告が終った後に、欠席のまま刑の宣告を受ける。

出廷している被告が、今述べた順序で入廷する事ができるように、十五分間休廷する。

意見を出したフイリピン判事とウェッブ裁判長は判決に反対しませんでした。フイリピン判事の意見は二十五名全員の死刑でした。裁判が失敗したから、こうして判決では「なり」（形式）だけは整えました。

5．第二次世界大戦の法廷

戦勝国はドイツのニュールンベルクと東京で、「平和に対する罪」・人道に対する罪と戦争犯罪に対する罪を中心とし、日本に対しては真珠湾攻撃等の無通告攻撃を殺人犯罪とする「殺人の罪」を加えて、国際裁判を開きました。枢軸国だったイタリアは裁かれませんでした。実はイタリアは終戦前に降伏して新政権はドイツに宣戦通告し連合国の一員に成りました。イタリアらしい「風の中の羽根」の様な華麗な転身でした。

裁判は先ずドイツで四五年十一月に、遅れる事五ヶ月して日本で始まりました。夫々での終戦時期の差を考慮すると特異はありません。最初の対象人数は二十四と二十八人で大差はない様に見えても、東京は第一次の裁判で追加訴追者が控えていたし、ニュールンベルクは医者の裁判を米国が別個に行ったので、単純には比較できません。

二つの裁判は違いが幾つかありますが一番大きな差は、誰が共同謀議を行ったかです。東京は日本国政府、ニュールンベルクでは私党のナチスでした。日本政府とナチス党では違い過ぎます。要した期間と裁判官の出身国の数でも大きく違いました。東京は三十一ヶ月とニュールンベルクの三倍も掛け、ニュルンブルクでは裁判官は米英仏ソの四ヶ国だけでした。侵略したソ連が入って、侵略されたポーランドも、バルト三国もフィンランドも東欧諸国も、入れませんでした。東京が長かったのではなく、ニュールンベルクが短かったのです。準拠法に、四五年八月八日に英米仏ソの四ヶ国で決めた極めて簡潔な、「ニュールンベルク国際軍事法廷憲章」を定めた結果でした。

日本・ドイツでの戦後裁判

所	期間	訴えた人	判事		判決
ドイツ	十ヶ月	二十四名（二名死亡）	四ヶ国	ソ英米仏	死刑：十二名 禁固七名 無罪三名
日本	三十一ヶ月	二十八名（三名死亡等）	十一ヶ国	ソ英米仏 蘭中豪加印 NZ、比島	死刑：七名 禁固十八名

その憲章は、対象を枢軸国だけに限定し、戦勝四ヶ国が任命する判事への忌避権も封じました。

憲章の最初の三条が次です：

第一条：ヨーロッパ枢軸諸国の主要戦争犯罪人の公正・迅速な審理及び処罰

第二条：判事団は米英仏ソの戦勝四ヶ国が任命する四名の裁判官と四名の予備裁判官によって構成される

第三条：法廷、裁判官または予備裁判官は、検察官または被告人もしくはその弁護人により忌避されない

簡単に言えば、四ヶ国だけで法律を作って裁判官を指名し、ソ連の裁判官がドイツ等の弁護人に忌避されずに、お手盛りの裁判を行う為の憲章でした。ニュールンベルクでは、弁護人が開戦の所でソ連との不可侵条約を言及した時は、『ソ連検事のルデンコは、「私たちは連合国の政策にかかわる問題を調査するのではなく、主要ドイツ戦争犯罪人への告発を調査しているという事実に、法廷の関心を向けたいです。弁護人によるこのような質問は、法廷の関心を、私達が調査している問題からそらしています。だから、この種の質問は不適切なものとして、却下されるのが適切であります」と論じている。』[97]と、「予想通り」に成りました。ニュールンベルクも裁判と騙った、勝者による一方的な裁きで、そこもソ連が「賊喊捉賊」を喊ぶ場でした。

東京では検察陣が五十五個の罪で訴えました。その内で裁判所が認めた訴えは十個のみでした。一方のドイツは四つだけの訴因で、その全てを認定しました。これが短期間だった理由です。公正さのなさでは何方もどっちでしたが、極東国際軍事裁判所の方が未だ少しは増しでした。それで裁判期

97 加藤一郎『ニュルンベルク国際軍事法廷憲章批判』教育学部紀要　文教大学教育学部第36集　2002年

間は延びました。飽くまでニュールンベルクとの比較で、極東国際軍事裁判所の不公正さを否定できません。

裁判を開く根拠では、東京はポツダム宣言で、ドイツは降伏した時に政府がなかったので根拠は事後法の法廷憲章だけでした。

この様に、東京とニュールンベルクの裁判を同一に語れません。しかし侵略したソ連が、ちゃっかり両方の裁判官席に座って「賊喊捉賊」と大声で喚いて、日独を裁いた点は同じでした。

日本・ドイツでの連合国の戦後裁判

裁判	訴因の分類	判決で認めた訴因
ドイツ	1 共同謀議 2 平和に対する罪 3 戦争犯罪 4 人道に対する犯罪 （訴因の数はこの4つのみ）	全ての訴因で有罪判定
日本	1 平和に対する罪　36 訴因 2 殺人 16 訴因 3 戦争犯罪　3 訴因 （合計 55 の訴因で起訴）	認めた訴因数：10、分類2 - 殺人は認めず

「平和に対する罪」とパリ不戦協定

戦争をしないと誓ったパリ不戦協定を含む国際的な約束があったから、平和に対する罪で罰せる、との非論理的な前提で、「東京裁判」は始まりました。約束を破ると罰を課す論です。

ブレクニーの主張で、戦争を犯罪とする法も国家と個人を罰する法も、存在しない事が判りました。現有の国際司法裁判所でも裁けません。

そして不戦の条約・協定の不備はそれだけに止まらず、戦争には自衛戦争があり、侵略戦争がありますが、その「自衛」も「侵略」も定義がなく、世界大戦で米国が謀った「挑発戦争」も、ソ連がドイツに仕掛けた「使嗾戦争」も、想定外でした。裁判が終ってから既に七十年も経って今頃遅いぞ、と言いたくなりますが、日本の戦後は、日本が戦争を始めなければ世界は平和だった、戦争がなければ世界は平和に成る、だから日本は戦争放棄の憲法を制定した、と極めて妄想的、一面的、素朴な、世界観と歴史観が蔓延（はびこ）っていました。戦争がなくても平和ではなかったし、相手国を脅かし、騙し、その生命線を危うくすれば、自衛上戦争せざるを得ません。弱い国は強い国にその生存を脅かされれば、戦争に訴えるしか他に生き残る道はありません。

戦勝国ソ連とスターリンチルドレン国家は、「世界平和」と偽って戦争を起した「勝利」を誇り、毎年戦勝記念行事を行っています。ソ連・ロシアは五月九日を「大祖国戦争戦勝記念日」と、中国は九月三日を「抗日戦争勝利記念日」にして、毎年盛大に祝っています。終戦七十年目の二〇一五年には、戦勝国でも戦争当事国でもないロシアと中国が、国を挙げて勝利を祝いました。中国での式典には、国連事務総長からユネスコ幹部、韓国を含めた各国首脳が参加して盛大でした。両国とも不戦を誓いませんでした。「平和を破壊する国」、「ファシズムの国」とは又戦争をすると言っているのも同然です。日本は首相談話で「哀悼の誠」を捧げて、「二度と戦争の惨禍を繰り返してはならない」と誓いました。米国は大統領が哀悼と、敵国だった日本との和解の深化を誓いました。片や哀悼し、片やお祭り騒ぎのお祝いと、随分と違います。その勝利には国家や人々が改めて祝う程に意義や正義が今では全くない事は述べて来た通りです。空しいお祭り騒ぎに酔いしれているだけです。

裁判でブレクニーが提示した、戦争は犯罪ではない、「平和に対する罪」を犯罪とする法はない、戦争は国家の行為で個人ではない、戦争で人を殺す事は殺人に非ず、戦争犯罪は既存の法で罰すべき、の論点は、その後には歴史学的及び法学的な観点からは、全く議論もされませんでした。よって解決もしていません。ブレクニーの英文全文は日の目を見ず、議論の俎上に載っていませんでしたから、その解決は緒にも就いていません。

英知を集め歴史の智慧を得て、その為に議論を進め深める事が、それを知った人の務めです。

戦争を禁じ、戦争を起し起させた国を罰する国際条約は今もありません。戦争はなくならず、それから避ける事も逃れる事もできず、そんな現実が厳然とある事を知らないかの様に、「東京裁判」を是とする人達が、法と裁判によって戦争を起した国を罰する事ができたと主張する事は、現実を糊塗（こと）して人を騙すも同然です。ソ連と中国を含めて、戦後他国を侵略した国を裁判に掛けた例がないのは、四五年版史観で戦後の問題は解けないからです。必要とする新しい史観を本書で提示します。

日本とドイツを裁いた人、世界征服を目論んだ人、不満を漏らした人

東京とニュールンベルクでの法廷は、日本とドイツの世界制覇侵略行為を裁こうとしました。ドイツは欧州とその他の地域を生存圏にして支配を企んだ事を（起訴状）、日本は起訴状の五番目の訴因にある「ドイツ・イタリア及び日本が全世界に渡る軍事的、政治的及び経済的支配を獲得する事を目的に謀議した」事が、世界侵略でした。日独伊三国同盟と田中上奏文を基に、日本が世界の支配を企てた理由にして起訴したこの根拠なき世界支配の主張が、「東京裁判」の基調でした。

この「世界制覇」を起訴状に入れた人は、世界制覇を目論んだ国・人が存在したから、日本とドイツにその罪を被せて「賊喊捉賊」を喊んだ訳です。本当の賊－世界制覇を目論んだ国・人は、日本でもドイツでもあり得ません。日独両裁判に共通の判事国は、米英仏ソ四ヶ国だけでした。世界大戦開戦前に、世界制覇を唱えていた国はスターリン・ソ連だけでした。公然と唱えたのはコミンテルンで、そこはスターリンと一体でした。そのスターリンがドイツと日本を裁きました。

田中上奏文を使った宣伝で世界を騙せても、偏向した裁判所でさえもさすがにそれでは騙せませんでした。この田中上奏文に見られる偽情報による攪乱（かくらん）・日本貶め工作は、戦後は「南京大虐殺」であり「従軍

慰安婦」でした。この様な「明らかな嘘」の工作に対して、日本が弱いから蔓延ります。外務省も弱かったし知識人・専門家も弱かったからで、強ければ負けませんでした。

ヒトラーは「我が闘争」で欧州を生存圏にするとは書いても、世界制覇は言いませんでした。ですから、世界大戦が始まった三九年当時に世界制覇を掲げていたのはソ連だけでした。そのソ連は各国に工作員を送り、各国共産党を使い、共産主義国家建設の為の準備を呼び掛け、敗戦革命を目指して、ドイツを誘って世界大戦の端緒を作りました。状況証拠も実際の行動も明らかにされ、第六章で纏めた蓋然性が高い三つの仮説は、スターリン・ソ連が世界制覇を目論んだ張本人でした。

騙され易い‐ある意味では「人の好い」米国が占領軍の主体であったから、日本はマッカーサー革命程度で済み、スターリンは政体転覆を謀る暴力による革命を起せませんでした。しかし日本は今その騙され易い米国と同盟を組んでいます。英国でもドイツとでもありません。

名高い米国人学者のジョン・ダワー他のリベラルを標榜する人達は、占領政策の甘さ、当初の占領政策とは違った「逆コース」の歩み、陛下を裁判に掛けなかった事等で、占領政策を非難しました。もしもトルーマンでなくスターリンや毛沢東であったならば、絞首刑の人数は一桁も二桁も違ったでしょう。その意味で、その「戦争犯罪の追及が手緩かった」とする主張は、その二人並みの情け容赦のない処刑を求めたのも同然でした。彼等の「リベラリズム」（自由主義）とは、何とも薄情で残酷な思想です。でもこの不満は裁判が失敗した裏返しで、聞き捨てれば良いのでしょうが、敗戦国日本が戦後に復興してＧＤＰで第一位の米国に迫った時に、スターリンチルドレン国家や発展した日本を嫉む人達が一体となって、「東京裁判」のやり直し‐戦勝を正当化する為の日本の犯罪探しが再燃しました。第十章で詳しく述べます。さほどに「東京裁判」で負けた事が悔しかったのです。

「東京裁判」の「功」

ここまで縷々（るる）裁判の罪を挙げて来ましたが、バランスの為に「功」も挙げます。

極東国際軍事裁判所の検事と弁護人の訊問を書いた速記録を、度々引用しました。「東京裁判」は日本が講和に際して受諾した審判だからその判決を尊重すべきだ、との主張の一方で、「東京裁判」と聞いただけであのいい加減な裁判、勝者による一方的な裁判だと忌避する方もおります。裁判は形式を踏んで事実認定をしました、訴えられた人・弁護側が提出しても不採用だった証拠能力がある書類を纏めた本まで出版されています※。これ等の書類は貴重な一次資料です。

「東京裁判」は、理でない無理を通した勝者の裁きでした。が、それでも犠牲者と弁護人が全力で闘ったからこそ、こうしてその事績が残り、闘った方達の誇りは今でも輝いています。

そして、東京とニュールンベルク両裁判共に、日独の世界侵略を証明できず、裁判そのものの正当性も証明できなかった裁判でした。だからこそ、「東京裁判」の資料は貴重です。

本書で世界革命戦争と第二次世界大戦を起したスターリンとルーズベルトの陰謀を明らかにしました。この歴史観で東京とニュールンベルクで行われた「裁判」を見直します。裁判は戦争を起させたソ連と米国がドイツと日本にその罪を被せる為でした。スターリンが存命で米ソが未だ蜜月でしたからニュールンベルクはさっさと手際よく終えました。しかし東京はルーズベルト亡き後で、国務省がへまをし、独裁者のマッカーサーが初心（うぶ）で一途だったお蔭で、裁判の正当性等や米国の偽善性を暴くことができました。ソ連と米国が、そ

※東京裁判資料刊行会『東京裁判却下未提出弁護側資料』国書刊行会　1995年2月

の罪をドイツと日本に擦り付ける見世物芝居が当初の目的でしたが、東京では自国米国人弁護人に「真珠湾爆撃によるキッド提督の殺害が殺人ならば、我々は広島へ原爆を投下したその当人の名前を承知しています。」とズバリ指摘されて慌てふためき、その弁論を速記録から削除した程に、戦勝国としての威勢の裏では隠したい負い目を明かされました。

裁判はパル判事が判決文の意見書で述べた通りで、米ソは正義を得られませんでした：「戦勝国は、敗戦国に対して、憐憫から復讐まで、どんなものでも施し得る立場にある、しかし戦勝国が敗戦国に与えることの出来ない一つのものは〃正義〃である。」（パル判決文より）。

二つの「法廷」が後世に寄与する、戦争に関する原則や法律が打ち立てられた訳でもなく、後世に判例とするには価値が全くない、戦勝国の私刑‐リンチだけが残った裁判でした。

特に裁判自身の正当性と罪状の正当性をも証明できず、戦勝の正当性を世界に誇示できず、却って裁判と戦勝の不当性を表に出されて終った「東京裁判」は、マッカーサーにとっても米国政府にとっても「大失敗」でしたが、その失敗したお蔭で功もある事を認めて、利用しなさいと訓えています。

八．占領方針の転換

終戦から五年も経つと元気溢れる歌が流行った。「東京ブギウギ」に始まる笠置シヅ子のリズム感と躍動感が溢れる歌謡は、戦後の開放的な雰囲気を表していた。

敗戦からの米国が主導した占領政策は日本の弱体化と非軍事化でした。それが二年半年後の四八年三月からは一八〇度「逆コース」に大転換しました。時代の流れと幾つもの幸運がこの大転換を後押しし、日本が繁栄する基礎と成った講和条約を結んで独立国家に戻りました。ソ連を含めた「全面講和」の主張は、講和をさせない方便でした。

教科書が説く占領方針の転換：「中国では、国共内戦で共産党が優勢となり、ドイツや朝鮮半島は政治的に分断され、東ヨーロッパ諸国が社会主義化し、東西対立は深刻化しつつあった。そこで一九四八年秋、アメリカ合衆国は、日本をアジアにおける資本主義の陣営の防波堤とするために、日本の占領政策を民主化優先から経済復興優先に転換した。」[99]は、四五年版史観が下敷きです。経済のみならず、民主化と称した弱体化から強い日本への転換でした。又戦前に戻って防共提への転換でした。

[99]『歴史総合　近代から現代へ』岸本美緒　鈴木淳他　山川出版社　2023年3月発行

1．敗戦からの世界情勢とその変化

世界大戦の帰趨（きすう）が明らかに成ると、ルーズベルト政権[100]はソ連と協調して、国際連盟に替わる国際連合を中心とした、戦後体制の具体化に着手しました。

ルーズベルトは、第四期の大統領に就任した直後にソ連領ヤルタに出向いてスターリンと会談し、ソ連が有利になる戦後の領土分割と引き換えに、ソ連の日本戦への参戦と国際連合等の戦後体制での協力を取り付けました。ルーズベルトはそれが取引と考え、会談後は良い取引だったと言ったそうです。そんな彼は、このヤルタ会談から僅か二ヶ月後のドイツ降伏直前の四月十二日に、六十三歳で亡くなりました。

ソ連は、米国が広島に原爆を落とした三日後の八月九日未明に、日本との中立条約に違約して満州に攻め込んで、米国との約束を果たしました。ソ連は日本の終戦宣言を無視してその後も満州・樺太に侵攻し続け、更に米国の警告を無視して北方四島に侵攻して北海道の目と鼻の先まで迫り、北海道の占領を米国に要求しました。米国にしてみればヤルタでの参戦の要求が火事場泥棒に膨らんだ位でしょうが、日本にとっては仲介を頼んだ相手が居直り強盗だった訳で、とんだ目に遭いました。

日本国内は占領軍が獄中の共産党員を釈放して活動させたので、共産主義運動が俄然（がぜん）活発化し、又四六年一月より指導者の追放も始まり、終戦の安堵の中でも世情は混沌としていました。

米ソ蜜月（ハネムーン）の終焉

任期を丸々四年近く残して亡くなったルーズベルトの後任には、副大統領のハリー・S・トルーマンが昇格し、又一九三三年以来続いたソ連とのハネムーンは見直され始めました。後任には第七章でも書きましたが、

---

100 ヴェノナ文書は、ルーズベルト政権中枢内で行われたソ連の　スパイ工作活動を明らかにした。

ヴェノナ文書にさえも頻繁に登場してソ連のスパイとも疑われた、ヘンリー・A・ウォレスの可能性がありました[101]。もしルーズベルトが長生きし、或いはウォレスが副大統領であったなら、日本は分断か共産主義国家に成り、現在の繁栄はなかったです。日本にとっては不幸中の幸いでした。

ハネムーン後の修羅場は、先ず対立が覆い難く成った欧州でした。ヤルタ協定直後からさえ、ソ連はポーランド・フィンランド・ルーマニア・ブルガリア等の占領国で協定違反を繰り返して、自国に都合の好い政権を樹立させました。五月六日にドイツが降伏し、六月二十六日に国際連合の設立が決まり、七月二十六日にポツダム宣言が出された辺りまでは、未だハネムーン中でした。ソ連の協定違反を米国は誤解が原因と勘違いして手を拱いている隙を突いて、ソ連は「共産化」を着々と実行しました。でも四六年三月五日のチャーチルの「鉄のカーテン」演説で、関係悪化は公然と成りました。スターリンとヒトラーのソ独のハネムーンが二十二ヶ月間、米ソはテヘラン会談から二十五ヶ月間、似るものです。一方は独ソによる世界大戦の開戦から両者間で戦争を始めるまでの期間、もう一方はソ連が連合国側に入ってから世界大戦が終って隠れていた世界革命戦争が露わに成る迄の期間でした。

ルーズベルトがヤルタで大盤振る舞いしたツケを、米国は清算する羽目に成りました。四七年三月にトルーマンは議会でソ連との協調路線の決別を宣言し、五月にはドイツの復興を柱とした、欧州復興計画（マーシャルプラン）を立ち上げました。米国は遂にと言うか「やっと」、共産主義との闘いに腰を上げました。日本は、二五年に治安維持法を制定し三六年に日独防共協定を結び、アジアでの防共の提でした。米国は日本に二十二

101『ヴェノナ　解読されたソ連の暗号とスパイ活動』2010年2月12日発行　ジョン・アール・ヘインズ、ハーヴェイ・クレア、中西輝政監訳、PHP研究所

年も遅れて漸く防共に成りました。

ソ連は対抗して、その占領国家への政策をアメからムチへ切り替えました。西側へのショーウインドウとして自由のアメを与えていたハンガリーとチェコには、夫々四七年五月と四八年二月に強引に共産党独裁政権を誕生させ、四八年六月にはベルリンを封鎖し、その間の四七年十月には欧州での共産党統一組織のコミンフォルムを結成して、ムチ－締め付け－を強化しました。

2．大転換した占領政策－ケナンの来日

欧州復興計画が立ち上がった正にその四七年五月に、現憲法が公布されました。弱体化と軍事無能力化の象徴である非武装の最たる条文を盛り込んだ憲法でした。

欧州復興計画を立案したジョージ・F・ケナンは、日本も同じ様に共産化の危険があると推断し、対策案を持って四八年二月末に来日しました。国内を視察してその対策案を検証し、国務省に非協力的だったマッカーサーと幾度か打ち合せて、再軍備では違いが残ったものの、政策の転換では一致しました。この四八年三月を境に占領政策は大きく変わりました。日本でもルーズベルトのツケの清算が始まりました。この時期に支那では当然ですが中国共産党（中共）が優勢と成り、ケナンと同様な見解を持ったロイヤル米陸軍長官は、ケナンが日本へ出発する直前の二月二十五日に、陸軍省作戦計画局に対して日本再軍備の検討を指示しました。

大転換後－日本の独立へ

帰国したケナンは早速、アジアでの強い日本の復活、戦争犯罪裁判の早期の終了、独立と指導者追放の緩和・停止、警察・軍事力の強化、駐留米国軍の縮小と沖縄等での必要最小限の維持、非懲罰的講和条約の締結等を含めた政策案を作りました。それは三月二十五日に国家安全保障会議（ＮＳＣ）に諮られ、大統領決裁を受け

て十一月にＧＨＱに送付され、十二月から翌四九年初めに掛けて順次実施されました[102]。

一方のマッカーサーは、ＮＳＣ決済前に可能な事を実行し始めました。四月には「東京裁判」の速やかな終了を決め、実際に七ヶ月後には判決を下して法廷を閉じました。密入出国がザルだった国境警備の為に、旧海軍を主体とした海上保安庁をソ連と民政局の反対を斥けて五月に発足させ、七月には公務員の争議行為禁止政令を出しました。十二月にはＧＨＱの中で「弱体化」や現憲法草案作り等を推進した、チャールズ・Ｌ・ケーディス民政局次長を外しました。

大転換当時の政権は、ケーディスがいた民政局が強く押した日本社会党主導の片山哲と、それに続く芦田均の内閣でした。この日本初の社会主義政権は無能な上に、両内閣とも内紛と汚職で自壊し、その後には民政局に嫌われ就任妨害まで受けた吉田茂に結局はお鉢が回りました。その第二次吉田内閣が四八年十月に発足しました。翌四九年一月の総選挙で吉田率いる民主自由党が、議席を百以上も増やして単独過半数を占めて大勝しました。政治も大転換しました。

吉田は第一次内閣から一年半振りの再登板で、その後の選挙でも勝ち続け、その間に「逆コース」を走り続け、講和条約を調印して独立に結び付けました。国民も「逆コース」を択びました。

3．「逆コース」の正しさ - 朝鮮戦争

大転換が始まった四八年三月以後の東アジアの歴史は、「逆コース」が地域の共産化を防いだ事を語ります。朝鮮半島では大転換から五ヶ月後の八月に大韓民国が、九月には朝鮮民主主義共和国（北朝鮮）が誕生して、南北の分断が確定して争いが始まりました。支那での国共内戦は、四九年十月に中共の勝利で終りました。新

102 NSC 13/2 U.S. Policy Toward Japan（日本占領政策）NSC13：1948年6月2日,13/2：1948年10月7日承認

生中華人民共和国（中国）は早速ゲリラ方式によるアジア共産化革命を宣言し[103]、五〇年二月には中ソ友好同盟条約を結んで、共産化革命への布石を打ちました。

そして四ヶ月後の六月二十五日に北朝鮮の侵攻で始まった朝鮮戦争が、「逆コース」への全面的な転換へ最後の一押しでした。マッカーサーが賛成しなかった再軍備を促しました。北朝鮮の侵攻に対して米国の在日駐留戦闘部隊は朝鮮半島に派遣され、空白と成った日本の安全保障は一刻の猶予もなくなりました。マッカーサーはそれでも軍隊と呼ばずに、「国家警察予備隊」[104]と称して日本政府に創設を命じました。予備隊は旧軍関係者も関与して創設され、その人達が部隊の中枢を占めた軍そのものであったにもかかわらず、憲法を改正せずに、軍相応に急速に重装備化されました。マッカーサーにはその一年半前に日本の将軍を絞首刑にした手前、元軍人に下げる面（つら）がなかったから、「軍隊」と呼ばなかった：呼べなかった、それで「警察予備隊」と名付けた、誇り高いマッカーサーらしい対処でした。

又、後方攪乱を恐れたＧＨＱは、七月以降に共産主義者を追放する指令を出し[105]、新聞・放送、官公労、民間主要産業で、順次実施されましたが、唯一大学教員だけが学生の反対運動でできませんでした。追放されたその数は一万二千人余に達し、それはＧＨＱが果たした「弱体化」によって組織・機関に入り込んだ共産主義者の数で、容共でその浸透を許したＧＨＱの金字塔とも言える数字でした。この赤狩りでの穴を埋める様に、四六年一月より公職を追放された内の約一万人が八月には解除され、十月には約三千人の旧軍人も解除されて、

103 世界労連アジア太平洋労働会議（北京）における劉少奇の演説
104 英語原名：National Police Reserve
105 「レッドパージ」、「赤狩り」とも呼ばれ、同時期米国でも行われた。

警察予備隊の中堅指揮官に成りました。このほぼ同数の赤狩りと追放解除での総入れ替えが、大転換のもう一つの象徴です。追放された主に共産主義者と大学に残った教員が、否定的に「逆コース」と呪う所以です。今日の学会の一部には、この残滓（ざんし）があります。

冷戦だった欧州に較べ、アジアでは朝鮮半島を戦場とした熱い戦いと成り、それは日本にも迫る勢いでしたが、日本を後方支援の基地とした米国国連軍と日本の協力により、その波及と侵攻を防ぎ、共産主義陣営によって朝鮮半島がそれ一色に染め上がる事態も防ぎました。朝鮮半島がロシアか支那の支配下に入る事は、戦前から日本が最も恐れた周辺緊急事態でした。それを米国と日本が集団的に防衛をして、食い止めました。

ここに至って漸く米国は、ソ連と共産国の侵略に対する堤防だった、日本の重要性と「逆コース」の正しさを、実地で確認しました。この「逆コース」で、五一年九月にサンフランシスコでソ連等を除いた主な非共産圏諸国と講和条約を結び、日本は五二年四月に主権を回復しました。

この大転換を、主権もない独裁と検閲の統治下を「民主化」と称して、それからを「逆コース」と否定的に決め付ける歴史観は、四五年版史観の亜流です。日本が「逆コース」を歩んで独立できたのですから、「順コース」では日本が弱体・非軍事で被占領下のままですから、それは亡国でした。

4．マッカーサーの占領行政とその後

マッカーサーは米国陸軍元帥と連合国軍最高司令官を兼ね、自称反共主義者でも共産国家ソ連との政治的折衝を求められる難しい立場でした。しかし彼の決定や見解は、越権と矛盾に満ちていました。それも彼が最高司令官を踏み台に大統領の椅子を狙った野心家と観れば、矛盾はありません。

彼は現憲法を誇りとしたので、それを否定するか改憲が必要と成る「逆コース」の核心 - 再軍備には、朝鮮

戦争があっても賛成しませんでした。共産主義の浸透に対しては極めて楽観的で、麾下の民政局に「ピンカーズ」と呼ばれる共産主義協力者がいる事を知りながら、放置しました。又支配したメディアを使って連合軍最高司令官の名で、再軍備反対を米本国で広報もしました。それ等はトルーマン大統領を差し置く越権行為でしたが、彼の選挙戦の一部と知れば納得できます。

しかし彼が目指した「日本を東洋のスイスにする」事も、現憲法制定の実績も、朝鮮戦争で瓦解しました。齢七十の彼は、朝鮮戦争で凱旋将軍に成って大統領に成る夢に替えました。だがソ連・北朝鮮の攻勢を見誤り[106]、中共軍の参戦も見誤り、戦局が膠着した五一年三月には功を焦ったとしか思えない満州への爆撃を公然と主張して、休戦を目論んでいたトルーマン大統領によって四月十一日に解任され、十五日早朝に帰国して、二度と日本の土を踏む事はありませんでした。

五ヶ月後にサンフランシスコで講和会議が開かれた時には、反共の闘士を演じる大統領候補に変身して、会議を無視するかの様に全米を演説して回っていました。しかし翌五二年の党大会指名選挙では、部下だったアイゼンハワーにも敗れ、前回四八年に続く惨敗に終り、野望は潰えました。

日本共産党と「逆コース」

「逆コース」は、日本共産党（日共）を支持した公務員のスト禁止や首切り等があり、日共にとっては文字通りに逆風でした。それでも議会を通して革命を行う方針-「平和革命論」-を日共は維持しました。吉田茂が率いる自由党が大勝した四九年一月の総選挙では、議席を九倍増の三十五議席も獲得して、革命が近いと有

---

106 マッカーサーは朝鮮戦争中に来日中だったジョン・F・ダレスに、「（北朝鮮の行動は）単なる威力偵察でないか（攻撃は全面的でない）」、「ソ連は背後にはない」等と語った。（「吉田茂の軍事顧問辰巳栄一」より）

頂天でした。だが朝鮮戦争での日本の後方攪乱を目論んでいたソ連・中国・北朝鮮は、「平和」抜きの武力による共産革命を要求しました。五〇年一月に、痺れを切らしたコミンフォルムは「平和革命論」を批判し、日共が反論すると今度は中共が反撃に加わり、寄って集って日共に「平和革命」の放棄と武装部隊による革命[107]を「指導」しました。日共はそれでもこの「指導」に対応できませんでした。呼応する日共の一派はスターリンの「指示」を持ち出して武力による革命を何とか「五十一年綱領」に入れ、日共は五〇年十月の第五回全国協議会での議決を経て、やっと本物と言える暴力革命を実行しました。

五一年五月の皇居前広場乱入事件（血のメーデー事件）、五二年六月の重要鉄道施設と兵器工場の破壊を目論んだ吹田・枚方事件、拳銃強奪の為の警察官殺害等がそれで、暴力革命は朝鮮戦争の休戦まで続きました。暴力革命の失敗後は、その実行者を「極左冒険主義者」と呼び、中国に密出国した徳田球一等の暴力革命当時の執行部や逮捕・起訴された人達に責任を被せて、残った日共は他人を装いました。見放され追放された暴力革命実行者は、その後は極左暴力集団で名を馳せました。

総選挙で選ばれた政府を倒そうとする日共の暴力革命こそが、民主化に逆コースでした。三十五あった議席は次の五二年十月の総選挙でゼロと消え、日共の革命も「逆コース」の中で潰えました。

「逆コース」による日本の復興

終戦直前にルーズベルト大統領は急死しました。

ソ連・中国はアジアでの共産革命を目指しましたが、その中華人民共和国（中国）ができる一年半前に大転換を決めて復興に邁進した日本は、再び「防共提」に換わりました。

---

107 日共党史はアジアでの革命による共産化を「武装蜂起」とか、或は「五十年問題」とか「極左冒険主義」と、暈して呼ぶ

軍備面では、本国米国政府が再軍備を既に決定をしていたので、マッカーサー等の反対で実行は遅れましたが、その後に起された朝鮮戦争の際には迅速な「軍隊」発足に結び付きました。経済面でも、日本の鉱工業生産は朝鮮戦争があった一九五〇年（昭和二五年）には、既に一九三五年（昭和十年）の水準に戻っていました[108]。大転換した四八年の鉱工業生産指数を百とすると、五〇年には百五十に、五五年には三百三十と成り、年率二十二%もの急成長を遂げていました。工業の復興が進んでいたから、朝鮮戦争では後方支援の役割を果たせました。

又大転換で発足した海上保安庁は、旧海軍関係者の再就職先と成り、朝鮮半島と支那からの不法密航者と密輸を取り締まり、日本近海と朝鮮水域に残されていた六万余個もの魚雷を掃海し、航路と港湾の安全を確保して、復興と国連軍の展開に貢献しました。この様に治安と経済の支えがあったからこそ、日共と共産主義国家に対して先手の対策ができ、後方攪乱を防ぎ、北朝鮮・中共国軍の進撃を阻み、ソ連に参戦の機会を与えませんでした。

もしも大転換が一年でも遅れたら、日本は国内治安、対外防衛、鉱工業生産等の面で弱体なままで、そんな時に朝鮮戦争が起きたら、日本は後方支援基地どころか日共の後方攪乱や革命騒動で東アジアは大混乱に陥り、朝鮮半島の共産化は当然で、日本は革命に直面したでしょう。

戦争好きのスターリンは世界革命戦争の仕上げを算段していました。終戦後は日本も世界も戦後の混乱の真っただ中で、共産勢力が強かったその時に新たな世界的規模の戦争を起せば、米国一国を相手に支那・東欧を手中に収めたスターリンは勝てました。だが米国の核が抑えました。でも、スターリンは四九年八月二九日に

108 鉱工業生産指数等は昭和29年、30年、31年版経済白書による

核実験に成功し、翌九月二三日にトルーマン大統領はその核実験を公表し、翌々日二五日にソ連は核実験の成功と核兵器の保有を認めました。

その実験成功からスターリンは戦争起しを再開しました。公表から一週間後の十月一日に毛沢東は内戦の勝利と建国を宣言し、八ヶ月後には準備を整えた北朝鮮軍が南に侵攻しました。もしもトルーマンがマッカーサーの進言を受け容れて、北朝鮮の後ろにいた中国と戦端を開いていたら、それは戦争起し名人の術中に嵌まって、第三次の大戦に成ったでしょう。米国が核抑止力を持っていたからスターリンは戦後暫く冷戦に甘んじて、核開発で爪を研いでいました。

占領政策の転換は日本の復興と成り、共産勢力の伸張を防ぎました。四八年三月は、東アジアでの共産主義陣営の侵略を食い止めた「逆コース」をとった点で、占領史のみならずアジア近現代史の分水嶺でした。米国が「逆コース」で強い日本を求める政策に転換した事から、独立後の日本は米国に次ぐＧＤＰを誇るまでに順調に飛躍的に発展しました。

米国は、朝鮮に続いてベトナムでも、共産主義と闘う羽目に成りました。それ等の地域は皆、戦前に日本が軍を置いて治安の維持を図った場所でした。南北朝鮮と南北ベトナムだけでも夫々の戦争で数百万人が死亡し、米軍は夫々四万人余もの戦死者を出しました。日本は後方支援基地の役割を果たしました。中国が宣言したアジア共産革命の波は、近隣のインドシナ半島で止まりました。

占領方針の大転換が、日本を復活させ現在の日本を作り、東アジアの安定に貢献しました。この転換を「逆コース」と恰も退歩したかに主張する人・信じる人には、苦いでしょうが本書が良薬です。

九．昭和の宿題とその清算

昭和天皇は昭和六四年（一九八九年）一月七日に崩御されました。陛下は昭和の波乱万丈の六十四年間を在位されました。六月には戦後に「リンゴの唄」で人気を得た歌謡界の女王―美空ひばりが、〽知らず知らずに歩いて来た　細く長いこの道……〽（「川の流れのように」　作詞：秋元康　作曲：見岳章）　の自分の歌の様に、流れ去った。

ソ連での一九八六年に起きたチェルノブイリ原子力発電所原子炉爆発事故が、統治体制と関連付けられ、八九年には東欧諸国のソ連離れが始まり、十一月には東西分断の象徴であったベルリンの壁が取り壊された。

壊される一年前には壁の西側でロックバンドが、「Rocking The Wall」（このベルリンの壁を揺さぶれ）と銘打った大コンサートを開いて、その崩壊につなげた。崩壊後最初に迎えたクリスマスでは、壁があった前で第九交響曲が演奏され、「歓喜の歌」を歌って、壁の撤去を祝福した。

昭和は物と情報の流通が世界的な規模で広がって高速化し、政治と経済が一層一体化した時代でした。グローバル物流でのネックが解消され、輸送手段の革命的な発展は世界隅々までの輸送を可能とし、通信技術の進歩は地球上での距離に関係なく、ほぼ同時の情報伝達と交換を可能にしました。

情報流通のグローバル化に貢献した末端端末は、戦前はラジオ、戦後はテレビでした。昭和への御代替わりも、米国他との大東亜戦争の開戦も戦況もそして終戦も、ラジオから流れました。戦後の日本復活・復興の象徴であった東京五輪と、米国のJ・F・ケネディ大統領暗殺と月面着地はテレビで視ました。昭和天皇の大喪の礼もテレビでした。昭和の背景にはこの様な産業と社会の革命がありました。

もう一人の主役：スターリンの独裁政治は、周辺諸国を戦争と革命で倒して領土と資源と人民を奪い取る、悪魔のビジネスでした。ソ連は周辺諸国を食べ尽くして行き詰り、彼も亡くなり、窮乏化して行き、ロシア革命から七十四年後、コミンテルン決議から五十六年後の九一年に、瓦解しました。

1．戦勝の正当化にこだわった米国

昭和は一九八九年に終り、その時には既に死に体であった共産主義の祖国ソ連邦は、九一年十二月に解体してなくなりました。しかし、四五年版史観は生き残って歴史観戦争は続きました。その戦争はソ連の瓦解と軌を一にする様に激化しました。開戦も「東京裁判」の実態も知らない米国の一般国民と議会は、再び戦勝の正当性を持ち出して、未だこだわっていた事が露わになりました。

一九三一年から四五年までの日本の戦争犯罪関係機密書類を見つけ出して公開する法律「日本帝国政府情報公開法」[109]を、二〇〇〇年（平成十二年）十二月から施行しました。時はビル・クリントン民主党政権から前月十一月の大統領選挙で当選した共和党のジョージ・W・ブッシュへ移行する直前で、その法律はクリントン政権の置き土産でした。情報公開法は前年二月にできたドイツを対象としたナチス戦争犯罪公開法に日本を追加したもので、同盟国日本をナチスと同一視した、政治的な意図を持った法でした。関係省庁合同調査委員会は一年で報告書を出すところを、八年も掛けて〇七年四月に完了させました。委員会が閲覧した書類は一億三百万頁、その内で公開できた書類は九百七十五万頁、費用は三千万ドル、関係した機関は三軍、ＣＩＡ、ＦＢＩ、国務省、財務省、公文書館等と、それは国家プロジェクトでした。日本に関しては、閲覧した書類千七百万頁（全体の十七％）、公開できた書類は十四万頁（同一％以下）と少なく、「成果」は出せませんでした。

[109] Japanese Imperial Government Disclosure Act of 2000

終戦後の「東京裁判」では戦争犯罪を「追及できなかった反省」から、これだけの金と時間と労力を注ぎ込んだ、金に糸目を付けない調査でした。又、骨を折って草臥れただけでした。

この調査結果に、法案を推進したサンフランシスコを拠点とした中共系の、世界抗日戦争史実維護連合会は、委員会に不満を述べました。対して委員長は、日本の関係書類は既にほとんど公開されているからそれを調べなさい、と諭した事を報告書の緒言に記しました。米国に加え中国も韓国も夫々が四五年版史観に基づいて建国史を語って来た手前、その史観に反する見解は国家の威信と正統性にも関わるので、日本の戦争犯罪探しには当の米国よりも必死でした。

当時の米国の日本戦争犯罪探しは、この連邦政府だけではなく州議会も民間も行いました。アイリス・チャンの「南京大虐殺」が九七年に発刊され、加州では日本での戦時労働に対する賠償訴訟を容易にしたヘイデン法[110]が九九年に成立し、翌年〇〇年には前記の戦犯調査法が成立し、又「元慰安婦」が賠償を求めて連邦裁判所に日本政府を訴えました。〇一年五月には、米国人の日本への複雑な心情を描いた、ジョン・ダワーの『敗北を抱き締めて』が出版されました。本はピューリツアー賞（ノンフィクション部門）・全米図書賞を受け、日本でもベストセラーに成る程に日米で読まれました。題名は「敗戦国のくせに復興した日本」を意味します。ダワーは、嫉妬を下敷きに日本軍の戦争犯罪行為があった事を前提にした、謝罪と賠償の要求、戦争犯罪の追求から逃れた事への糾弾、天皇陛下を戦犯にしなかったマッカーサーへの批判等を、書きました。本は、偏見と事実を恣意的に取捨選択して妄想逞しく書いた「フィクション小説」で、この本も前述の政府調査委員会の

110 ヘイデン法は〇三年に憲法違反の判決が出て無効と成った。

尻を叩いたでしょう。

四五年版史観に、最初に、公に、理論的に、反撃の狼煙を上げたのは、「東京裁判」でのブレクニー弁護人でした。時は四六年五月十四日でした。しかし彼が弁論したその部分全文は速記録からこっそりと省かれ、当然ですが日本語に翻訳もされず、闇に葬られました。

彼の様に、原爆投下の正当性に疑義を持った人が、米国にも直後からおりましたが、一般的な認識は違います。定時的に世論調査をしていたギャラップ社の原爆投下に関する米国人の意識は、投下直後には八十五%が投下を是としましたが、〇五年の調査では五十七%に下がりました。一五年のピューリサーチ社の世論調査では五十六%が正しいと回答し、三十四%が正しくないと回答しました。投下直後には八割以上が是とし、六十年後には少し減りましたが多数は是としています。米国民が四五年版史観を超克するには、彼等に歴史の真実を伝える必要があります。

日本と米国は、戦後は「相互協力での安全保障条約[三]」、所謂安保条約を結んで同盟国同士に成りましたが、その棘（とげ）が真珠湾攻撃と広島・長崎への原爆投下でした。

2．真珠湾攻撃と原爆投下、安倍・オバマの相互訪問

トルーマン大統領が終戦の八月十五日にファシズムとの戦いの終りを喜んだ宣言は、後ろで虎視眈々と終戦

三「日本国とアメリカ合衆国との間の相互協力及び安全保障条約第六条に基づく施設及び区域並びに日本国における合衆国軍隊の地位に関する協定」（AGREEMENT UNDER ARTICLE VI OF THE TREATY OF MUTUAL COOPERATION AND SECURITY BETWEEN JAPAN AND THE UNITED STATES OF AMERICA, REGARDING FACILITIES AND AREAS AND THE STATUS OF UNITED STATES ARMED FORCES IN JAPAN)

革命を目論むスターリン・共産主義者との戦闘開始を告げる半鐘でした。

日本の敗北で「防共堤」がなくなったソ連は、支那と北朝鮮を衛星国家に替えて、アジアでも勢力を拡大させました。米国はその伸張を阻止する為に、自ら満州・支那・朝鮮半島とインドシナ半島で対峙し、血と汗の代償を支払う羽目に成りました。それ等の地域は皆、戦前に日本が軍を置いて治安の維持を図った場所でした。南北朝鮮と南北ベトナムだけでも夫々の戦争で数百万人が死亡し、米軍は夫々四万人余もの戦死者を出しました。

米国は終戦直前の七月十六日に原爆実験に成功しました。十七日からポツダムで英ソと会談を始め、二五日には投下を八月二日以降と決定し、二六日にポツダム宣言を出し、八月六日と九日に広島市と長崎市に原爆を投下しました。日本はポツダム宣言を受けて十五日に終戦を宣言しました。

原爆を投下した米国は勝利と共に、一般市民を無差別殺戮した罪を償う義務を負いました。正義ではなく罪を負った勝利、援軍と思ったソ連と中共が実は敵で、その敵との闘いに米国が援助で供与した武器によって自国兵が斃れる犠牲までも払う、米国は「骨折り損の草臥れ儲け」でした。

二〇一五年四月二九日、安倍首相は、ルーズベルトがその七十四年前に日本との開戦の承認を議会に求めた同じ場所に、日本の首相では戦後初めて立ち、上下両院全議員を前に演説しました。

「（日本は）先の大戦に対する痛切な反省を胸に、歩みを刻みました。自らの行いが、アジア諸国民に苦しみを与えた事実から目をそむけてはならない。」との反省と戦死者への哀悼の言葉で、米国と米国民に「和解」を呼び掛けました。そこには日本の自虐もそれに関連するお詫びもありませんでした。結びに、「米国史全体の、四分の一以上に及ぶ期間続いた堅牢さを備え、深い信頼と、友情に結ばれた」実績ある同盟を、「希望の同盟」への深化・発展を提案しました。議員は十回以上も立ち上がって賛同しました。

翌一六年五月二十七日に、米国大統領として戦後初めて広島を訪れたバラク・オバマに対し安倍は、「七十一年前、広島そして長崎ではたった一発の原子爆弾によって何の罪もない沢山の市井の人々が、そして子供たちが、無残にも犠牲となりました。」と述べ、続いたオバマは、投下を「七十一年前の日輝き空が澄み渡る朝、死がその空から下り世界は変わった。閃光と火壁は都市を破壊し、人類が自らを破滅させる手段を持った事を実証した。」と語り、「何故に我々は広島に来たのか。遠くない過去に解き放たれた凄まじい力に、思いを致す為である。我々は命を落とした十万人を超える日本人男女と子供、数千人の朝鮮人、十数人の米国人捕虜を悼む為に来たのだ。」[112]と死者を悼み、投下の言い訳も正当化もしませんでした。

そしてその七ヶ月後には両首脳は真珠湾の日本が攻撃した場所に立ち、オバマは、「ここ真珠湾で起きた、第二次世界大戦における米国にとっての最初の戦いにより、この国は目を覚ましました。いろいろな意味で、米国はここで大人になったのです。」、「この海で激戦が繰り広げられ、何万人ではなく何千万人もの命を奪った、人類史上最も恐ろしい出来事の一つを経験した後、米国と日本が選んだのは友情であり、平和でした。」と、日本の「卑怯な騙し討ち」での非難もしませんでした。

続いた安倍は、死者への哀悼を表し、「歴史に残る激しい戦争を戦った日本と米国は、歴史に稀な、深く、強く結ばれた同盟国となり」、「世界を覆う幾多の困難に、共に立ち向かう」「希望の同盟」と成ったと、「和解の力」の永続を誓いました。

ブレクニーが四六年五月に問うた「原爆投下の正当性」は、日米間での棘であり、日米同盟を分断させる楔にも成る危険な刃でした。それを安部とオバマが両者で広島と真珠湾で慰霊した事で、お互いが正当とも不当とも主張しないで、政治的には和解しました。もうそこには「卑怯な真珠湾攻撃」も原爆投下での正当化の文

112 "The White House, Remarks by President Obama and Prime Minister Abe of Japan at Hiroshima Peace Memorial Hiroshima Peace Memorial May 27, 2016

言：「終戦に貢献した原爆投下」等の、言葉もありませんでした。

世界革命戦争は、分断と恐怖と誤解によって戦争と革命を起しました。日米は楔に成る棘を取り除いたので、分断で引き起される、両国間にあった紛争の種はなくなりました。次はこの開戦時のルーズベルトが行った陰謀を両国民が知る事です。そうすれば日米同盟は一層強固に成ります。

全体のまとめ　真昭和史観

日米開戦、真珠湾攻撃、日支戦争、ノモンハン戦争、昭和史、第二次世界大戦史、日本占領史等の表題で昭和の日本近現代史を語る史書は数多(あまた)あります。特に日米開戦でのルーズベルトの陰謀説は日米で多数の著書があります。陰謀の証拠を探し出すのは難しく、それ等の説は状況証拠で決め手がなく、推定無罪 - 極めて疑わしいが罰せられない - とした書まであります。

が、本書ではその証拠を出して、二つの大事な歴史認識を加えました、スターリンが仕掛けた世界革命戦争と、ルーズベルトが改竄した電報によってハルを騙して日米を開戦させた事です。

スターリンの世界革命戦争は三五年のコミンテルン第七回大会決議に始まり、支那での戦争、張鼓峰・ノモンハン戦争、ドイツを唆しての世界大戦、北朝鮮を煽てての朝鮮戦争と続きました。

改竄した日本国外務省の最高機密電報 - 国策要綱での甲乙両案とその説明文 - では、それを信じたハル国務長官はハル・ノートを出して開戦させました。「東京裁判」でのブレクニーの弁論、ケナンが作った占領政策の「逆コース」等の、関連するのに等閑にされた重要な断片を填め終えて完成したその絵は、従来とは全く違った昭和史像であり、真昭和史観でした。

それは定説・通説になかったこれ等多くの大事な断片が矛盾なく填められたからで、当然でした。そこにあるのは、スターリンが仕掛けた世界革命戦争と、それに引き摺られてルーズベルトが起した日米戦争・第二次世界大戦です。日本は情報不足で状況を把握できないままに、それ等の第一線前線で闘いました。それは涙ぐましくも絶望的な奮闘でした。

新しい昭和の歴史像は、主に次の三十項目もの新しい歴史認識を加え、それ等が矛盾なく組み合っています。

対比で《　》（二重山括弧）内に百科事典（百）か教科書（教）[113]での記載を示します：
・スターリンは世界を共産化する為に戦争と革命を一体化した世界革命戦争を起した
《（「世界革命戦争」は通説にない新しい概念）、「世界革命を目指すコミンテルンが結成」（教）》
・第二次世界大戦はスターリンとルーズベルトが起した戦争
《第二次世界大戦は日・独（枢軸国）が起した戦争。ドイツが最初に起した戦争》
・世界革命戦争は一九三五年のコミンテルン決議に始まり、第二次世界大戦・朝鮮戦争・冷戦を含む
《（新しい概念、コミンテルンの目的を戦争と革命による共産主義の拡大とした解説はない）》
・張鼓峰・ノモンハン戦争でのソ連の作戦目標は、自軍の実力審査と欧州戦争に向けての演習だった
《張鼓峰・ノモンハン戦争は偶発的戦争、日ソ間の勝ち負け・領土獲得の戦争、アジア局地での戦争（百）》
・日本は第二次世界大戦では敗戦国だが世界革命戦争では負けなかったから復活できた
《日本は第二次世界大戦の敗戦国（百）、民主主義と反民主主義陣営の闘いで日本は負けた（教）》
・第二次世界大戦には三つの戦争：アジア・欧州・太平洋があり、日本は何れでも主戦場であった
《三つの戦争は関連なく偶発的に起きた戦争、日独の世界制覇への戦争、（日本が主戦場とする記述はなし）》
・第二次世界大戦の欧州戦は独ソ不可侵条約の締結で始まった
《第二次世界大戦は、独が突如ポーランドへ侵攻したのが始まり（教）》
・独ソ不可侵条約はソ連が提案した
《独ソ不可侵条約はソ連がドイツに提案（百）、ソ連とドイツは突然に条約を締結した（教）》
・スターリンは、ドイツに開戦をさせてから東欧への侵略を開始した

---

113 百科事典は『ブリタニカ国際大百科事典』英語版・日本語版を、教科書は山川出版社の『歴史総合　近代から現代へ』を使用

《開戦責任は独だけ、ソ連はドイツに付いて占領しただけ（百）、ソ連は独ソ条約に従って併合した（教）》
・日米の戦争は米国が傍受した日本の国家最高機密電報の改竄で始まった
《日米戦争は真珠湾攻撃が始まり、米国の宣戦通告が始まり（百）、十二月一日の御前会議で開戦決定（教）》
・ルーズベルトは解読し改竄した日本の機密電報でハルを騙してハル・ノートを出させた
《ハル・ノートの言及なし（百科英語・教）、日本はノートを最後通告とみなして戦争を始めた（百科日語）》
・第二次世界大戦では外務省が多くの失策を犯して日本の国益を損なった
《（外務省と世界大戦の責任を関連付けた記述はない）》
・第二次世界大戦の開戦から終戦まで最前線で関与した東郷(茂)は重要で研究すべき人
《東郷(茂)は日米戦争の開戦回避に努力した（百科日語）》
・「東京裁判」では戦勝と裁判を行う正当化も、日本を犯罪国家と断罪する事もできなかった
《「東京裁判」は百科英語になし、戦争犯罪の概念に全く新しい内容を加えた意義ある裁判（百科日語）》
・マッカーサーのマッカーサーによるマッカーサーの為の「東京裁判」は大失敗だった
《マッカーサーが出した戦争犯罪を罰する命令に従い戦争犯罪人を裁いた（百科日語）》
・「東京裁判」で平和に対する罪を犯したのは米国自身であった事が明かされた
《言及なし、「米国が平和に対する罪を犯した」事は、全く新しい認識》
・「東京裁判」では、五十五訴因の中で十のみ採用され、圧倒的に有利だった戦勝国側は惨敗だった
《訴因数の五十五迄言及した例は無し、新しい視点》
・「東京裁判」の正当性はブレクニーの冒頭弁論で木端微塵に崩された
《ブレクニー自身とその弁論への言及なし、新しい視点》
・米国は日本に対して幾度も試みた戦勝の正当化を結局はできなかった

《米国が戦勝の正当化を試みた、とする新しい視点、これまで言及なし》
・戦争を禁止して違反国を罰する国際条約の存在は「東京裁判」でも立証されなかった
《特になし、新しい視点》
・シベリア鉄道はソ連の戦勝にも貢献した沿線赤化鉄道で近現代史の隠れた主役
《シベリア鉄道と戦争の関連に言及したのは特になし、新しい視点》
・マッカーサーは日本の独裁的統治と自身の栄達の為に厳格な検閲を行った
《占領軍は民主化を進めた（教）、検閲に関する言及はなし》
・戦後の日本は占領軍による独裁で検閲の統治と冷戦という混沌状態
《占領下での民主化の戦後（教）》
・マッカーサーの実像は独裁者で名役者だ
《意外と言及は少なく占領下で最高司令官としての務めを果たした位》
・世界革命戦争は米国の核兵器が抑止力と成り一時的な休戦‐冷戦に成った
《核兵器と冷戦の関連に言及した記述はなし、新しい視点》
・日本弱体化の占領方針は一九四八年三月からは日本の復興・強化に転換した
《「日本弱体化」を民主化と呼ぶ、その民主化と逆コースの占領方針の変更、朝鮮戦争のお蔭で復興（教）》
・歴史観戦争は米ソが己の罪を日本に被せて日本を戦争犯罪国家にした偽歴史観との闘い
《米ソが自身の罪を日本に被せたとする新認識、新しい認識》
・第二次世界大戦での日本の敗因は情報戦でのお粗末さであった
《敗因は軍部の独走、ファシズム体制で民主体制でなかった為（教）》
・日本は世界革命戦争での何れの戦争・戦域でも深く関係し、騙され、利用された

《世界大戦での日本の役割を世界史的から視た歴史認識はなし、全く新しい認識》

ここまでが二十九項目で、最後の三十番目はこれ等の新歴史認識が組み合わされた近現代史観です‥

・日本が世界革命戦争に怯まず果敢に正々堂々と闘い負けなかった昭和史

《(「昭和」の項目なし。戦前・戦後が分断され一体的な把握は難しい、とＷＩＫＩは記述。新観点を提示)》

この新しい歴史認識 - 真昭和歴史観 - には革命的に変換した時代背景があります。大型・高馬力・高速機械の生産と、物と情報の流れでは世界物流・通信革命がありました。

物は、高出力・高性能の大型の機械と兵器が生まれ、原子爆弾は究極の大量殺戮破壊兵器でした。物流インフラは昭和に入る十年前 - 一九一六年に最後のシベリア鉄道の全線開通で整い、昭和はそれ等インフラを活用した時代でした。ソ連でありスターリンはシベリア鉄道を大いに活用しました。通信では、昭和に入ってラジオ放送が始まり、又有線・無線通信技術の発達で、大量・高速・遠隔での情報の交換が容易に成りました。情報流通でも昭和はそのインフラを活用し発展させた時代でした。

昭和には三つの大戦争がありました。共産主義を広めた世界革命戦争、その一部分の第二次世界大戦、そして歴史観戦争です。スターリンが三つ全ての戦争を起し、世界大戦だけはルーズベルトとの合作でした。日本は他の二つでは負けましたが、世界革命戦争には負けませんでした。その三つの大戦争には、昭和マイナス二年 - 一九二四年 - に「鋼鉄の人」スターリンが政権トップに就いた時から、共産主義の名の下に始めた彼の野望 - 世界制覇への本流が一貫して流れていました。それは三五年のコミンテルン決議から彼が亡くなるまでのゆるぎない一直線の意思でした。三九年八月にスターリンが党政治局で述べた方針演説、その直後に締結したドイツとの不可侵条約とポーランドへの侵攻、四三年のコミンテルンの解散声明とテヘラン会議に始まる連合国側への加入、終戦前の日本への侵攻、戦勝「裁判」、冷戦・朝鮮戦争等と続きました。

もしも世界大戦の終戦時にスターリンも原爆を所有していたら、或いは原爆が生まれていなかったら、スターリンはたとえ米国が止めても躊躇なく北海道本島に侵攻しました。彼が終戦から朝鮮戦争までの、世界革命戦争にとって決定的好機だったこの五年間に戦争を起せなかった理由は、原爆を持っていなかった為で、その開発を遂げてから十ヶ月後に早速（朝鮮）戦争を再開しました。

スターリンの行動にぴったりの言葉が、「戦争起し名人」と「第二次世界大戦の始末を付けた人」です。開戦と終戦を取り仕切り、最後は、原爆投下の後に彼が、きっちりと締め括りました。その最終場面での彼の登場は、歌舞伎での武者物劇そのもので、特に最後の「東京裁判」－お白洲の場では、スターリンが原爆投下を背景にその光と爆発音で舞台に登場して、「賊喊捉賊」にぴったりの「日本が侵略国だ！」と嘯いて大見得を切る、ロシア流の勧悪懲善で終る舞台を観る様です。

日本はそのスターリンと共産主義と戦い、彼には散々に利用されて最後には見事に裏切られ、戦後は「東京裁判」を始めとして謂れなき侵略国家・戦争犯罪国家の汚名を被せられました。日本は世界大戦では負けましたが、それでもソ連にも共産主義勢力にも屈せずに戦後の復興を果たしました。スターリンが亡くなりソ連が瓦解して、スターリンが目論んだ共産革命による世界制覇は潰えました。

昭和天皇は八九年一月に薨去されました。既に死に体だったソ連は、九一年十二月に瓦解しました。開戦時の主要国頭領の中では、陛下だけがソ連の断末魔を観られました。

スターリンは、戦争と革命を自身と共産国家ソ連の生存手段にしました。戦争を起し、そして革命を起し起させて、領土を侵略して資源を奪い、捕虜と反体制派を強制労働での低コストで酷使し、豊富な人民を消耗戦の兵士に使った、独裁だからできる悪魔のビジネスでした。西側ではルーズベルトがそれを真似たかの様に戦争をビジネス化しました。「狂人のルーズベルト」とその上の行く「超限人のスターリン」が、ドイツと日本を利用して夫々が世界中で始めた戦争が、世界大戦でした。日本はルーズベルトにも利用され、騙され、敗れました。

ソ連はロシア帝国の東方政策をそっくり引き継ぎ、完成したシベリア鉄道を使って太平洋への出口を求めて満州・支那へ向かいました。一方米国は西へ進んで支那を目指し、西海岸からとパナマ運河を通って海上から西へ進んで支那へ向かいました。どちらも日本が邪魔に成りました。

終にはソ連が、米国との満州・支那盗り競争に勝ちました。両国はその目的の為に、日本を踏み台にして好い様に利用しました。日本の地政が踏み台にされた訳で、利用された程に価値があった日本は、今も将来もそれを変える事はできません。だから日本がスイスの様な永生中立の立場を取る事は、できません。それはマッカーサーの妄想でした。

もしもソ連が、五月七日のドイツ降伏直後に満州・日本に攻め込んだら、利用価値を持った日本は間違いなくソ連に分断され統治されました。鬼の目にも涙?違います、関東軍・日本軍がノモンハン戦争で見せた戦闘力に、スターリンは準備に時間を掛けて必勝の時機を待ちました。ポーランドに侵攻した時と同じで、ソ連は戦争で弱った相手を漁るハイエナでした。満州が支那・朝鮮・日本本土の防共堤を果たしました。ハイエナに侵攻されたそこは草刈り場でしたが、その防共堤があったお蔭で侵攻はそこ迄で、支那、朝鮮半島、日本本土には及びませんでした。

世界大戦の勝者は米ソ他の連合国でしたが、世界革命戦争では、四九年に中共政権を誕生させた事で、ソ連の一人勝ちでした。日本を盗ったら完勝でした。シベリア鉄道が兵士と武器と捕虜等の東西の輸送に貢献しました。シベリア鉄道は全ての沿線国を共産主義国家に染め上げた赤化鉄道でした。

スターリンの世界革命戦争での勝因は、彼のゆるぎなかった鋼鉄の意志に加えた次の三点です：
・シベリア鉄道を持っていた事
　ユーラシア大陸を東西に跨いで大西洋と太平洋を繋ぐ物流ルートを持っていた
・コミンテルンを持っていた事
　コミンテルンは世界中各国に支部を持ち、情報の収集・宣伝活動ができた
・当時は歴史観で優位に立てた共産主義思想を独占して持った事
スターリンはこの三点を独占し、それを脅かす他人を粛清しました。「歴史の必然で誕生した共産主義国家の祖国ソ連」を豪語して、その言葉は世界を席巻して彼は歴史観の頂点に立ちました。

その当時の米国は、物流ルートを持つだけで、全世界的な情報収集・宣伝機関はなく、歴史観では共産主義思想が進歩的インテリの持つ象徴の様に思われていて、ルーズベルトに代表される様に寧ろ共産主義に同調し同情した国でしたから、勝てませんでした。


スターリンの世界革命戦争は終りましたが、今も続くのが歴史観戦争とスターリンチルドレンによる隣国への侵略です。チャイルドは日本も侵略しています。四五年版史観は、世界大戦でのソ連自身への汚名と成った、不可侵条約を締結してそれを破る「侵略者」の汚名を日独に被せ、米国は「日本軍の戦争犯罪行為」を原爆投下の言い訳にし、それが米ソの一致した歴史観に成りました。「東京裁判」でそれを固めた米国とソ連に、スターリンチルドレン国家のロシア・中国・南北朝鮮が続いて来ているのが現在の構図です。米国は軌道修正し

て大統領以下の政府は四五年版史観の呪縛から解かれたと観ます。日本とドイツに侵略者の烙印を押して「賊喊捉賊」を喊んだソ連・ロシアが誇る四五年版史観の根幹を、欧州議会は一九年にソ連が侵略者と認定しました。流れが変わり始めています。

第二次世界大戦は、米ソ両国が日独を使嗾（しそう）して始めた、スターリン・ソ連が主役、とする事実に基づいた定義に本書は変えて、戦争を起した責任を日独に被せた間違った史観が、七十年以上も世界を支配したからくりを解明し、スターリンと共産主義が編み出した歴史観から解放しました。

現在の国家「ロシア連邦」の史観は、ソ連国家の正統性でありドイツに戦勝した事が国の誇りであり、国是です。その否定は、ロシア連邦自身の過去の偽善、嘘、騙しを認める事に成り、絶対にあり得ません。現に欧州議会の動きを察知して、一九年七月にロシアはソ連とナチスの同一視を禁じる法律を前もって制定しました。かほどに、ロシア連邦国家はこの史観と無理心中する覚悟なのです。

中国も南北朝鮮もこの史観で国を正統化しています。必死に墨守するその姿は、一言：痛々しい。

今後の世界大戦での論題は、四五年版史観からではなく真昭和史観からです。例えば日米開戦では、「無謀な戦争をした日本」、「侵略国家日本」等ではなく、「大統領が国務長官まで騙す米国と、どの様な外交をすべきだったか」と云った、もっと深くて実際的なテーマです。ましてや開戦通告の遅れ等の失策は措いて、その先の議論：遅れる可能性があった手段だけに何故頼ったのか、他のより確実な方法を何故使わなかったのか、等の論題に転換してこそ実のある論争です。

ここに示した真昭和史観は、スターリンが手練手管を駆使し、人知を超越して達成した大業の、隠されて来た手口を広く世に露顕させ、二度と使わせない・騙させない意義があります。

その判った手口は、今、何故、ロシアと中国が、戦争に勝った、ファシズムに勝った、等の史実に基づかない主張をするのか、欧州が何故史観の見直しをするのか、等の疑問にも答えます。

　汚名を被せられ、その原因を知らなかった日本は、「疎い国」だったし、それを知らずにこれまで疎いままでした。「性奴隷慰安婦」、「南京大虐殺」等の些末に気を取られて、黒幕を見落としていました。

　昭和史で研究されていない要点は、スターリンとルーズベルトの戦争狂い、でした。その二人に日本は騙され利用されました。そして未だ残った謎は、それを隠した四五年版史観を、知性を誇るはずの学者・研究者・専門家が墨守する理由です。

　日本は世界大戦での欧州、支那、アジア・太平洋、その全ての戦域で闘った唯一の国で、それだけ利用された日本は、大戦全体を一番良く知る国です。世界大戦の東西戦域を結ぶ主戦場だった日本は、負け続きだった歴史観戦争でも主戦場です。真実を発信すればそれが反撃になり、偽歴史観を排除できます。日本の歴史研究者は先頭に立って研究し、世界に発信してこそ、世界に貢献できます。

　ところが日本の研究者は、ロシア、中国、両朝鮮にその研究を邪魔されて、本題を等閑にしてきました。百科事典での記述で判った事は、日本と世界では解釈が違っていました。第二次世界大戦こそが世界共通の研究題目（Global Study Topic）で、それは日本が主導する題目です。

　しかし日本は解釈の違いをおかしいと思わず、タコつぼに入って世界とは隔絶した中に安住しています。今こそ日本の歴史観を世界に発信する時です。昭和一番の大事-第二次世界大戦は、有史以来でも一番でした。世界大戦に成ったのは日米が開戦して世界的な規模の戦争に成ったからでした。それは真珠湾攻撃が始まりではありません。コミンテルンの決議があって、ルーズベルトの電報の改竄が世界大戦の始まりでした。第二次世界大戦は、コミンテルン決議も独ソ不可侵条約もそして改竄電報も、それを書いたペンで始まりました。彼等二人では戦争できませんでしたが、ペンだから超限人と狂人が悲惨な戦争を始める事ができました。

その超限人と狂人のペンによる情報謀略戦に負け、その後の歴史観戦争にも防御一方で、国際的に苛められた日本、苛めを巧みにかわす手段を持っていなかった日本は、戦後は只管（ひたすら）謝って却って苛めを誘発しました。苛めには否定や反論だけでなく、賢く反撃する事が一番です。情報に「疎い国」のままでは、日本は再び利用されます。日本を味方にすれば強いし、敵にすると手強い相手だったからです。ドイツは日本を裏切ってソ連と組んだから、日本はソ連とは最後まで同盟を組まず、負けずに闘ったから、ソ独両国は目指した覇権国に成れませんでした。

昭和史が訓える日本に求める最も大事な点とは：世界を平和にする為に、根拠なき贖罪を強いられ集（たか）られる元となった四五年版史観に対しての、単純な否定と反論から卒業して、事実と証拠に基づいた歴史の真実を主戦場の日本から世界に発信しなさい、です。先ず米国へ、日米開戦の真実－大統領自身が部下までも騙して戦争を始めた真実を、発信する事です。

米国では開戦直後からルーズベルトの開戦の責任を問う声が上がり、その後は著書も出版されました。多数のその著書からは責任を問う声が溢れている印象を受けますが、米国国立公文書館（ＮＡＲＡ）ＨＰに掲載されている論文は、それは陰謀論で論拠なしと暴論扱いです。その論文は又日本政府の外交電信の解読には言及しますが、改竄の言及がありません。その論文の核心部分を以下に引用します（拙訳、筆者が太字にした）：

「正直な所、誰もが同じ一連の事実を受け容れている時でも、過去の出来事の相反する解釈から意見の相違が簡単に生起します。この形式の議論（事実に基づいた解釈で議論する手続き）は、歴史家が最終的に妥当な結論に到達するための最も重要な手法の一つです。しかしながら、**「真珠湾修正主義者たち」が混乱させる事は、学問の規範を無視し、歴**

史的記録の複雑さを恣意的に曲解する彼らの傾向です。彼らは、ルーズベルトが日本政府に真珠湾での米国への攻撃を唆し、そうさせてルーズベルトが「極東の裏口」から欧州紛争に参戦できるようにしたとする見解を広める事を決意しています。彼らはそれ故に、東京が戦争を決定した原因は、大統領が認可した独断的な政策、特に一九四一年七月の日本資産凍結とコーデル・ハル国務長官が十一月に解決のために日本政府に出した提案、だとしています。」[114]

この「事実に基づいた解釈で議論する形式」とする研究原則には同意します。本書も冒頭で同じ趣旨を述べ、本文はその趣旨で書きました。「ルーズベルトが「極東の裏口」から欧州紛争に参戦できるようにした」証拠は改竄電報で、それが決め手です。その史料はＮＡＲＡ自身が保持しています。

日本は東西の文化だけではなく、情報も戦争も交差する位置にいたし、現在もいます。それ程に日本は地政学的に重要だから、日本と同盟を組んだ国は英国にしてもドイツにしても、嘗ては覇権国だったたし、今の米国もそうです。一九六〇年に日米安保の反対があれ程に激しかった理由が、ソ連がそして中国が強く反対した理由がここです。日本は他国を騙さず、約束も契約も守る裏切らない道義国家です。こんなに心強い同盟国は世界史上ありませんでした。被占領統治中には日本をスイスの様な中立国家にする考えも出ました。日本は中立国家で生存できないし、他国がそれを認めないでしょう。ですから騙されて利用されずに逆に利用してやりなさい、と昭和史は訓えています。

昭和では有史上初めての他国の占領を受け、八十ケ月もの長い間統治権を失いました。戦争に負けたからです。その敗戦を二度と味わいたくない為に、軍隊を持たない、戦争はしないと叫ぶ人がいます。それは「負け

114　R.J.C. Butow How Roosevelt Attacked Japan at Pearl Harbor, https://www.archives.gov/publications/prologue/1996/fall/butow.html Myth Masquerading as History, (2024年2月19日) RJC.ストウ　「ルーズベルトはどうやって真珠湾において日本を攻撃したか　歴史としてまかり通る都市伝説」1996年秋

犬」の根性です。ここで得た昭和史での訓えは、日本よりも強大な国が日本に戦争を仕掛けたら、どう対処すべきか、を訓えています。

朝な夕なに平和を唱えなさい、武器は持たずに捨てて話し合いを求めなさい、さすれば平和が雲に乗って光臨します、とは、決して訓えていません。英語が下手であったからハル・ノートが出た、子供の時から話す英語を勉強させよう、大使館員は送別会をするな、等とも訓えていません。

冒頭で述べた本書を発行する目的の、「日本を貶める為でも日本を単純に称賛する為でも、他の国を、団体を、人を、非難する為ではない事」に加えて、米国を非難する為でもない事も加えます。「覆水盆に返らず」を、英語では「成した事は成した事だ」(成した事を成さなかった事にはできない)とも云います。日本は米国が成した事を知らずに、米国は自身が成した事に目と口を覆い又その正当化を試みて、夫々が迷走して来ました。喩えルーズベルトが首謀者でなくとも、それでは大統領をも騙せる米国の政治制度の欠陥を意味しますので、もっと深刻です。米国の民主制度に欠陥があり、それを正して欲しいが為にも、本書を世に問います。

最大な意義は、現在の歴史教科書の元と成っている四五年版史観を、真っ向からの否定した事です。今後は、「スターリンが第二次世界大戦を始めた張本人だ」、「ルーズベルトがハルを騙して日米戦争を起した」、「日本は何故彼等の陰謀を見抜けなかったのか」等と、従来とは違った新鮮な題目で更に研究してこそ、近現代史研究は進歩し発展します。現に欧州でもロシアとの歴史観の新たな戦いが始まっていて、日本は世界大戦と同じく主役で主戦場です。そして米国にはヤルタの反省と同様に、「ハル・ノートの出状はルーズベルトの陰謀だった、出状は間違いだった」と言わせましょう。

世界革命戦争でスターリンとルーズベルトの陰謀を暴けるのは、主戦場だった日本だけです。

毎年スターリンの戦勝を記念するロシアと中国は、今後も使嗾し、屁理屈を付けて戦争する・させると公言しているも同然です。現にスターリンチャイルドのロシアは、ウクライナを侵攻しました。中国は台湾を侵攻すると公言しています。彼等に戦争をさせない為にも、先ずは、米国とドイツ・欧州に四五年版史観の間違いを気付かせ、その呪詛からの解放が自身の為だと気付かせる事です。

最後に、これまでに述べた訓えをまとめます。それは「たこつぼ」に安住せずに：

世界に歴史の真実を求め、その真実を世界に発信しなさい、

それが第二次世界大戦で主戦場だった日本が近現代史研究でも世界に貢献できる日本の使命だ

本書が、その発信の嚆矢（こうし）であられた目良浩一先生に続く二の矢です。

重要な未翻訳文書

文書１

「東京裁判」公式記録にないブレクニー少佐の弁論

「極東国際軍事裁判所には正当性が全くない」

（全文訳）（翻訳：細谷清、纏め、表題と小題及び太字は翻訳者が追加　令和三年七月、五年十一月改訂）

纏め：ブレクニーの主張点

1. 戦争は犯罪ではない
2. 「平和に対する罪」を犯罪とする法はない
3. 戦争は国家の行為、個人ではない
4. 戦争で人を殺す事は殺人に非ず
5. 戦争犯罪は既存の法で裁かれるべき

極東国際軍事裁判　裁判記録　201 - 219頁（ＮＡＲＡ米国公立公文書館、国会図書館で閲覧可）

軍事戦争省ビル裁判所

弁論の日：一九四六年五月十四日　午前中

（英文速記録201頁第３行〜）

以下本文

ブレクニー少佐：当（極東国際軍事裁判所）法廷のお許しにより。

私はベン・ブルース・ブレクニー少佐で、梅津将軍の弁護人です。

私の任務は、米国人弁護団によって代表された全ての被告の代理として、米国人弁護人によって提出された補足申し立ての二から六番目の根拠を当法廷に提示する事です。もしも米国人弁護人が、日本人弁護人が既に行った幾つかの主要な弁論と重複していましたら、弁論は制限されるであろうという当法廷の期待に沿う事に無頓着だからではありません。それは寧ろ、異なる法体系の弁論の為に、既に当法廷で説明された言葉の、その歴史をたどる時に我々に議論を強いる異なる法体系で訓練された弁護人の、異なる視点とアプローチの結果です。私が提示する動議の根拠は、朗読される必要はないだろうし、犯罪として又それに付随した幾つかの問題として、戦争の普遍的な問題を取り上げた、と要約されるでしょう。

1. 戦争は犯罪ではない

私の第一の点です、**戦争は犯罪ではありません。**

戦争の正にぴったりの概念は、法的に暴力を行使する権利を意味します。確かな事に、戦争を主題とした国際公法での一群の存在自体が、手続きと原則の体系を取り締まる法的要求の諸関連だけに対してなので、戦争が合法な証拠で、法律自体が非合法ならば、戦争をどの様に開始し、通告し、行い、そして終結させるかに関するその一群の法律は無意味です。特定の或いは寧ろ完全に客観的な観点からは、戦争とは正義か不正なものなのか、合法か非合法なものなのか、とする疑問は間違いではありません。

この点が非常に明確な為、詳しく述べる必要はなく、私は、国際公法で最も良く知られている現代での権威者が述べた言葉を引用するだけにします。ローターパクト①は、「オッペンハイムの国際法」第六版で、次の様に述べています。できますれば、引用する全文を先ず読み、それから引用の翻訳の為に一時止めます：《国際的な法律がない場合、それ（戦争）は、変化した情況に法律を適応させる機能を果たしました。さらには国際組織の欠陥に対してその様な未熟な代替物を提供する事とは全く別に、戦争は、試みられた変更を目的とした価値とは別個に、国家の既存の権利を攻撃および変更するための法的に容認するに足る手段として認められました。ハイドが一九二二年の著述で、述べました：「それは常に国家権力の範囲内にあり……単に力を行使する事によってだけではなく、戦争に直接頼る事によって、他国よりも政治的または他の利点になる。」と。国際公法は、明らかにその様な目的の為に行われた戦争を、非合法とは見なしませんでした。それはその程度まで、正義と不当な戦争の区別を拒絶しました。》

そして、特定の戦争の正しいか不公正かの問題を客観的に決定する管轄権を持つ如何なる当局者がいない時は、この結論からは逃れられません。従って、人類の歴史においてこの方、戦争の計画と遂行が法廷によって犯罪として裁かれた事は一度もありません。現在の手続きの斯様な前例はないのです。「前例がない事が、法の成長を全く妨げないで来ている」と言われるでしょう。しかし、既に述べられています通り、犯罪の事後法定義に帰着した前例の確立は、それが実行された時に罰せられない行為の実行に罰を課す事は、文明化されたどの法体系も常に忌み嫌っています。

（国連）戦争犯罪委員会の委員長を務めた著名な英国法学者のライト卿②は、「人類の共通の良心に根拠を持たない、

① （筆者注）ハーシュ・ローターパクト（Hersch Lauterpacht）
② （筆者注）ロバート・ライト（Robert Wright）

法律もどき又は極端な条文偏重の規則」と彼が呼ぶところの独裁制国家に対する警告を我々にしています。しかし、ライト卿は又：「我々は、法の支配とそれを執行する為の法的機構の下で生きている事を、誇りに思う」とも言っている事から、彼は「民族の健全な感覚に従って」判決を下したナチス・ドイツの法廷で、所謂法を非難する最初の人だと推測できるでしょう。この法の支配については、我々が時折服従する危険を冒してでも、法もどきや形式に囚われ過ぎた合法主義は、ずっともっと悪い気まぐれや独裁・専制的法律の代わりとして必要だと、普遍的に認知されてきています。

2.「平和に対する罪」を犯罪とする法はない

敗戦国に自国等が望むところの条件を課す法的な権利が戦勝国にはあると我々は言える、と私は考えるので、戦勝国には権力があります。首席検察官は、私が真似できない美辞麗句一杯の演説で尋ねました：「(弁護人に訴える資格で) 咎められたこれ等国々[3]が、世界的惨禍の張本人達を罰する権限を持っていないなんて有り得ますか？」と。

あり得ます、国際公法は、被告席にいるこれ等二十八人の被告が、戦勝した国々によって末日聖徒ヘレナに追放されたであろうし、裁判なしに投獄された可能性があるし、又は射殺されたであろう事に、同意するでしょう。権力はあちらに、そして権利があります。しかし、関与した複数の政府に彼等自身を委ねた事から、これ等の手っ取り早いやり方で進めるのではなく、これ等の「厳格な正義」で行う決定が下されました。ある程度まで、戦勝諸国法律での諸権利からの自発的、意識的且つ意図的な逸脱があり、ある程度まで、彼等は被征服国とその臣民を罰する為に請求できる絶対

③（訳者注）米英仏蘭中豪加ソ・フィリピン・タイ・ニュージーランドの11ヶ国を指す、ブレクニー弁護人はキーナン検事の5月13日での発言を引用した）『極東国際軍事裁判速記録』第10巻　136頁3段

権④を放棄しました。

行われたに違いない事がここ日本で行われたであろうとの主張や、勝者国が別なやり方で事を進める選択したのだからとか、当裁判所に与えられた管轄権の行使は限定されているからとの理由を付けて、この起訴を擁護しようとするのは怠惰です。この裁判権は、厳格な正義の要件によって定義されます。決定は司法手続きを通じて下されたのですから、我々は法の規則と原則に付託されています。これ等被告は法的に認められた犯罪または違反のそれで咎められるべきであり、さもなければ彼等は公判に付されてはならない、との避ける事のできない結論に、我々は何度も何度も戻ります：**我々は、起訴状での第一分類の「平和に対する罪」の一から三十六番に記載されている訴因は、法律として知られている、或いは定義されているどの犯罪の咎めも構成しない**という逃れられない不可避的結論に戻ります。

皆さん、戦争が主権の合法的な行使だと宣言したウェストファリア条約⑤の平和から現代の当局の極めて画一的なその進路は、既に逆転していると当法廷に信じ込ませて来た勇敢な試みに目を向けましょう。私が当法廷で引用するところの適当な複数の政府当局者は、新しい流れを確立する上で効果があった幾つかの特定する条約、国際公法、及び規約が作成される以前に、日取りを話していた、と言われています。これ等のさまざまな国際協定の効果は、戦争を非合法化し、戦争の遂行を違法にしている事で、要するに戦争を犯罪にする事と、当法廷は教えられています。

これまでのハーグ協定、国際連盟規約、ジュネーブ議定書、パリ不戦協定（ケロッグ・ブリリアン協定）、パン＝

④（筆者注）絶対権：物権や知的財産権、人格権等の全ての人に請求できる権利を言う

⑤（筆者注）Peace of Westphalia は、1648年に締結された当時の独国と仏国間の三十年も続いた戦争の講和条約、ウェストファーレン条約

アメリカ会議決議、その積み上げられた結果は、戦争を犯罪にする事だ、と我々は教えられています。戦争は人類‐人道に対する究極の犯罪で、修辞的な意味で人類に対する人類による犯罪で、この事は一九二四年のジュネーブ議定書でその表現がその様に頻繁に使用されるずっと以前に認識されました。それでも、法的合理性や最も厳しい正義でさえその罪に対して罰を課す事を許すだろうとの合理性の下でも、新しく創られた罪が存在する事は未だ証明されていません。

例えば、戦争を非難すると言って良いパリ不戦協定がそれを犯罪としたら、犯した国に対してどの様な罰が与えられたのでしょうか。見て下さい！何もありません。法律を制定したと主張されるこの協定の違反が発生した場合、条約の権限によって、実際のところどの様な罰則が課せられてきましたか？全くありませんでした。極めて明らかな事に、各国の行動が我々を信じ込ませる様に、今まで国際世論の誰も戦争の遂行を犯罪と見なそうとしませんでした。もしも拒否権がその言葉通りに意味すると我々が信じるのであれば、我々は国連の組織にさえその様な世論を見つけ出せません。この点に関して述べた、可能な限りで最も信頼できる声明があります。常設国際司法裁判所の裁判官であり、国際公法に関して世界的に尊敬されている存命中の権威者：マンレー・O・ハドソンは、彼の国際裁判法廷で次の様に述べています。引用します：「今は、国または個人の何れかの行為を断罪し罰する為の司法手続きを含んだ国際公法の拡大に全くと言って良いほど熟していない時機です。」言ったのは一九四四年です。

当法廷は、侵略戦争の遂行が国際犯罪に成っているとの判決を下す為に、その様な戦勝国間の世論が存在する事をどの様な方法で見つけ出すのですか？何時に、告発国の間‐当法廷を代表する国家間‐で、起訴状に書かれた一定の期間中に、それ自身がアジアとヨーロッパで武力侵略を行い、有罪との判断を下され、その罪によって現在検察が頼りとしているその国際連盟の規約を基に正にその連盟から追放された、その一国を見つけ出すのですか？

戦利品は勝者に属す、と簡単に言いますか？それとも、人や国への尊重なくして、全てに当てはまる正義の執行で、我々は罰する前に法律の実在を求めませんか？

戦争の遂行は、国際犯罪とは見なされておらず、国際公法によって犯罪とは見なされて来ず、逆の状況が望ましいけれども、今日でもそうではありません。

もちろん、持っていませんから、検察はこの裁判で新しい法律を作ると豪語している事を我々は存じております。しかし、その試みのそんな本質は、その実現の可能性を妨げます。当法廷を前にして、恐怖、えこひいき（依怙贔屓）、または好悪の感情を持たずに、法律に則って正義を執行する事を誓約し、準拠法を最も注意深く突き止める事を自身の任務と述べた当法廷を前にして、この遡及法適用犯罪の宣言を促す事に、甚（はなは）だ当惑しているご自身を十分に見出しておられるでしょう。私は決して、当法廷の法律及び正義と時代の犯罪を裁く協定を、反故にする事を提案していません。

検察陣の豪語を当法廷の判決とするべきではなく、「平和に対する罪」の申し立てに基づいて起訴された部分は考慮する管轄を超えており当法廷によって却下されるべき、と思われます。

3. 戦争は国家の行為、個人ではない

次の点に移ります、それは、**戦争は個人ではなく国家の行為だ**とする、似た様な点です。

題目以上の事を述べる必要はほとんどありません。国際公法の本文全ては、戦争は国家間が関係している上での行為であり、国家間の関係を生ぜしめる、として：戦争を主題として言及した如何なる条約も協定も、個人を名指しにはしていません。定義上では国際公法は各国に適用でき、個人をその施行から除外します。もしも戦争が犯罪だとしたら、（これまで見て来た様に）それは条約がそうする良き力によってのみ犯罪に成り得ます。それでも、これ等の

条約は、それ等政治機構体、それ等を締結した国家のみを拘束し、生身の人間は何人も拘束しません。この新しい犯罪を定義する為に現在よりどころにされている過去の条約、約定、及び協定の中で、どれも有罪国の首相、外相、参謀長が彼の自由または彼の生命を失う事を宣言するものは、一つもありません。

その様な宣言は、国家の理由で政治的な決定としてなされたかも知れません、しかしそれは、この様な新しい犯罪を生み出す為に、法律に基づいて公示された意図の下で、正義の執行を課せられた当法廷の管轄を超えます。

提言を有り体に言えば、法律の問題事として、国家での地位が高いからでは全くなくて、既存の法律が戦争を禁止せず、罰則を課してない理由で、各個人は戦争の責任を課せられません。この理由によりその上で、個人によって戦争が行われるという新しい犯罪に関する限り、起訴は当法廷によって審理されるべきではありません。それ自体が犯罪ではなかった事を実行する為に共謀した全ての告発も、同様に当裁判所で審理するべきでないと付け加えるのは余計な事です。

4. 戦争で人を殺す事は殺人に非ず

次の点は、極めて簡潔に論じます‐何故なら当法廷は既にこの点を検討した幾つかの議論を審理しているからで‐**戦争で殺す事は殺人ではない**という命題です。戦争での殺害は殺人ではないという事は、戦争が合法だという事実から来ています。

この合法化された殺人‐正当な殺人は専門的見地からすると、おそらく……嫌悪の情を起させ、忌まわしいにしても、これまでのところ刑事責任を課す事は全く考えられていません。

どの学士院会員も、典拠とするどの著者も、グローティウス⑥も国際連盟規約も、裁判所を管理する自治体も公法

⑥ フーゴー・グローティウス（Hugo Grotius、1583-1645年）、オランダの法学者

も、これまでにその様な提案を発した事はありませんでした。又、その様な殺害が、正義か不当な戦争の下で、合法か非合法かの戦争の下で、自衛か侵略戦争かの下で、発生したのかを問われた事も全くありませんでした。

ここにいる男達は、最近の記憶の中で、戦争の争いを規制する為に発達した法律や慣習に違反して戦争で殺害した責任を問われて裁判に掛けられています。しかし、それ等男達の公判と懲罰は司法の新規さではありませんでした。寧ろ、それは国際公法判例の古来の原則に厳密に服従したものであり、長く認識され、頻繁に成文化された規則と手続きの原則に一致したものでした。

真珠湾爆撃によるキッド提督の殺害が殺人ならば、我々は広島へ原爆を投下したその当人の名前を承知しています。我々はその行為を計画した総参謀長を知り、行為の責任を負う国家の最高責任者を承知しています。殺人は彼等行為者の本心ですか？きっとそうではなかったと思います。武力紛争での出来事はその言い分を正当とし敵の言い分を不当と宣言したからではなく、その行為が殺人ではない理由から、きっとそう認識していなかったと思います。罪名を示し、戦争の法律や慣習に反する殺害の証拠を提示し、その手で一撃を加えた特定したその人の名を明かし、その行為を計画し、命令し、許可し、或いは黙認した特定される責任ある上司を示して下さい、さすればあなた方はここ正義の法廷に一人の犯罪者を引き出せるでしょう。そうでなければ、特定の関係のない男達に起訴状での所謂「殺人」の訴因に拠るこの試みによって責任を課すという、この企てをも同様に放棄しようではありませんか。

5．戦争犯罪は既存の法で罰するべき

最後の点は、**戦争法や慣習の違反はその下で罰せられるべき**、です。この点について簡潔に触れるならば、その法的効力について疑問の余地はありませんから、寧ろ、この大きな、基本的で、基礎的な問題が、暈（ぼか）されたり見落とされたりされない様に、付随的問題への関与を避ける事を希望します。当裁判所の幾つかで具体的に起訴されて

いる、所謂「犯罪」とは異なり、起訴状の中のある訴因で特に告発されている戦争法と慣習の違反が、既存の法律の下で具体的に定義された犯罪で告発される事は、極めて自明な事です。私が申します様に、これ等犯罪の裁判の為に任命される法廷がある事は歴然としています。

その法廷はここではありません。戦争法と慣習の下で、違反者は交戦国の違反者に対する軍法会議による裁判に服します。問題の軍法会議は、明らかにその交戦国によって指定され任命されるものです。その規則は、例えば、その軍隊の指導の為の米国戦地教範、戦地教範番号27-10、陸上戦闘の規則、項目356に次の様に述べられています：

「裁判を受ける権利　交戦国によって任命された管轄権を持つ軍事法廷又は軍法会議、或いはその他軍の裁判所による裁判及び有罪判決の後に課された刑に従わない限り、個人は戦争法の違反で罰せられる事はありません。」

当法廷が戦争法と慣習により企図された軍法会議でない事は、思料（しりょう）するに、極めて明解です。

この法廷は独特です。看板が示す様な軍事なのか、成員の性格と裁判官の衣装が暗示する様な民事なのかどうかを決める事は、我々が関知する事ではありません。その性格が何であれ、それはあの軍法会議（軍事裁判所）ではありません。その用語が国際公法で良く知られている意味での「その会議（軍法会議）」ではありません。従って、それは現在問題と成っている犯罪を裁判する為の審判所ではありません。

＊＊＊＊＊＊

そして今、裁判長、最後の一言で終えます：首席検察官は、書かれた通りにこの起訴状を当法廷が受け容れる様に促して、米国の為に弁じる事を当然の事としています。我が国の軍服を着ている我々米国のこれ等被告弁護人も、米国の為に弁じる権利を持っていると思います。我々は米国人、アングロサクソン人、アングロアメリカン人、正義と公明正大な民主的見解、の為に弁じます。我々は、法原則の本質を顧みずに、法的外形を遵守する事は、法律に対する究極の残虐行為だという命題について弁じます。

起訴状にある罪状で呼び出し状が出される先は、この残虐行為を委託されたその委員会です⑦。

当法廷の歴史を前にした責任、そしてここ法廷で幾つもの役割を演じる我々の責任は、途方もなく大きく、それは畏敬の念を起させます。その責任の重大さは、ここで裁判に掛けられている二十八人の男達の運命よりも、遥かに重いです。

もしもこの裁判から我々皆が望んでいるよりも、より良い世界、より完璧な法体系が出現するのであれば、正義が蹂躙されていたと誰にも言われない訴訟手続きを踏む必要があります。

この様な疑わしい管轄権に基づいて設立された裁判によって、確かに我々は敗者に対する勝者の力を新たに証明はしても、正義と法への献身における我々の令名に、栄光を加える事は望めません。

⑦（筆者注）「その委員会」とは極東国際軍事裁判所を意味するが、法廷侮辱罪の恐れから明示を避けたと推定する

文書2

（ネット等に多数ある本演説の翻訳文は全文訳か不明です。ここに演説の表題と全文訳を掲載する）

議案百二十五号

米国大統領の宣戦布告要請演説

（恥辱の日として記憶に残る一九四一年十二月八日十二時三十分から約七分間
米国と日本が戦争状態の宣言を要請する大統領の演説）

米国議会図書館

フランクリン・D・ルーズベルト大統領の演説（書写）

演説は次の英語での生音声をも確認した。（生音声出典：https://artsandculture.google.com/exhibit/QRXZUqsM）

細谷　清　翻訳

＊＊＊＊＊＊＊＊＊＊＊＊＊＊＊＊＊＊

議案125号　米国大統領の宣戦布告要請（恥辱の日として記憶に残る一九四一年十二月七日　米国と日本が戦争状態の宣言を要請する大統領の演説）

以下ルーズベルト大統領の演説本文

副大統領、下院議長、上院議員各位、下院議員各位

昨日、一九四一年十二月七日 - 恥辱の日として記憶に残るこの日 - 米国は、不意打ちに[1]、且つ熟慮された計画的な[2]日本帝国海軍・空軍の来襲を受けた。

米国は彼の国[3]と平和な関係にあり、日本からの強い求めにより、太平洋での平和の維持に向けて日本政府及び天皇と対話中だった。確かに日本の飛行部隊がオアフの米国の島を爆撃する一時間後に、日本駐米大使とその同役が、我が国務長官に最近の米国のメッセージに対する公式の回答を、届けた。この回答は、現下の外交交渉の継続は無駄みたいに言う一方で、戦争や武力攻撃を使って脅したり、それを匂わしたりする事は、全く含まれていなかった。

日本からハワイの距離が、何日も前から或いは数週間前からでも、十分に練られた攻撃計画だった事を明らかにします、その事が記録されるでしょう。

その間に、日本政府は嘘と平和継続への期待を表明して、米国を意図的に欺こうとして来ている。

昨日のハワイ諸島への来襲は、深刻な損害を米国海軍と軍全体に与えている。遺憾な事に、大変多くの米国人の生命

---

[1] 原文 suddenly（不意打ちに）は、最初の草案での simultaneously（同時多発的に）からの変更

[2] 第一草案には"without warning"（警告なしに）が付されていたが、削除された。suddenly が入ったからか？

[3] 訳者注：「彼の国」とは日本を意味する。

が失われた事を述べねばなりません。その上に米国の艦船がサンフランシスコとホノルル間の公海上で魚雷攻撃を受けた、と報告されている。

昨日、日本政府はまた、マラヤの襲撃もした。
昨夜日本軍は香港を襲撃した。
昨夜日本軍はグァムを襲撃した。
昨夜日本軍はフィリピン諸島を襲撃した。
昨夜日本軍はウェーク島を襲撃した。
それから今朝、日本軍はミッドウェイ諸島を襲撃した。

つまり、日本は太平洋全域に渡って奇襲攻撃をしたのだ。昨日と今日のこれ等の事は言わずもがなだ。米国民は既に夫々が意見を持ち、我が国の生存と安全保障に対して、その事（奇襲攻撃）が意味するところを十分に理解している。

私は米国陸海軍最高司令官として、祖国の防衛の為に、あらゆる手段をとれと命令した。

だが、我が国家全体で我々に対する急襲襲撃が何であったかを、忘れはしない。（拍手）

この良く練られた侵攻を克服するのにどの位長い歳月を要しようとも、正義を宿す米国民は完璧な勝利を達成する。（拍手）

我々の防衛を最大にするだけでなく、こんな不実な行為が二度と我々を危険に陥れない様に確実にすると私が断言した時に、私は議会と国民のその意思を判断する、と信じる。

戦争は今ある。我が国民、我が領土、我が権益が深刻な危険にある現状を、看過できない。

我が軍を信任し、我が国民による自由な発露からの決断で、我々は必ずや勝利を獲得する、神よ、我々に加護を！

（拍手）

私は求める、議会が宣言を、十二月七日、日曜日の謂れなき卑劣な来襲以来、米国と日本は戦争状態にある。（拍手）

＊＊＊＊＊＊＊＊＊＊＊＊

（訳者注）：真珠湾攻撃の通知を受けてから二十四時間未満に、ＦＤＲ大統領は、キャピタルヒルにある国会議事堂まで車を運転し、このメッセージを上下両院会議へ届けた。大統領は演説した六分半の間、恐ろしい程に厳しい表情で落ち着きなく、そして不安そうな表情であった。

訳文は原文英語をできるだけ忠実に訳し、原文に論理的でない部分があっても、そのままに訳した。

＊＊＊＊＊＊＊＊＊＊＊＊＊＊＊＊＊＊＊＊

英文出典：米国議会図書館

フランクリン・Ｄ・ルーズベルト大統領の演説

参考文献

青柳武彦『ルーズベルトは米国民を裏切り日本を戦争に引きずり込んだ』ハート出版　平成29年2月

目良浩一『「平和に対する罪」はアメリカにこそある在米日本人学者が明かす「太平洋戦争」の真実』ハート出版　2019年4月

太田尚樹『赤い諜報員』講談社2007年11月

保阪正康『秩父宮と昭和天皇』文藝春秋　平成元年（1989年）4月

児島襄『第二次世界大戦ヒトラーの戦い』第一・四巻　文藝春秋社、1992年。

コーデル・ハル『ハル回顧録』宮地健次郎訳　中央公論社　2014年11月

ロバート・B・スティネットDAY OF DECEIT THE TRUTH ABOUT FDR AND PEARL HARBOR監訳姉尾作太男　訳荒井稔・丸山知美『真珠湾の真実 ルーズベルト欺瞞の日々』文藝春秋2001年6月

チャールズ・A・ビアード（一九四八年出版）President Roosevelt and the Coming of the War, 1941: Appearances and Realities by Charles A. Beard Yale University Press 1948

日本語版：「ルーズベルトの責任」上下」監訳開米潤、訳阿部直哉・丸茂恭子2011年12月発行藤原書店

ハミルトン・フィッシュ著（一九七六年出版）FDR: THE OTHER SIDE OF THE COIN How We Were Tricked into World War II, by the Hon. Hamilton Fish, Former Member of the United States Congress Feb.

日本語訳：「ルーズベルトの開戦責任」　訳渡辺惣樹　2014年9月　草思社

ハーバート・フーバー（二〇一一年出版）Herbert Hoover Freedom Betrayed: Herbert Hoover s Secret History of the Second World War and Its Aftermath, Hoover Institute Press二千十一、日本語訳：「裏切られた自由」フーバー大統領が語る第二次世界大戦の隠された歴史とその後遺症　訳渡辺惣樹2017年7月　草思社

平間洋一『イズムから見た日本の戦争』錦正社　2014年6月

ジョージ・F・ケナン　回顧録　清水俊雄訳　読売新聞社　1973年12月

滝沢一郎「第二次大戦の最大の戦犯はスターリンだった!」『正論』2011年4月号　産経新聞社
産経新聞・斎藤勉　『スターリン秘録』産経新聞ニュース・サービス　2001年3月
加瀬英明・藤井厳喜・稲村公望・茂木弘道『日米戦争を起こしたのは誰か』勉誠出版　2016年1月
落合道夫『黒幕はスターリンだった』ハート出版　平成30年5月
落合道夫『大平洋戦争と日本人の課題』東京近代史研究所　平成19年11月
中村粲『大東亜戦争への道』展転社　平成2年12月8日
江崎道朗『アメリカ側から見た　東京裁判の虚妄』育鵬社2016年9月
江崎道朗『コミンテルンの謀略と日本の敗戦』PHP研究所　2017年8月
江崎道朗『日本占領と「敗戦革命」の危機』PHP研究所　2018年8月
江崎道朗『日本外務省はソ連の対米工作を知っていた』　育鵬社　2020年3月
吉本貞昭『世界が語る大東亜戦争と東京裁判』ハート出版2012年7月

索引

【さ 行】

【た 行】

【な 行】

【は 行】

【ま 行】

【や 行】

【ら 行】

あとがき

一九七〇年に発表された流行歌に成った「戦争を知らない子供たち」は、戦争が終ってから生まれた団塊世代を代表する歌です。その「子供たち」が大人に成り、平和を口ずさみ、戦争にも会わず・遭遇もせず、戦争を知らないで生きて、齢七十を過ぎました。とは言っても戦争の断片を少しは知っている年代です。子供の頃の日本は未だ貧しく、戦争の傷跡が残り、満州帰りの親戚から惨状を聞き、防空壕は怖い遊び場と成り、傷痍軍人の方がハーモニカやアコーディオンを弾いて募金をしていました。戦争に遭わずにあの世に行けそうですが、あの世では「戦争を知らない」では済まされないでしょう。そう思って第二次世界大戦を中心とした戦争を調べて、それは世界革命戦争史とも成り、昭和史とも成って、この様にそれを認（したた）めました。

一九四五年の第二次世界大戦終戦以降も多くの戦争がありました。朝鮮戦争、ベトナム戦争、中東戦争、アフガニスタン戦争、そして今ウクライナ戦争があり、イスラエルを巡る戦争があり、今後は中国による台湾への侵略戦争が火種としてあります。

こうして昭和史を纏めてみましたら、違った世界がもっと鮮明に見える様に成りました。心にある目－心眼－に填められてあった偏向したレンズが真昭和史観レンズに替わったお蔭で、開眼したからです。

本書を書いている内に、「何故、どの様に、戦争は起きたのだろう」等の、抑々論と言うべき極めて初歩的な疑問が次々と湧いて来ました。日米の開戦でも、第二次世界大戦の先駆けと成った欧州での開戦でも、戦争が始まってから八十年以上にも渡って夫々が議論し尽くされたと思っていた出来事を、大河の始まりの一滴を調べる様にして探し出しました。そうやって調べて行くと切りがありません。米国が傍受解読した電報はスターリンの手にも渡ったのではないか、外務省には米国国務省と同様にソ連のスパイが潜んでいたのではないか、だからあれ程多くの重大な失策を犯したのではないか、等々がありますが、これまでのところで世に問う事にしました。

私は歳も歳ですので、あの世での歴史観論争も気にする様に成りました。先ず黄泉の国で閻魔様に歴史観を問われて、間違った事を言ったら舌を抜かれて地獄に行く事に成るのでしょう。何が間違いであるかを知らねばなりません、本書を読めば天国でも地獄で議論に加われますよ、と自画自賛します。地獄は地獄で、〽地獄はよいとこ一度はおいで　魔女はきれいで　毒もおいしい〽　かもしれませんし、そこでは戦争を起した方達と議論できるでしょうし、何よりも沢山の鬼の中に「超限人」だったスターリンも「狂人」のルーズベルトもいるのでしょう、是非議論したいものです。

本書の出版は、十年の歳月と百回以上の勉強会を開催した日本近現代史研究会に参加された会員と参加者の皆さんと討論し合ったお蔭です、感謝を申し上げます。アパの近現代史懸賞論文には随分と刺激を受けました。毎年応募し続けたお蔭でその文章が使えました。お礼を申し上げます。

この本は古希を迎えてから三冊目の出版で、これで二冊の英文と併せて五冊を出しました。最初の出版は故目良浩一博士・先生に勧められました。目良先生は昭和八年にソウルで生まれ、東大からフルブライト生に選ばれて米国に留学し、ハーバード大学他で教鞭をとられ、「歴史の真実を求める世界連合会」を創立されて、歴史観戦争を米国と日本のみならず世界の最前線で取り組まれた、行動する国際人保守の論客でした。泉下から、日本の歴史観を世界に発信しなさい、漫画を含めた日本文化が世界で人気を得ているのに何をやっているのだ、と叱咤激励されています。昭和を生き抜かれ、米国から日本人の歴史観を発信され、反日の歴史観と闘われた先生に、お礼と共に本書を捧げます。

令和六年四月　寓居にて

細谷　清（ほそや　きよし）

国際近現代史研究家
「歴史の真実を求める世界連合会」（GAHT）副理事長
1949 年茨城県日立市生まれ。
早稲田大学卒業、放送大学大学院修了。
大学卒業後にプラント製造会社で海外取引を担当、2009 年より現在に至る。

著書：
- (共同出版)『日本政府　米国連邦最高裁判所への意見書　日英対訳と解説』 GAHT　2017 年 5 月
- 共著英語版『*WWII Korean Women Not Sex Enslaved*』 Xlibris 2019 年 9 月
- 目良浩一・細谷清『日本軍人が証言する戦場の花　朝鮮人慰安婦』ハート出版　2019 年 12 月
- 同英語版『*American Soldiers Witnessed Korean Comfort Women-Flowers of the War*』 アマゾン 2020 年 2 月
- 『*Academic Big Falsehood:"Enslaved Korean Comfort Women"*』 SSRN　2022 年 3 月（SSRN 英語論文『学会の大嘘：『奴隷化された朝鮮人慰安婦』）
- J. マーク・ラムザイヤー　細谷清・日本語翻訳『「太平洋戦争中の性役務契約」: 私の論文の批判者に対する返答－寝言は寝て言え！－』 2023 年 4 月　アマゾン出版

日本が闘ったスターリン・ルーズベルトの革命戦争
戦争と革命の世界から見た昭和百年史

令和６（2024）年６月３日　第１刷発行

著　者　細谷　清

発行者　斎藤 信二

発行所　株式会社 高木書房

〒116－0013
東京都荒川区西日暮里５－14－４－901
電　話　　０３－５６１５－２０６２
ＦＡＸ　　０３－５６１５－２０６４
メール　　syoboutakagi@dolphin.ocn.ne.jp

印刷・製本　株式会社ワコー

乱丁・落丁は、送料小社負担にてお取替えいたします。
定価はカバーに表示してあります。

　ISBN978-4-88471-839-8 C0031
日本音楽著作権協会（出）許諾第 240402023-01